恆星占星全書

探尋人生的主題與靈魂的目的

FIXED STARS
IN
ASTROLOGY

AOA國際占星研究院創辦人

魯道夫

著

導讀

✳

恆星 ── 揭示靈魂提升的途徑

在四五千年前的巴比倫占星學中，恆星與行星在占星學的詮釋中佔有重要的地位，而在現代的占星學研究中恆星卻被過度忽略，當占星學家們只盯著星盤不再觀察天空時，便已開始與天空失去了連結，甚至忽視了這些可能具有重要象徵意涵的預測工具，這對於占星學來說是相當可惜的。

在希臘與更早的西方文明中，恆星被視爲靈魂的居所，也因此，恆星一直具有靈魂的象徵。當星盤上的行星透過黃道度數或共軸觀察產生關聯時，我們可以透過這層關係，解讀某一事件背後更深層的意義。恆星帶領占星師跳脫世俗的框架，跳脫文明、人類或自身文化爲主的限制，躍升至星空中，從更廣大的格局來重新檢視我們的生活。

《恆星占星全書》作爲中文占星學著作中第一本針對恆星研究的著作，希望能夠帶給占星研究者一個截然不同的角度來看待占星學，並提醒讀者不要只是拘泥於自身的角度來看待事物，不要只是盯著星盤，更要走進夜空去認識星星，以及與許多不同人類文化之間的關聯。

如果你已經有一些恆星的概念，那麼你可以直接跳到第四章，去了解每一個恆星在占星學中可以如何被詮釋。我試著不要只是抄襲翻譯二十世紀占星師羅伯森或艾伯丁的著作，而是進一步的從東西方文明中，找出與每一個恆星有關的神話，盡可能完整的詮釋他們，並找出與我們個人生活之間的可能影響。無論是西元一世紀的曼尼留斯，或是 1920 年代的羅伯森，甚至是近年的研究者布雷迪博士，都遵循著一個重要的方向 ──「神話」，星空的神話是我們的祖先賦予這些恆星重要性的紀錄，標示著恆星可能指引的季節、氣候變遷、工作日程的安排、重要節慶的日期制定。例如天狼星與尼羅河的氾濫循環，天秤座與巴比倫人秋收後的市集活動，角宿與中國人的春節與農作的關聯，然後進而延伸出恆星的特質與影響的預言。

如果你是第一次接觸恆星占星學的初學者，那麼請不要錯過從第三章開始的

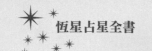

恆星詮釋，在這個章節中，你可以學到如何將恆星應用在星盤上，其中介紹了從黃道度數投影的方法，以及更古老的巴比倫與埃及人的共軸技巧。使用投影技巧時，可以根據書末所附的表格，查詢自己星盤上的恆星與上升天頂的度數附近是否有恆星，接著再去了解這個恆星的特色，並進一步的詮釋這樣的組合對自身所帶來的影響。

如果你想更深入的了解共軸與偕日升星、偕日降星的技巧，那麼你可以根據第三章的描述，透過軟體或網站製作一份相關列表，找出與你的星盤中每一個行星產生共軸的恆星的意涵與影響。

更重要的是，我們必須了解太陽是我們所處星系的恆星，其他太陽系的行星環繞著太陽，這是我們居住的環境，也因此，占星學家重視行星與日月在星盤上的影響。而夜空中的恆星，是那些太陽系之外的天體，當我們要藉由這些遙遠的星體來尋求啟發時，必須記住這些星體與我們所處的時空環境有著相當遙遠的距離，因此他們的暗示與描繪的觀點，可能具有更廣泛、更大格局的「宇宙性」，而不只局限於我們個人生活當中的瑣碎事務。

我真正要說的是，恆星並不適合用來描繪你有沒有財運、你會生幾個兒子、會活多久、會不會被狗咬，恆星在星盤當中的影響，可能是賦予我們一個生活中更深遠的主題與概念，而這些主題或概念可能是靈魂的本質、靈性的根源，以及對我們的生活如何帶來重要的啟發，與揭示靈魂提升的途徑。至於要如何去發揮這些主題，則是我們的自由選擇。例如受到天狼星影響的人不一定真的會有好名聲，也不一定會被狗咬，但是這個恆星的主題是炙熱、守護與為了達成目的的必須付出重大的代價，當天狼星在星盤中與金星產生關聯時，可能暗示著此人在金錢、愛與友情方面，有著狂熱的追求與表現，可能為了追求愛情或所喜愛的事物付出極大的代價，甚至義無反顧的付出生命，而這種熱情追求與守護事物的天性，便是此人靈魂提升或人生歷程當中的重要特質。在了解這個主題之後，要將這樣的特質如何展現，便是個人的選擇了。

目錄 Contents

Chapter 1

西方占星學中恆星研究的歷史

巴比倫地區與占星學的早期紀錄

根據現有的考古研究，早期的巴比倫人大約在西元前三千多年開始使用楔形文字，並開始有了關於天文觀測的文字紀錄，事實上，人類對星空的觀察與記錄很可能更早於此。1940 年在法國西南部多爾多涅省出土的拉斯柯洞窟（Grotte de Lascaux）壁畫，揭示了一萬六千五百多年前的人類用木炭與彩色的土壤，描繪出大量的人類活動與動物的相關壁畫，其中一幅關於公牛的壁畫特別引起考古學家的注意。這一幅公牛壁畫的背上被劃上了些許斑點，而這些斑點的排列方式正如同昴星團在天上的呈現，且位在金牛座的背上。不僅如此，同一處壁畫中的紀錄甚至包含了知名的夏季大三角：天津四、河鼓二、織女星。在西班牙北部蓬特維耶斯戈地區的卡斯提爾洞窟的壁畫當中，則出現了北冕座的排列圖像，根據推測，這大約是一萬四千年前的史前作品。這些證據都至少證實了人們對於星空的關注，早在文字紀錄出現之前就已經開始。而根據一些巨石文化的遺址，也推測在沒有文字紀錄的時代可能已有天文觀測活動，例如紀錄太陽夏至冬至的位置或日食的紀錄等。

而巴比倫出土的楔形文字泥板則讓我們知道最早大約在西元前兩千三百多年前甚至更早，蘇美人關注了週期性的星空變化，這一份考古文物是大約七十塊泥板的紀錄，稱為天神阿努與恩黎（Enuma Anu Enlil），當中記錄了大約七千多則的天文現象觀測，以及根據觀測所做出的占星預言，包括了月亮的運行、太陽的觀測、日食與月食，以及行星與恆星之間的天象。而這也是巴比倫人最早根據30 度一個區域的方式，將黃道劃分成十二等分。

大約在西元前十二世紀的星曆紀錄，稱為「三星表」，將天空劃分成三

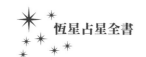

等分，赤道北方的天空屬於天神恩黎（Enlil），赤道一帶屬於天空之神阿努（Anu），而赤道南方的天空屬於水神與智慧之神（Enki）恩奇，每一個月份由三顆恆星做為代表，記錄了三十六顆恆星。之後大約在西元前一千年，出現了更詳細的天空觀測紀錄的星曆表——MUL.APIN，這是一份更為完整詳細且更有系統化的星曆，由昴星團做為每年第一個月開始的星座，Mul 的意思就是星星，這份星曆記錄了北方星空的三十四顆恆星或星座，赤道附近的二十三個恆星與星座，以及南方星空的十五個恆星與星座，更制定了十八個月亮星座，除了黃道上的十二星座之外，還包括了老人（英仙座）、彎勾（御夫座），將雙魚座拆成兩部分，並將昴星團從金牛座獨立出來。

儘管目前我們能夠觀察到巴比倫人的紀錄中，絕大多數所關注的都是黃道附近的星座，但在一些祈禱文中，我們看到亞述人對著箭星（天狼星）、昴星團、阿努的牧羊人（獵戶座）馬車（大熊座）祈禱，或是關注著行星與恆星（黃道附近）之間的互動。

透過考古文獻的解讀，我們知道巴比倫人雖然了解行星與恆星之間的不同，他們明白在夜空當中那些不斷移動的是行星，但是在占卜時卻會將行星與恆星一起解讀。

例如關注到象徵王儲的水星出現在象徵國王的恆星獅子座的軒轅十四附近時，暗示著王儲與國王之間的衝突，或者當春分之後的新月與星宿（昴星團）合相時是平安正常的一年，這些紀錄都告訴我們，巴比倫人並不是只專注在行星或者黃道區域的星座。

更重要的是，除了制定十二次新月為一年之外，巴比倫人更進一步搭配太陽升起前升起的三十四顆恆星（星座）——偕日升星（heliacal risingstars），用以判斷不同的月份，並作為巴比倫曆法的一部分。

這些紀錄不僅僅出現在考古文物的泥板上，有些對星空的觀察概念甚至透過與鄰近地區的交易，或是王國之間的彼此征服，進而影響了波斯人、埃及人、希臘人對星空的解讀，我們也可以在舊約聖經當中看到那些對於後期巴比倫人（腓尼基人）占星活動的描述。對於巴比倫人來說，星空中的行星運行及行星與恆星的互動，象徵著神與神之間的對話，星空的解讀是宗教儀式的一部分，並對王國的統治、王權的歸屬、年度的收成、乾旱洪水或饑荒的出現有著莫大的影響。

巴比倫時期的占星特色透過楔形文字的泥板流傳下來，到今天仍然不斷的有學者在進行解讀，我們知道他們對於日食、月食相當的重視，在觀察星空時不僅僅注意行星，也注意恆星的變化，而偕日升星的觀察與他們的曆法有著緊密的關聯。這些珍貴的文化資產在西元前八世紀亞述帝國擴張的影響之下，逐漸的流傳到鄰近的地區，例如波斯、埃及與希臘等地，成為早期占星學的基礎。

埃及人的神祕宇宙觀

雖然我們不知道埃及人從何時開始受到巴比倫天文學的影響，但推算大約是西元前一千五百年的十八王朝之前，因為在十八王朝的統治者女法老哈特謝普蘇特（Hatshepsut）墳墓的天文圓頂中，我們看到了行星象徵的壁畫。儘管如此，我們仍不知道在此時巴比倫的占星學是否與埃及產生交流，因為直到西元前三百三十一年之前，都還無法確定埃及人是否使用接近巴比倫觀點的占星學。不過這並不表示在更早之前沒有占星學，而是他們有自己的星座劃分與星空詮釋方式，像是埃及人對每天的偕日升星，或者每天夜晚傾斜曆（Diagonal Calendars）的十二時段劃分。偕日升星對埃及人的宗教、曆法、慶典、洪水、農作、神廟的建立、祭典舉行的時刻、王權的確立都息息相關，但是一直到西元前三百三十一年，我們才確認巴比倫占星學出現在埃及。

在此之前，埃及的確有著自己的占星觀點，在古埃及人的眼中，整個宇宙是一體的，人們與生物活在地上，而神靈與亡者的靈魂則在天上與冥府（杜埃、下界）活動著。天上的星辰象徵著神的居所，太陽月亮與星辰也都是神的代表。埃及人以各個地區不同神話中的重要神祇為基礎，逐漸發展出屬於自己的星座系統。例如在北極圈當中的牛腿與河馬，或者「拉的鵝」這些神奇的星座，並且透過壁畫、文獻、金字塔與陵墓牆上的象形文字記錄下來。

在埃及南部出土的納巴塔考古遺址（Nabta Playa）可以追朔到西元前七千五百年，根據出土的文物，考古學家懷疑當中可能已經出現了像是巨石陣一般的天文觀測遺跡，石頭圈中甚至出現向南排列成一直線的石頭。天文學家托馬斯‧布羅菲（Thomas G. Brophy）認為，這些似乎象徵著獵戶座的腰帶，甚至石碑對準了包括了天狼星、大角、南門二等明亮恆星的位置。

埃及的天文觀測發達與其獨特的政治與宗教崇拜有關，天體運行的觀測在預

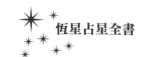

言、宗教儀式與神廟或金字塔的建立上佔有相當重要的地位。有些恆星的升起時刻預告著季節的變化與洪水的來臨，祭司們必須在此時準備進行祭祀，而法老也需要被告知。甚至對每一個人來說，生前的善行與德性也決定了一個人死後是否能夠前往北方星空中所象徵的永生國度。

古埃及的天空大致可以分為北部和南部的星座群，而北方的星空有著一些永遠不會落入海平面的恆星，因此被視為永恆的象徵，也象徵著永恆的國度。由於缺乏文獻的紀錄，埃及的考古學者們至今仍難以判別北部星空星座的正確位置，有人說牛腿的星座是北斗七星，也有人說牛腿應該是牧夫座，天空中北極的部位有著牛腿、鱷魚、河馬，然後環繞著巨人、躺著的獅子等。

而黃道與赤道一帶的南方天空星座群，組成了三十六個星座，稱為 Baktiu，這三十六個星座用來標示一整年中每天夜晚的十二個時段，每一個星座與重要恆星的升起，可作為夜間十二個時段的時間判斷，這與埃及神話中每天日落之後到日出之前，太陽神要在冥府通過十二個房間（區域）有關。而日出之前的星座與恆星也有著重要的地位，這些恆星就是偕日升星。

這三十六個星座與恆星，劃分成三十六個十度，考古文物當中記錄著每一個恆星或星座區塊共同升起的恆星，星空的觀測也被當作是時鐘或日曆一樣來使用，稱為星鐘（Star Clocks），或傾斜曆（Diagonal Calendars）。

這個系統在後世對希臘占星學中將每個星座的 30 度分成三等分的區分概念有著重要影響，他們被稱為共同升起（Co-rising），或希臘文的（παρανατέλλοντα、Paranatellonta），後世也將這樣的區分法稱為 Decan。這個字的意思是「十」，象徵著黃道上每 10 度一等分，埃及這三十六個星座有著對應的神。而到了希臘時代，也將黃道上的星座分為三十六等分，每個等分都有著對應的守護行星，這樣的區分方式至今仍在占星學中被應用著，稍後我們在講解希臘占星學時會提到這個部分。

未受到巴比倫與希臘影響之前，埃及人重視太陽與日出的時刻，包括對太陽的崇拜以及對日出日落時刻的重視，特別是那些特定的節氣，如晝夜平分的春分、秋分時刻的日出日落，以及日照最長的夏至與日照最短的冬至的日出日落。古埃及人稱呼行星為「不知道該休息的星星」，將火木土都與不同型態的荷魯斯結合，土星是公牛荷魯斯，木星是荷魯斯在兩個土地之間，火星則是地平線上的

荷魯斯或是紅色的荷魯斯。這些都告訴我們，他們認為行星都是太陽神的化身。

　　雖然考古學界與考古天文學界對於吉薩金字塔是否如同傳聞所說的，對準了獵戶座腰帶的參宿三顆恆星有所懷疑，但我們可以確信的是，根據埃及的神廟或金字塔等出土的考古文物，證實埃及人對於星空有著相當的關注，也有許多的紀錄，許多恆星也被賦予不同的神靈的象徵，例如魔法女神伊西斯（Isis）象徵著天狼星，獵戶座則象徵著奧西里斯（Osiris），河馬女神塔沃里特（Taweret）與照護女神依培特（Ipet）象徵著北極一帶的星空。此外，我們要知道埃及的發展並非單一的文化源起，不同地區的文化有著不同的發展與不同的崇拜神，當他們在政治征服中不斷融合時，神與神之間的關係也產生了變化。

　　古埃及人在意的是重要恆星或星座出現與消失的週期，例如天狼星在消失一陣子之後重新作為偕日升星出現的八月中下旬的日子，稱作威佩倫沛節（Wepet-Renpet），這是如同新年一樣的重要節慶，因為天狼星的出現也象徵著女神母親之神與魔法之神伊西斯重新回到天界（復活）。而無論吉薩金字塔是否真的對準了獵戶座的腰帶，在西元前兩千六百年前建立的吉薩金字塔的北面，對準了地球自轉軸的正北方（非羅盤上指的北方），金字塔內有四個氣孔，兩個北面的氣孔對準了當時的北極星天龍座的右樞（Thuban）與接下來會成為北極星的小熊座的北極二（Kochab），南方的氣孔則對準了天狼星與獵戶座腰帶的參宿一。

　　儘管我們能在許多陵寢的屋頂壁畫中看到與希臘巴比倫相似的星座，但一直到西元前三百三十一年，我們才確認巴比倫與希臘型態的占星學出現在埃及，而在此時，埃及的占星學與希臘巴比倫的占星學正逐漸彼此交流影響。巴比倫人對於行星在黃道上運行的關注、星座的劃分、日月食的觀察、天文學的測量與計算，奠定了占星學的早期基礎；而埃及人對於日出日落的時刻的重視、太陽神在夜晚必須經過冥府十二室的挑戰、恆星出現與消失的週期、一天之內的天體運行，以及傾斜曆與偕日升星的關注，都影響了未來占星學的發展，而我們對於小時的概念也來自於埃及的時間觀。

希臘時代的恆星觀點

　　希臘的占星學承襲自巴比倫人的觀點，並且與埃及特有的星空觀點融合，不斷的改變、演進，成為今日占星學的原型。根據西元前五世紀希羅多德的著作

《歷史》，我們知道當時希臘人已經從巴比倫人那邊學會了天體的測量與行星位置的推算，差不多在西元三世紀時，巴比倫的祭司貝洛蘇斯（Berossus）在希臘的科斯島開始著作巴比倫歷史，並將巴比倫的天文與占星知識翻譯成希臘文並且展開教學。我們很清楚的是，希臘人並沒有完全原封不動的承襲巴比倫的占星學，希臘人加入了自己獨有的、豐富的哲學與宇宙觀，這才是今日占星學的精髓。

赫希俄德（Hesiod）在西元前七世紀已有大量的著作，他的作品對我們了解早期希臘人的宇宙觀與對星空的觀察提供了線索，無論是他最為人所知的詩篇《工作與時日》（*Works and Days*）、《神譜》（*Theogony*）以及他的天文詩篇（*Ἀστρολογία*），都向我們描述了希臘人獨有的星空與宇宙的解讀。今日希臘神話中關於大小熊星座與牧夫座的神話故事，昴星團七姊妹的故事都記載在天文詩篇當中。我們必須知道的是，占星與天文在早年並沒有太大的分歧，所以這個詩篇也被一些羅馬學者，例如老普林尼與普魯塔克都將這個詩篇稱為占星詩篇。

就在同一時間，蘇格拉底、柏拉圖這些早期哲學家的宇宙觀，對於靈魂來到地球與肉身結合的概念，不僅影響了今天的身心靈學者，他們的思想更是希臘占星的主軸，更進一步的影響了今日的占星學。例如當時認為世界是由火土風水四大元素所組成的概念，或是在柏拉圖著作中描繪靈魂投胎時會選擇伴隨他完成此生旅程的神靈──代蒙（Daemon）的概念，在希臘占星的時代衍生出類似於今日占星學當中「福點」與「精神點」的計算。在恆星的概念中，他們大多認為恆星是天空的邊界，也與靈魂投胎的過程有著密切的關聯。

例如前面提到的，埃及獨有的三十六個星座傾斜曆已被希臘人吸收，在早期的占星發展中，埃及人將這三十六個星座搭配了巴比倫的十二星座一起應用，稱為共同升起（Co-rising，παρανατέλλοντα），並在日後的占星學中持續的流傳下來。這個技巧演變成每個星座十度的旬守護或十度守護，希臘人稱 Decan，也影響了日後占星學中面守護的配置（Face）。在希臘文獻中，我們最早能在西元前一世紀時巴比倫的特烏瑟（Teucer the Babylonian）的著作中看到這樣的內容。

巴比倫的特烏瑟大約活躍於西元前一世紀，比起托勒密（Claudius Ptolemy）以及維提烏斯‧瓦倫斯（Vettius Valens）早了兩百年，但他的著作只剩下破碎的片段，今日我們對他的著作只能從其他晚期占星師的著作中觀察，例如阿拉伯占星師阿布‧馬謝（Abu Ma'shar）對於恆星共同升起的論述，就推測幾

乎是來自於特烏瑟。

新巴比倫時期的哲學家波菲利（Porphyrius，233-305 C.E.）也在著作《托勒密概論》中提到，巴比倫的特烏瑟論述三十六個十度旬守護與共同升起的恆星與面守護的關係。根據這些流傳的紀錄，特烏瑟列出與黃道十二星座升起時，在其南方與北方視星等 1-2 度之間的恆星，並標注他們的黃道度數、大小、性質（脾性），其他還包括透過星座判斷地點與國家、身體與星座的對應，星座與字母、黃道度數與（當時）星座不同部位的對應。例如牡羊座的 3-7 度對應牡羊的頭、這個星座上升時的影響，以及每個十度旬守護的影響。在西元六世紀時，阿布・馬謝（Abu Ma'shar）在他的著作中對特烏瑟的詮釋重新翻譯，根據比對其他早期占星師節錄自巴比倫特烏瑟的內容，阿布・馬謝似乎維持著特烏瑟的原著內容，只是根據歲差調整了恆星的黃道度數。

羅馬詩人馬庫斯・曼尼留斯（Marcus Manilius）在西元一世紀時留下了天文學詩篇《天文》（Astronomica），這是至今少數保存下來的早期占星學著作。在書中，他介紹了占星學論述的宇宙觀與星體如何影響我們的命運，也介紹了上升星座的意涵，星座行星對命運的影響，在其中第五個篇章中，他用整個章節介紹除了黃道星座之外其他星座的影響。根據他的觀點，我們知道此時的占星師們仍應用著黃道以外的星座，以及應用這些星座與恆星的神話故事關聯來判斷命運。

托勒密與往後的占星學對恆星的使用

西元二世紀時期，托勒密所著作的《占星四書》與《天文學》，在占星學當中有著絕對重要的地位，並徹底改變了未來占星學對恆星與黃道以外的星座解讀。他的《占星四書》在黃道十二星座與黃道上的恆星有著較多描述，例如他在解釋黃道以外的其他星座時，僅以「武仙座（或跪著的人）像是水星」（Hercules〔or the Kneeler〕is like Mercury.）這樣的句子來描繪星座與恆星。

托勒密這樣的做法或許顯示了當時的占星學不再重視恆星對星盤上的影響。他在《天文學》一書中給予恆星黃道座標位置，徹底的改變了占星師們對於恆星的觀點，往後的占星師不再用共同升起的角度，或是獨立觀察黃道以外的恆星與星座的運行來做出詮釋，而是改以恆星的黃道座標度數，與托勒密對每個星座所

配置的行星來判讀恆星。

托勒密對之後的占星學影響極大，而阿拉伯占星師們也承襲了這些希臘占星的研究內容，對於恆星並不是十分重視。儘管我們知道阿布‧馬謝（Abu Ma'shar）在西元六世紀時在他的著作中對特烏瑟的詮釋重新翻譯，介紹了關於共同升起的星座與恆星，直接證實了我們現今所知的面守護（Face）或十度守護（Decan）的概念與埃及的三十六個星座傾斜曆之間的關係。但他也明確說明了黃道十二星座，由於是太陽經過的星座，也與季節變遷有關，這十二個星座遠比其他星座與恆星來得重要。他也認為儘管其他三十六個星座有著一些特別的詮釋，但仍堅持黃道以外星座的恆星，需要透過黃道上的十二星座來詮釋。

往後的一千多年，占星師們對恆星維持著這樣的看法，沒有多大的改變。儘管在二十世紀初英國的占星師羅伯森（Vivian Roberson）與德國占星師艾伯丁（Reinhold Ebertin）重新帶起對恆星的研究，但仍受到托勒密的影響，同樣從黃道度數的角度來詮釋恆星，以及用行星的特質來描述恆星。然而隨著許多考古文物的出土，我們逐漸了解到那樣的看法不是唯一的恆星研究方向。班納迪特‧布雷迪博士（Bernadette Brady）在 1998 年出版的《布雷迪的恆星書》（*Brady's book of fixed stars*）中，帶領著占星師們回到巴比倫與埃及時代的星空觀察方式，從黃道或紙上星盤中轉向關注星空，徹底的轉變了過去一千多年來占星學界對恆星的看法，也替恆星在未來占星學的研究中，指引出不同的可能性。

Chapter 2

中國的星空

　　中國人相當早就開始觀察星空，可以追溯的文字紀錄大約在《尚書》中可以找到，大約在西元前兩千多年前就有關於日食的紀錄，而且在中國古代文獻中有相當詳細的記載。除了日月之外，行星在文獻中以不同的名稱被記錄著，也就是：辰星（水星）、太白（金星）、熒惑（火星）、歲星（木星）、鎮星（土星）。而「恆星」一詞最早出現在《春秋》當中，有時恆星又稱為「列星」，這兩個詞在春秋與史記中不斷被使用著。

　　在武丁時期的殷墟甲骨文中，考古學家發現了「鳥」、「火」等星名，「鳥星」指的是長蛇座的星宿一（Alphard、α Hydra），而「火」並不是今天的火星，是天蠍座的心宿二（Antares），又稱「大火」。據信商朝會祭祀「大火」，並設有天文觀察的官職觀測「大火」的運行變化，也因此天文觀測官員又叫「火正」。在《尚書・堯典》中記錄著四個季節的四仲星：

　　乃命羲和，欽若昊天，曆象日月星辰，敬授人時。分命羲仲，宅嵎夷，曰暘谷。寅賓出日，平秩東作。日中，星鳥，以殷仲春。厥民析，鳥獸孳尾。申命羲叔，宅南交。平秩南訛，敬致。日永，星火，以正仲夏。厥民因，鳥獸希革。分命和仲，宅西，曰昧谷。寅餞納日，平秩西成。宵中，星虛，以殷仲秋。厥民夷，鳥獸毛毨。申命和叔，宅朔方，曰幽都。平在朔易。日短，星昴，以正仲冬。厥民隩，鳥獸氄毛。

　　這裡所指的是在約略三千多年前，在春分、夏至、秋分、冬至的黃昏時刻所做的恆星觀察。利用恆星出現在天空當中的位置來確定季節的變化，也就是說，看到這四顆星在黃昏時刻出現在天空當中，我們就知道某個季節到了。同時這樣的文獻也告訴我們大約在商朝末期、周朝的初期，四方二十八宿的觀念逐漸形

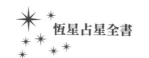

成，也在這個時候，測定了赤道與黃道的交角以及春分點的位置。

四仲星	
日中，星鳥，以殷仲春	鳥星，星宿一（Alphard）
日永，星火，以正仲夏	火星，心宿二（Antares）
宵中，星虛，以殷仲秋	虛星，虛宿一（Sadalsuud）
日短，星昴，以正仲冬	昴星，昴星團（Pleiades）

古代中國星空劃分「三垣二十八宿」的演變歷史

今天我們所知道的完整星空是劃分為三垣二十八宿，這個完整的體制大約是在唐朝建立的，「三垣」是以北極星為主，是位在北方星空的三個星區，包括了皇宮、朝廷與市集。而「二十八宿」分成了四個方向，像是四座城牆一樣圍起這中心地帶的三垣。比二十八宿更南方的星空則羅列了駐守邊疆的兵士們，有些南方星空的星體，是更晚由歐洲傳教士帶進他們的星曆表才出現的名稱。

在《詩經》當中，我們可以找到「織女、參、昴、定（營室）、火、牽牛、畢、斗、箕」等九顆星，而在《左傳》與《國語》當中又增加到十六個，像是「尾、虛、鶉火、建、天駟（房）、天策、天根（亢、氐）」。我們可以知道二十八宿在中國古代占星研究的歷史中出現得相當早，在湖北隨縣出土的曾侯乙墓考古文物當中，有一件漆箱上面列出了二十八宿的名稱以及青龍白虎的圖像，根據考古鑑定，曾侯乙墓的文物大約是在西元前四百三十三年，這是完整的二十八星宿的最早的考古紀錄。

在《史記・天官書》與《漢書・天文志》當中，都引述了戰國時期魏國天文家石申（夫）的《天文》，這是一部相當重要的早期天文專書，被後代的中國天文學家稱為《石氏星經》，這部經典精確的記錄了黃道附近恆星與北極星之間的距離。而另一本重要的著作，為同時期齊國的天文學家甘德的《天文星占》，這兩位天文學家的著作被後世整合為一部《甘石星經》，記錄了一百二十一顆恆星的座標，是世界上第二早的星表（最早為巴比倫星表）。同一時期還有另一本星占著作，稱為《巫咸占》，是假託商朝巫師巫咸之名而出版的占星與天文觀察作品。三國時的陳卓綜合石氏、甘氏和巫咸三家的星表，整理出一份標準的恆星

表，並繪製了星圖，他所流傳下來的作品多出現在《敦煌寫本》之中。

　　中國的觀測方式是將天球赤道劃分成二十八個大小不等的星區，每個星區找出一個明亮的星，作爲測量基準的距星，大多都稱爲某某宿的一，例如心宿一、角宿一等都是距星。測量星星與北極星的距離，稱爲去極，然後標示方位，再標示此星到下一個距星之間的度數，作爲其他恆星座標的基礎。

　　《玄象詩》據信是六朝的作品，其中逐漸出現天市、紫微、太微三垣的名稱，並與二十八宿並列，一個早期完整的分區天象開始呈現。根據考證，另一本重要天文著作《天文大象賦》應該也是隋唐時代的作品，卻被人稱爲是東漢張衡的作品，這本著作開始有系統的整理了一千四百六十三個星官，並且列出了除了二十八宿之外的星區，天市二十二星，紫微宮垣十五星，太微宮垣十星。這些資料又在唐朝開元年間被太史監瞿曇悉達（居住在長安的印度裔人）編纂入《開元占經》中，這部經書除了三家星經之外，也收錄了許多其他古代中國的天文、占星資料以及印度的天文曆書。而同一時期的《玄象詩》、《天文大象賦》則影響了《丹元子步天歌》，《丹元子步天歌》是後期中國占星與星象的重要資料，據信是唐朝開元年間王希明的作品，其中完整的呈現了三垣二十八宿的架構，並利用詩歌的方式描繪星空的排列位置。

　　《史記・天官書》與各個朝代的天文志，以及《開元占經》、《丹元子步天歌》等，都是我們學習中國古代占星學相當重要的重要資料，在這些資料當中我們可以看到中國古代的占星師如何根據星體的變化來做預測，以及哪些星體又會影響到哪些人。

三垣二十八宿的介紹

　　從上述的史籍當中，我們知道中國古代有紀錄的是一千四百六十四顆星，一共分成兩百八十三個星官（星座），這兩百八十三個星官又根據所在位置分成了三垣二十八宿。目前能夠看到最完整的古老紀錄是宋朝黃裳於西元 1247 年製作的，如果你去過蘇州，在蘇州的拙政園出口的牆上有複製品。

　　之前曾經提到中國占星師將天空劃分成三垣二十八宿等三十一個區域，三垣分別是象徵著皇宮與天帝居所的紫微垣、朝臣辦公的太微垣與京城市集的天市

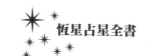

垣，一開始這三垣並沒有詳細的界定與邊界，直到後期才逐漸清楚。二十八宿則包圍著三垣的四周，他們是行星與太陽月亮軌道經過的地方，宿，是爲居所，二十八宿是行星與月亮的居所。

也就是說，一開始中國占星師並沒有應用十二星座，十二星座的概念最早的證據應該是跟著佛教的《大方等大集經》在魏晉南北朝時傳入中國（414 年），或許更早，但是沒有詳細紀錄。

在此之前，中國的黃道不用十二星座記錄，而是用二十八宿記錄，這當中也曾經將二十八宿與十二地支的子丑寅卯搭配（太複雜）。回到二十八宿，中國占星師想像著根據四象四方與四季對應的四種神獸，東方青龍、西方白虎、南方朱雀、北方玄武的四大星區，而四象當中的每一組都有七個星官，我們接著將有詳細介紹。

三垣

環繞著北極星的周圍，在《史記・天官書》中稱爲中宮，後來成爲了紫微垣，象徵著皇帝的居所，皇宮內庭、皇城。在這個星區中，包括了小熊座、大熊座、天龍、仙王、一部分的仙后、麒麟、武仙、牧夫，幾乎都是拱極星，紫微垣的北邊是玄武七宿，西邊是白虎七宿，東邊是天市垣，南方則是太微垣。

紫微垣有星官卅九個：北極、四輔、天乙、太乙、紫微左垣、紫微右垣、陰德、尚書、女史、柱史、御女、天柱、大理、勾陳、六甲、天皇大帝、五帝內座、華蓋、杠、傳舍、內階、天廚、八穀、天棓、內廚、文昌、三師、三公、天床、太尊、天牢、太陽守、勢、相、玄戈、天理、北斗、輔、天槍。

太微垣則是朝廷大臣貴族們的辦公區，我們可以看到三公九卿五諸侯等，這一帶的星空包括了獅子座、處女座、后髮座、小獅與一部分的大熊與小熊座。太微垣在紫微垣的下方，東邊就是青龍七宿，西南則是朱雀。

太微垣一共有二十個星官：太微左垣、太微右垣、謁者、三公、九卿、五諸侯、內屏、五帝座、幸臣、太子、從官、郎將、虎賁、常陳、郎位、明堂、靈台、少微、長垣、三台。

天市垣又稱下垣，共有十九個星官，天市，《詩緯》曰：「主聚眾。」《春

秋緯》曰：「天市，主權衡。」郗萌曰：「天市之垣，天之旗幟也；欲其大明，明則耀賤。」與民生事務經濟有關。有趣的是這裡仍然有帝星和侯星，或許我們都會以為侯星是諸侯，但事實上如果我們查詢《開元占經》，當中說候星主陰陽，時變，事實上是一位占星師。

這個區域象徵著市集的區域，所以你會看到斗、帛度、屠肆等星官名稱，在市場內的交易度量衡器皿方面，屠肆指的是屠畜市場，帛度代表布匹市場，列肆是寶玉或珍珠貴物品市場。而在天市垣內的斗和斛，分別代表著量測液體和固體的量器。這個區域的北面是紫微垣，其餘的部分被青龍七宿與玄武的牛斗等星宿包圍著，分別是武仙座、巨蛇座、蛇夫座、天鷹座、北冕座等。

天市垣一共有十九個星官：天市左垣、天市右垣、市樓、車肆、宗正、宗人、宗、帛度、屠肆、候、帝座、宦者、列肆、斗、斛、貫索、七公、天紀、女床。

二十八宿

事實上二十八星宿與許多中國文化有著密切的關聯，例如二十八宿分布在四個方位，象徵東方的青龍七宿，象徵西方的是白虎七宿，象徵南方的朱雀與象徵北方的玄武也都各有七個星宿。這裡與風水有著直接的關聯，而許多易經研究者也相信易經中的一些卦象也是二十八宿星象的詮釋。

接下來介紹黃道附近的二十八星宿，他們的名稱、位置與排列。二十八星宿指的是角、氐、亢、房、心、尾、箕、斗、牛、女、虛、危、室、壁、奎、婁、胃、昴、畢、觜、參、井、鬼、柳、星、張、翼、軫。首先我們要知道的是，二十八宿是天球赤道系統，而不是天球黃道系統，雖然大多在黃道附近，但卻跟黃道不相關，有人認為二十八宿是月宿而已，事實上所有的行星都有可能經過二十八宿，不是只有月亮。而會被稱為月宿，可能是因為印度的 Nakshatra（印度最古老的吠陀占星術）以及古代的西方占星有另外的月宿，所以誤將他們混淆在一起。

青龍、白虎、朱雀、玄武等四象對應著四季與四方位，我們從東方開始。東方青龍有七個星宿，之所以象徵著東方與春天，是因為這個星區的恆星會在春天黃昏的時候從東方地平線上出現；而朱雀象徵著夏天與南方，因為這個區域的星

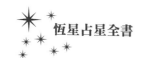

空在春天的黃昏時會出現在正中天（南中天）的位置；白虎七宿在春天黃昏時則是位在西方地平線上逐漸下沉，於是對應著西方，在這時候，玄武七宿不會被看見，它正對應著下中天與北方的星空。

另外必須提醒大家的是，在古代，二十八宿的位置也是天空中的座標，如同我們今天使用的黃道座標一樣，此外，這二十八宿不是只有一個星座，它甚至可以標示哪些星官（恆星）在哪個宿的範圍當中，例如角宿的區域除了角星官之外還包括了：平道、天田、周鼎、進賢、天門、平、庫樓、柱、衡、南門等星官。

也就是說，以角宿為例，角宿最初指的是赤道附近的角宿星座，以恆星角宿一為距星，後來亦指角宿天區，包括角宿星座以及與其赤經度相似的其他一些星座。

東方青龍七宿

東方蒼龍（青龍）七宿包括了：角、亢、氐、房、心、尾、箕等七個星官，這些星官的位置組成了一隻在天空飛翔的巨龍。角就是龍的頭角，亢是脖子，氐是前爪，房是龍的胸口或胃部，心是龍的心臟，尾是神龍的尾巴，箕不知道為什麼象徵著神龍拖著一隻畚箕。這些星官在春天的傍晚開始陸續出現在地平線上，夏天的時候則在天空當中（因此與春天、農作、開始、計畫有關）。

相信大家都讀過《易經》中乾卦的幾句：「乾，元亨利貞。初九，潛龍勿用。九二，見龍在田，利見大人。九三，君子終日乾乾，夕惕若，厲无咎。九四，或躍在淵，无咎。九五，飛龍在天，利見大人。上九，亢龍有悔。用九，見群龍无首，吉。」

易經學家黃宗羲就指出這一卦清楚的與蒼龍七宿從春天到夏天傍晚的運行有關。在春天還沒到時，你看不到蒼龍七宿出現在傍晚的星空，他們還在地平線下，所以是潛龍勿用。當你看到角宿、大角、天田等角宿的星官出現在傍晚的東方地平線上時，就是見龍在田，這時候差不多是農曆二月，要準備春天的到來，這時候掌管天象與曆法的官員就必須向朝廷稟報，這就是利見大人，中國民間有著二月二龍抬頭的節慶，應該也與這個天象有關。飛龍在天與亢龍有悔，指的是快要靠近夏季的季節，這時候要去安排農事已經太晚了。

★ 角宿：天秤座 23 度 50 到天蠍座 4 度 28

角宿是東方蒼龍的第一個星官，象徵著龍的角，位置在處女座的末梢，距星是室女座 α 星也就是角宿一（Spica）。今天的黃道座標在天秤座 23 度 50 分到天蠍座 4 度 28 分之間，這個距離是角宿一的位址到下一個星宿亢宿一之前。

角宿象徵著國家的治理，「角二星，天關也；其間，天門也；其內，天庭也。」象徵著天空的關卡與門，行星的通道，與治理的能力有關。從另一個角度來看，它是判斷春天到來開始耕作的星，所以有著展開行動的提示。

★ 亢宿：天蠍座 4 度 29 到天蠍座 15 度 30

角宿是進入天朝的大門，那麼亢宿就是中庭與宗廟。

《開元占經》說：「亢，三光也；三公之事。下者，地也；中央者，丞相也；主享祠。一曰亢爲疏廟；一名天庭，主火與疾；故亢龍多疾。」亢是龍的脖子，位於處女與天秤之間，這一帶沒有什麼明亮的恆星。在西方，這就像是我們曾經提過的邊際地帶、中間的通道。事實上脖子正是通道，這一點在中西方都一樣，並且可能暗示著快速通過的意思。

★ 氐宿：天蠍座 15 度 22 到射手座 3 度 12

這裡是恆星黃道天秤座的位置。

氐是低根部樹根，象徵著龍的前爪與胸口，「氐，宿宮，後女之貴府，出入路寢之宿。」這裡也是朝廷後宮的地方，象徵著重要女性的事物。有趣的是這是龍的前爪，也曾經是西方天蠍座的爪子。所以這個位置有著抓取爭奪的暗示。

★ 房宿：射手座 3 度 13 到射手 8 度 04

房宿位在星空中星座天蠍座的嘴部，一共有四顆星。

房又叫天府，一曰天馬，或曰天駟，是朝廷官員們施政的地方，與行政事務有關，或與馬匹交通騎乘等事務相關。

★ 心宿：射手座 8 度 05 到射手座 16 度 25

心是龍的心臟，在天空當中很難被忽略，因爲明亮的心宿二在西方也象徵著天蠍的心臟，與國君治理是否賞罰分明有關。

《爾雅》曰：「大火，謂之大辰；房心尾也。主天下之賞罰。」石氏曰：

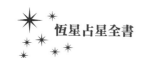

「心爲天相；一名大辰；一名大火；一名天司空。心者，宣氣也；心爲大丞相。」以及「心爲明堂，中大星天王位，前後小星，子屬。」太史公曰：「心三星，上星太子星，星不明，太子不得代；下星庶子星，星明，庶子代後，心動者，國有憂。」

★ 尾宿：射手座 16 度 25 到摩羯座 1 度 21

　　龍的尾巴，也是西方天蠍座的尾巴，這部分相當靠近銀河，也是銀河中心的位置。銀河在古代被視爲水與海洋之區域，所以這附近有許多的星座都與水、河流或海洋生物有關。在中國古代，這個區域象徵著皇帝的後宮，也與后妃、子嗣、生育力、農業生產力有關。

★ 箕：摩羯座 1 度 22 到摩羯座 10 度 07

　　雖然在回歸黃道上這是摩羯座的位置，但是在恆星黃道上這是射手座的弓箭部位。

　　《易緯是類謀》曰：「箕星明大，即國無讒賊；箕中少星，則耀貴。箕者，人之精也，故天下安樂即星眾。」石氏曰：「箕星一名風星；月宿之，必大風。」箕星附近還有杵、臼等象徵著農具的星官。

北方玄武七宿

　　北方玄武七宿包括了：斗、牛、女、虛、危、室、壁。他們被說成是玄武神獸烏龜與蛇纏繞的形象，之所以會有這個形象有幾個假設：一是玄武圖騰可能是北方民族的圖騰，《山海經》中對玄武的描述是北方的水神或海神，在中國的古代傳說中則是把玄武跟治水的鯀（大禹的父親）結合在一起。雖說如此，但比起其他三個方位的神獸形象與星官排列，這一帶的星官並沒有結合烏龜與蛇的形象。同時這一帶到黃道略偏南邊，從摩羯、水瓶、雙魚附近會看到更南邊的恆星，在中國的星圖中，這一帶都是軍事基地，有著羽林軍、壘壁陣、北落師門等星官。

★ 斗宿：摩羯座 10 度 28 到水瓶座 4 度 18

　　斗稱爲南斗，與北斗七星相互呼應，這個星官在天空當中的位置是在星座射手座馬肚子的區域，《石氏贊》曰：「斗主爵祿，褒賢達士，故曰直；建星以成輔，又曰斗；主爵祿功德祥歲，周受分，和陰陽。」

★　牛宿：水瓶座 4 度 19 到水瓶座 11 度 59

　　牛星官就是牛郎，又叫牽牛，過去一直認為這個星宿的名字是因為牽牛星（河鼓）是主要的測量才會以此為名，不過這個說法並沒有被承認。牛星官與牛有關，但是中國古代朝廷對牛的重視並不是農作或飲食，而是祭祀，牛星官象徵著祭祀所用的牛，所以牛與對祖先或天神崇拜的祭祀祭典有關。不過牽牛須女這一帶的星空的確有很多務農相關的星官，以及牛郎織女傳說有關的星官。

　　在天空中，這是摩羯座的頭角，有趣的是看起來無論是羊或牛都是有角的，韓愈《三星行》：「我生之辰，月宿南斗。牛奮其角，箕張其口。」牛宿的形象像是一隻揚起角的牛。

　　《史記・天官書》曰：「牽牛為犧牲。」《北官候》曰：「牽牛一名天鼓；一名天關；牛第一兩星如連李，名即路，一名聚火。」《黃帝》曰：「牽牛遠漢者，天下牛大貴；其入漢中者，天下牛多死。」甘氏曰：「牽牛動，牛災，四方皆然。」

★　女宿：水瓶座 12 度到水瓶座 23 度 39

　　女是織女，有人認為過去織女星對應在這個位置，是這個位置的距星，不過今天的織女星在牛宿的範圍當中。女宿與女工、嫁娶、珠寶服飾有關。

　　《石氏贊》曰：「須女主布帛，裁置之；故置雜珠為藏府。又曰：須女，珍物寶所藏，故主布帛，奉給主。」《詩經・大東》曰：「維天有漢，監亦有光。跂彼織女，終日七襄。雖則七襄，不成報章。睆彼牽牛，不以服箱。東有啟明，西有長庚。有捄天畢，載施之行。維南有箕，不可以簸揚。維北有斗，不可以挹酒漿。維南有箕，載翕其舌。維北有斗，西柄之揭。」

★　虛宿：水瓶座 23 度 40 到雙魚座 3 度 36

　　位於水瓶與小馬座，這一帶的星空由於沒有明亮的恆星，像是廢墟一般，也有人說這與古代的世族有關。《爾雅・釋天》曰：「玄枵，虛也。」注稱：「虛在正北，北方色黑，枵之言耗，耗亦虛意。」因此虛有大丘、故地及虛耗的意思。《說文解字》記載：「丘謂之虛。」也就是小山丘的意思。

　　《鄘風・定之方中》：「升彼虛矣，以望楚矣。望楚與堂，景山與京。降觀於桑。卜雲其吉，終焉允臧。」譯文：「登臨漕邑廢墟上，把那楚丘來眺望。望了楚丘望堂邑，測量山陵與高岡，走下田地看農桑。求神占卜顯吉兆，結果必然

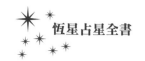

很安康。」

★ 危宿：雙魚座 3 度 37 到雙魚座 23 度 46

危宿並不是指危險，《史記・天官書》：「危爲蓋屋。」《晉書・天文志》：「危三星，主天府市架屋。」事實上，從這裡開始的幾個星宿都與房屋有關，危指的是高處，危三星包括危宿一（水瓶座 α），危宿二（飛馬座 θ）和危宿三（飛馬 ε），這三星組合起來就像是一個屋頂一般。

《巫咸曰》：「危爲百姓市，又爲架構。」甘氏曰：「危主架屋，星動，則有架屋之事。」郗萌曰：「危星動搖，移徙天下，謀作不解；其星不明，客有誅者。」

★ 室宿：雙魚座 23 度 47 到牡羊座 9 度 25

古代稱營室，《周官・梓人》載：「龜蛇四游，以象營室也。」營室與東壁就是飛馬的四角形，在秋冬能被看見，也叫「秋季大四邊形」。室宿一（飛馬座 α）和室宿二（飛馬座 β）是西邊的營室，這兩組星宿更古老的名稱爲定星。

靠近飛馬頭部的就是營室的部分，靠近仙女座的就是東壁星官的部分。

《鄘風・定之方中》（全文）：「定之方中，作於楚宮。揆之以日，作於楚室。樹之榛慄，椅桐梓漆，爰伐琴瑟。升彼虛矣，以望楚矣。望楚與堂，景山與京。降觀於桑。卜雲其吉，終焉允臧。靈雨既零，命彼倌人。星言夙駕，說於桑田。匪直也人，秉心塞淵。騋牝三千。」大意爲：當定星於秋天出現在天空當中時就是建造宮殿的時候，測量日影與方向，開始營建。栽種榛樹和慄樹，還有梓漆與椅桐，準備做爲琴瑟使用。此時是農閒時節，利用這段時間建造房屋爲冬天做準備。

★ 壁宿：牡羊座 9 度 26 到牡羊座 22 度 38

壁宿，東壁也是定星的一部分，也就是飛馬座靠近仙女座的部分，所以這個部分仍然與建築還有準備過冬有關。

不過在中國的文學史上，東壁有著特殊的位置，東壁又是翰林的別稱，也就是國家圖書館。東壁往往與文學創作、學習經典、圖書文學有關。唐代張說《恩制賜食於麗正殿書院宴賦得林字》詩：「東壁圖書府，西園翰墨林。」

《黃帝占》曰：「東壁失色，大小不同，則王者好武，經士不用，圖書隱

藏，天下咸愚。」便說明了當東壁的恆星出現奇特變化時，象徵著國君好戰而輕文學經典。

西方白虎七宿

　　位於西方的白虎七宿，在春天的黃昏之後出現在西方的天空當中，又因為面向南邊觀察黃道上行星移動的時候西方位在右手邊，所以在中國的傳說中右邊象徵著白虎。這些星官分別位在今天的仙女座、雙魚座、牡羊座、金牛座與獵戶之間。

　　西方白虎七個星宿分別是：奎、婁、胃、昴、畢、觜、參，他們的排列在天空中組成了一隻老虎，觜是老虎的頭部，參宿是老虎的前肢，而奎宿是老虎的後足與尾巴。

★　奎宿：牡羊座 22 度 39 到金牛座 04 度 14

　　奎宿十六星分佈在仙女座與雙魚座往北方游的魚，古文當中的紀錄是這樣的，《說文》：「兩髀之間。」《廣雅》：「胯，奎也。」這告訴我們這個星宿象徵老虎的後半身，從後腿到尾巴的部分。整個奎宿看起來像是一個「圭」字，這是奎宿名稱的由來，而如果不畫出交錯線，又看起來像是一隻鞋子。《步天歌》這麼形容奎宿：「腰細頭尖似破鞋，一十六星繞鞋生。」

　　這幾個景象告訴我們奎宿與下半身的移動行動有關，與腳、鞋子有關。履，履行，有足夠的證據相信易經當中的「履虎尾」與這一個星宿有關，因此若你了解易經的履卦的意涵就可以放進來。

　　《前漢·天文志》：「奎曰封豨，主溝瀆。」《巫咸曰》：「奎為天庫；又曰奎婁，春獄。」郗萌曰：「將有溝瀆之事，則占於奎；其西南大星，所謂天豕目者也；亦曰大將，故欲其明也。」《石氏贊》曰：「奎主軍；兵禁不明，故置軍以領之；又曰：奎主庫兵，秉統制政功以成。」

★　婁宿：金牛座 4 度 15 到金牛座 17 度 12

　　婁宿是牡羊座開頭的前面三顆星，距星是婁宿一，婁宿三是最明亮的，排在一的後方，而婁宿二則在一之前方，較為暗淡。

　　《史記·天官書》：「婁為聚眾。」象徵著人群貨物牲畜聚集的地方。《西

官候》曰：「婁，一名密官；一名國市；一名天廟。庫婁者，天獨祿車也，主為聚眾之事。其木，柱也；其物，鉛、錫、銀、黃金、石。」《石氏贊》曰：「婁主苑牧，給享祀，故置天倉以養之。婁主苑牧，有掩斂蓋藏，以春營。」

★ **胃宿：金牛座 17 度 13 到金牛座 29 度 40**

胃宿的地區幾乎完全沒有明亮的恆星，是我們過去提到的邊際區域。胃宿的三顆星是牡羊尾巴的那三顆星。邊際區域與胃是一個可以思考的，像是一個消化咀嚼反芻的過程。大陵星官（大陵五）都屬於胃宿區域。

《史記·天官書》：「胃為天倉。」甘氏曰：「胃動，有輸運之事；胃星明者，王者郊天得福，天下和平；星不明，大小失位。」《石氏贊》曰：「胃主倉廩五穀基，故置天囷以盛之。」又曰：「胃宿三星，主倉廩，陰收積聚，知入藏。」

★ **昴宿：金牛座 29 度 41 到雙子 8 度 43**

昴宿就是昴星團，就是金牛座背部有名的星團，這個星團在古今中外都相當重視。

《史記·天官書》：「昴曰髦頭。」髦，《說文》：「髮也」。昴宿指的是髭鬚頭髮毛髮，也有聚集的意思。它是中國古代冬天的定位星，也象徵著監獄管理、犯罪下獄。昴宿與畢宿之間也象徵著中國邊境還有與國外的關係。

《爾雅》曰：「西陸，昴也；一曰天獄。」石氏曰：「天街者，昴、畢之間，陰陽之所分，中國之境界。」《石氏贊》曰：「昴主獄事，典治囚，故置捲舌，以慎疑。昴主獄事，系淩淫化，伐所犯，謀是當。」

★ **畢宿：雙子座 8 度 44 到雙子座 23 度 58**

又稱為天畢，一共有八星，如同一隻叉子。《詩經·大東篇》提到：「有捄天畢，載施之行。」這是捕捉小動物的叉子跟小網子，與狩獵捕捉動物有關。郗萌曰：「將有田獵之事，則占于畢。」

在古代宮廷之中，畢宿更重要的象徵有兩個，《春秋緯》曰：「畢為邊界天街，主守備外國；故立附耳，以聞不祥。」查看守備邊境，是畢宿的特質。而《詩經·小雅》則說：「月離于畢，俾滂沱矣。」把畢宿與雨水扯上關係，這並不表示月亮在畢宿那天就下雨，我覺得應該是雨季，所以這應該與新月或者滿月

出現在畢宿的觀察有關。

★ 觜宿：雙子座 23 度 59 到雙子座 24 度 57

觜宿是由獵戶座頭部三個小星星組成，這是二十八宿最小的一宿，不到一度。23.59 - 24.57 總共只有 58 分不到一度。

《史記・天官書》：「小三星隅置，曰觜觿，爲虎首。」《元史・志第二十九・輿服二》：「水瓶，制如湯瓶，有蓋，有提，有觜，銀爲之，塗以黃金。」觜一開始是鳥嘴的意思，不過在之後所有的人、物品、動物的嘴都可以用觜來稱呼。李白《壁畫蒼鷹贊》：「觜錔劍戟，爪握刀錐。」這個範圍最小的星官卻象徵著老虎的頭部和老虎的嘴。

因爲歲差的關係，觜與參曾經調動，在過去，觜宿排在參宿之後，隨著歲差的移動參宿則往後移動。

★ 參宿：雙子座 24 度 58 分到巨蟹座 5 度 34 分

參宿一共有七顆星，被稱爲七大將軍，整個獵戶座除了頭部之外，身體部分的七顆星就是參宿，與戰爭討伐有關。

《唐風》：「三星，參也。」指的是獵戶座腰帶的三顆星爲參宿。《天官書》曰：「參爲白虎，三星直也，爲衡；右下有三星，銳曰罰。」《聖洽符》曰：「參者，白虎宿也；足入井中，名曰滔足，虎不得動，天下無兵；足出井外，虎得放逸，縱暴爲害，天下兵起。」

參宿最下方的參宿七附近的星星稱爲玉井，與軍井都是重要的星官，古代占星師們觀察這兩個星官預測用水與旱災，與軍隊的用水。

南方朱雀七宿

朱雀七宿分別是：井、鬼、柳、星、張、翼、軫，包含了西方的雙子、巨蟹、長蛇、獅子、巨爵、烏鴉、處女等星座，這七個星宿之所以與南方有關，是因爲在春天傍晚的時候，它們在偏向黃道南邊的天空，位於正中天的位置，所以與南邊有關。這裡的星空在古代相當出名，例如鳥星就是這個區域的星官，是少數幾個在甲骨文中就被記錄的星官之一。

這七個星官組成了一個展翅的鳳凰或者火鳥，不過這個形象並不是一開始就

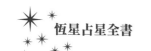

有的，根據更古老的命名，這區域的星空稱為鶉首、鶉火、鶉尾三個部分，是小型鳥類的象徵。

★ 井宿：巨蟹座 5 度 35 到獅子座 5 度 59

　　井宿是二十八宿中最大的星官。井宿在天空中雙子座的腳邊靠近黃道的地方，因為排列像個井字而得名。雙子的頭部則是北河，與河水有關。這整個星區都跟水有關。

　　《史記・天官書》：「東井為水事。其西曲星曰鉞。鉞北，北河；南，南河；兩河、天闕間為關梁。輿鬼，鬼祠事；中白者為質。火守南北河，兵起，穀不登。故德成衡，觀成潢，傷成鉞，禍成井，誅成質。」

★ 鬼宿：獅子座 6 度到獅子座 10 度 34

　　稱為輿鬼，又稱質星，位在星空當中的巨蟹座 M44 星團前後。有一說法認為輿是車輿，這個星官四周有四顆星星一星團在中央，就像是車子一樣。《步天歌》：「四星冊方似木櫃，中央白者積屍氣。」《史記・天官書》：「輿鬼，鬼祠事；中白者為質。」這用來描述位在巨蟹座中間的 M44 蜂巢星團，在中國稱為積屍氣，也因此這個位置稱為鬼宿。

　　但是如果我們仔細看，《黃帝占》曰：「輿鬼南星，積布帛；西星，積金玉；北星，積銖錢；東星，積馬；中央星，積屍。」它其實是堆積的意思，只是每個星都有不同的堆積內容，只有中央是積屍。

　　《南官候》曰：「輿鬼，一名天鈇鑕；一名天訟；主察奸，天目也。」《石氏贊》曰：「輿鬼視明，察奸謀；故置五諸侯，以刺之。輿鬼五星，主視明；從陰視陽，不失精。」象徵著審查監察觀察，因為是天目老天爺的眼睛，觀察那些作奸犯科的小人。

★ 柳宿：獅子座 10 度 35 到獅子座 27 度 33

　　柳宿是長蛇座的頭部，《爾雅》曰：「咮，謂之柳；柳、鶉火也；一曰注，音相近也。」這說明在中國古代是朱雀的鳥嘴。因為貌似垂柳而又被稱為柳宿。

　　《天官書》曰：「柳為鳥注，主草木。」《石氏贊》曰：「柳主上食，和味滋；故置天稷，以祭祀。柳主上食，長養形仁以行恩，成其名。」與飲食食物祭祀有關，虎嘴的觜宿也是飲食。

等太陽系的行星們是繞著太陽在黃道上公轉，在星盤中我們認為他們順著牡羊、金牛到雙魚等十二星座順行或偶爾逆行，但是在觀測星空與學習恆星時，由於恆星並不會繞著太陽沿著黃道公轉，所以我們得暫時放下這個思維。

我們必須建立起第一個概念，恆星的每天週期運轉是繞著北極星的（其實黃道與恆星也一樣），所以我們以北極星為中心點來思考。其次，我們必須知道觀測地點（或計算星盤的出生地點）的緯度，這一點在此時非常重要，差一點點就可能會產生不同的週期或者共軸，甚至無法看見某一個特定的恆星。例如倫敦位於北緯 51 度，而巴黎位於北緯的 48 度，在巴黎我們能夠看到象徵射手座馬蹄的天淵三（Rukbat）在夏季的夜晚短暫的出現在南方地平面上，但是在倫敦則完全不會有機會看到這顆恆星。在香港或相當緯度的屏東，甚至在台北因為獨特的緯度，我們能夠觀察到絕大部分北半球與南半球的星空的恆星，或者說絕大部分本書提及的恆星，但若是在上海，因為緯度略高，就看不見半人馬座的恆星馬腹一與南十字星。

看不見的恆星與拱極星

有一些恆星因為太靠近南極，所以在北半球的人看不到，或者因為太靠近北極所以南半球的人看不到，這些看不到的恆星，在共軸與週期技巧中我們都不列入考量，我們考慮的是在你出生地或者在觀察地區的緯度能夠「被看見」的恆星。其次，有一些恆星在高緯度地區永遠都環繞著北極星，並且一年三百六十五天都能夠在夜裡被看見，我們稱為拱極星（circumpolar），他們有著較為特殊的詮釋，多半具有與世隔絕的特質，對於物質世界的議題或者人間事物抱持著較為不同的思維與判斷，也就是說，當這些拱極星影響我們的行星時，我們的思維會與他人較為不同，可能較為理想化，或者比較不世俗化。

消失與重新出現的週期恆星

而那些會在觀察地區或者出生地區的緯度上升起落下的恆星，則會在每一年當中的特定日子固定升起或落下，甚至有些時候會在短暫幾天到幾週裡，在夜空中消失一陣子，這是因為太陽來到了該恆星的附近，使得恆星只會在白天出現而

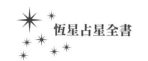

無法在夜裡被看到。這些週期對我們來說都有著相當重要的詮釋，他們消失以及在日出前再次出現的時刻，在古代的曆法當中扮演著重要的關鍵。例如埃及人就以天狼星消失的那段時間，稱爲魔法女神伊西斯到冥府去陪伴冥王奧西里斯，而當天狼星再次於黎明前出現時，便是古埃及新年一般的重大節慶，這個節慶在今天被身心靈界稱爲「獅子星門的開啓」。

呈現及隱藏（Arise and lying Hidden）

受到恆星觀測緯度的影響，當我們觀察黃道另一邊的恆星（北半球的南邊，卻又能被看見，例如摩羯座的恆星、南魚座的北落師門、或在台灣的南十字二），也就是位在黃道南邊的恆星時，這些區域的恆星會在某段時間完全不在夜空當中被看見，事實上這些恆星會在白天出現在地平線上（呈現），卻因爲太陽光芒的關係被遮掩（隱藏）。

埃及人認爲這些升起及隱藏的恆星，在這個階段進入了地下世界（冥府），如同天狼星（巨蟹 14 度）在六月到八月之間，都因爲太陽在相對的黃經度數（巨蟹一帶）而無法在夜晚當中被看到。埃及人認爲天狼星是魔法女神伊西斯，而這段時間她到冥府去陪伴她的先生奧西里斯。升起及隱藏的恆星被認爲是短時間到冥府去了，不被看到。

這樣的恆星若與星盤上的行星共軸會產生特殊的影響，往往帶來更爲強烈直接的影響，也帶有宿命的感受。對北半球來說，位在黃道南邊的恆星就會產生呈現及隱藏的現象。

偕日升星（Heliacal rising）

若恆星能夠被觀察，且會出現呈現及隱藏的狀態，並在每一年的某一段時間消失在夜空當中，然後在某一天的日出前再次的「被看見」，此時這顆恆星便稱爲「偕日升星」，直到另一顆恆星結束其呈現及隱藏的狀態也被觀察到而被取代。在同一個緯度上，每一年的偕日升星出現的日子大約相同。在巴比倫的占星影響下，偕日升星象徵著先天背景與環境的描述，也象徵著天賦。

在某地區的某一段日子期間，在日出前，一特定恆星剛剛從地平面浮現，埃及人認為在此時節之前的升起及隱藏的階段，因為無法在夜空當中被看見，這個神都在地下世界中旅行，直到某一天在日出之前被看見，結束了升起及隱藏的階段，結束了在冥間的遊蕩，然後逐漸的回到天界。偕日升星的階段像是神從陰間重見天日的重生狀態，暗示著靈魂的啟發與背景、家庭背景、遺傳、區域文化有關，也常描述一個地區該時節的狀況背景描述。

請注意今日某些天文學與一些占星師在描述偕日升星時不會考慮該恆星是否會經歷呈現及隱藏的狀態，而是直接的將在太陽升起前出現在天空當中的恆星稱為偕日升星，而這並非布雷迪博士研究的方向。

並不是所有在日出之前從東方升起的恆星都是偕日升星，它們必須是剛結束「呈現及隱藏」的階段，才會具有所謂偕日升星的離開冥府而重新回到天界的特質。

縮短通道（Curtailed passage）

當我們在一年的週期間在同一緯度觀察恆星時，某些恆星會在一段時期完全不觸碰地面，然後又開始落下，這只會發生在與觀測者在黃道（北半球北邊卻又非拱極，例如獅子座、英仙座或仙后座等）同一邊的恆星。對中港臺來說，黃道北方的恆星有可能會發生縮短通道的現象。

簡單的概念就是：這些恆星在這段週期當中拿到了「快速通關」的特權，不用跟其他恆星一樣要升起降落，一到了夜晚就透過這個快速通道直接登場，甚至可以玩上一整晚，直到黎明都還不用落地。

這些恆星短期的不接觸地面，屬於自身週期當中的特殊時刻，他們象徵著接近於聖人的凡人，或是典範、偉人、英雄的象徵，在星盤當中會特別被強調，並引領我們走向神聖路途，這暗示著這些人出現在我們的生命當中，或者我們可以成就一個神聖偉大的典範。

縮短通道案例：五帝座一（Denebola）的獅子尾巴在台灣春分的那段時間，會是縮短通道的狀態。若當天日落的時間是 18 時 08 分，五帝座一已經出現在天空好一陣子，可是隔天日出前的 6 時五帝座一仍然不會落下，所以我們看不見它

升起也看不見它落下。

偕日降星（Heliacal setting）

若恆星能夠被觀察到且會出現縮短通道的短暫拱極現象時，在這恆星結束縮短通道週期時，會開始在日出前落下並接觸地面，這被稱爲偕日降星。在詮釋上象徵著人們必須透過人生歷練去學會的主題。

有別於偕日升星，偕日降星是指某地區的一定時節，有一恆星在太陽升起之前，某恆星開始與地表產生接觸，象徵著神來到人間，降福人間，把某一種技巧帶到人間。在個人星盤中，這成爲一種技巧，在生活當中逐漸磨練與發現的技巧，多半經過一個時段的生命歷練，偕日降星的能力會出現且成爲一個人生命當中的特色。世俗占星中可能暗示人們需要使用的能力。

請注意有些占星師根據天文學的定義，認爲偕日降星是指在黃昏時跟著太陽一起降落的恆星，這並非布雷迪博士研究的方向。

恆星共軸

埃及人與巴比倫人並不是以黃道的角度來看恆星，對他們而言，星星何時升起降落、何時消失一陣子何時又再次被看見，這樣的週期才是重要的，這造就了他們對於伴隨著太陽升起的偕日升星與日出時在西方落下的偕日降星更爲重視。同時他們也開始注意到與行星一同升起的恆星，也就是與行星產生共軸的恆星，兩個星體同時佔據了天空中重要的位置並產生了影響。

而在恆星占星學中，當一顆行星出現在上升天頂、下降天底的同時，一個恆星也剛好處於自身繞行北極軌道上的至高處、至低處，亦是地平線東方與地平線西方的時候，這稱之爲該恆星與行星共軸。例如當月亮在天底，而天狼星位在自身繞行北極軌道與東方地平線的接觸點（或至高處）時，稱爲月亮與天狼星共軸。共軸的影響近似產生相位的影響，但占星師在實際使用恆星的判斷上，仍可依據共軸所發生的位置來做出細節的差異分析。

當恆星與行星產生共軸時，我們可以用恆星作爲行星的星座、相位之外的更

多特質描述。

　　在進入共軸時，我們必須知道一件事，共軸的變化受到觀察者緯度的影響相當密切，我們可以不需要正確的出生時間就觀察共軸星盤，但是當我們稍微移動緯度時，共軸可能就會不同。

　　例如我們觀察 2020 年春分的台北與香港行星共軸的差異，台北在北緯 25 度，而香港在 22 度，在台北，太陽與南魚座的北落師門一同升起，而在香港同一時間，太陽則是與仙女座的奎宿九升起（北落師門這時候已經升起大約四、五分鐘了）。

觀察的方法：

　　在你出生那天，從日出開始觀察到下一個日出，當行星來到上升下降天頂天底時，如果有恆星出現在下列位置時會有一些特殊的描述，在這當中月亮也會不斷的移動。

共軸的位置與詮釋：

上升共軸（Rising，位於東方地平線升起的恆星）：

　　當恆星升起時，象徵著對生命的第一階段有影響的恆星，也是與我們成長有關的恆星，雖然在成年後其影響不顯著，但是成長過程所造成的影響仍在。

上中天共軸（Culminating，恆星位於運行軌道最高處）：

　　當你有行星出現在軸點，而同時恆星卻在自己軌道上的最高處（上中天）時，它象徵著我們如何受到尊重，這個恆星影響我們的社會、名聲、地位、職業，也與我們的成年生活有關。

下降共軸（Set，位於西方地平線的恆星）：

　　當恆星位在西方地平線且與一個行星共軸時，象徵著我們與他人的互動特質，也影響著我們的晚年生活。

下中天共軸（Anti-Culminating，恆星位於運行軌道最低處）：

　　這個恆星一方面描述著我們的家庭環境、根源特色，另一方面是我們一生的特寫，特色摘要。

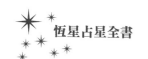

在我們使用共軸方法判斷恆星對行星的影響時,我們還可以將恆星在出生當天是否處於拱極(circumpolar)、呈現及隱藏(Arising and Lying Hidden)或將縮短通道(Curtailed passage)同時納入考量。

如何解讀恆星共軸報告資料

在這裡我要解釋如何透過 astro.com 來獲取恆星共軸的資料,以及如何利用本書來解讀它們。

當我們在 astro.com 輸入自己的生日地點之後,可在「特殊占星圖」選單之下選取軸上同步星的資料,你就會得到一份出生日期的恆星週期與共軸表單,這樣可得知你的偕日升星、偕日降星的恆星,以及哪些恆星在你出生那天對你產生影響。

如果我們從 astro.com 輸入美國前任總統歐巴馬的出生資料,1961 年 8 月 4 日 19 時 24 分,出生地夏威夷檀香山(Honolulu),我們會得到一份列表,列表上的資料可以簡單的區分成三個組別,第一組是偕日升星與偕日降星;接著另一組資料是位於出生時的地平線或子午線上的恆星;最後則是恆星共軸資料,這又分成了恆星正在升起、恆星位於中天、恆星正在降落、與恆星位於下中天。

因為 astro.com 的中文翻譯對恆星占星學不太了解,所以這些資料看起來有些怪異難懂,在這裡我會一一解釋。由於此列表上沒有列出恆星的中文名稱,讀者可以在本書的附錄中找到相對應的中文名稱。

偕日升星與偕日降星

報告當中的第一組資料是偕日升星與偕日降星,這裡出現的恆星告訴我們重要的人生主題,以及與靈魂的提升和生命的重大挑戰特質有關。在相同的地點、相似的出生日期,可能會有相似的偕日升星與偕日降星。

歐巴馬的偕日升星是船底座的南極老人星(Canopus),他的偕日降星是天鷹座的河鼓二(Altair),這兩項資料對我們的解讀有著相當重要的影響。在前面內容中我們已經解讀過它們的定義以及影響,偕日升星象徵著環境與天賦,帶來提升的特質,你可以透過本書翻閱與南極老人星有關的章節(P.288),就會

出生图 (占星数据表)

：ObamaBarack, 1961年8月4日

根据Bernadette Brady的观点，与太阳同时出没的恒星和轴上同步星体

恒星列表，来自B.Brady（64颗恒星）："轴上同步星体"的容许误差：赤经0° 30'；"星体位于轴上"的容许误差：赤经1° 00'
方法：两次日出之间的实际"轴上同步星体"

你的偕日升恒星: Canopus (0天之前)
你的偕日降恒星: Altair (6天之前)

恒星位于出生时的地平线或子午线上
Alcyone (下中天, 0° 22')

恒星正在升起 （"你早年的恒星"）
☽ 月亮　　Deneb Algedi (下中天–升起, 0° 11')
♂ 火星　　金星 (下中天–升起, 0° 14'), Alkes (升起–升起, 0° 01'), Toliman (中天–升起, 0° 10'), Alnilam (下中天–升起, 0° 23')
♄ 土星　　Ankaa (中天–升起, 0° 17')

恒星位于中天 （"你的主要恒星"）
☽ 月亮　　Alcyone (中天–中天, 0° 22')
♂ 火星　　Aculeus (降落–中天, 0° 27')
♄ 土星　　Altair (中天–中天, 0° 05')

恒星正在降落 （"你晚年的恒星"）
☉ 太阳　　Zuben Eschamali (下中天–降落, 0° 07')
☿ 水星　　Vega (升起–降落, 0° 11')
♂ 火星　　Markab (升起–降落, 0° 04'), Bellatrix (中天–降落, 0° 08'), Alnilam (中天–降落, 0° 17'), Ras Algethi (下中天–降落, 0° 20'),
　　　　　　Toliman (降落–降落, 0° 22')
♃ 木星　　Mirach (下中天–降落, 0° 16')

恒星位于下中天 （"你人生的基石"）
☽ 月亮　　平均月交点 (升起–下中天, 0° 09')
♀ 金星　　火星 (升起–下中天, 0° 14')
♂ 火星　　Phact (降落–下中天, 0° 21')
♄ 土星　　Altair (下中天–下中天, 0° 07')

根据B.Brady的定义：
– "你的偕日升恒星"：使用Brady的恒星表，这是那些最后结束了它（们）的"al
h"阶段的恒星（随后解释）。这颗恒星数目前可能正好与太阳同时在日出时升起，并且这段时期没有其他恒星具有这种现象。尽管它比太阳
先升起，但是这颗恒星在黎明前的光芒中可能无法被看到。
– "你的偕日降恒星"：这是那些最后结束了它（们）的"c
p"阶段的恒星（随后解释）。这颗恒星数目前可能正好在日出时降落，并且这段时期没有其他恒星具有这种现象。
计算方法："轴上同步星体"是用来计算出生当天，恒星和行星真正升起、降落，或者到达中天、下中天的那些时刻。
出生当天被认为开始于上一次日出、结束于下一次日出。
下面划线的星体，在出生时位于四条主轴之一上。括号内给出的是随后的信息：
– 当形成"轴上同步星体"时，星体所在的那条轴上
– 精确的度数（赤经），接近（a）或者离开（s）
– 一年周期中的一个阶段：
"cp"：恒星处于这样一段时期：整个夜晚它都位于地平线之上，也就是说，它只在日落前升起并在日出后降落。（托勒密的"curtailed
passage"）
"alh"：恒星处于这样一段时期：只有白天它才位于地平线之上。（托勒密的"arising but lying hidden"）
那些希望了解这些恒星在他们出生图中的更多含义的占星家，可以从www.zyntara.com或者B.Brady的著作"Star and Planet
Combinations"（2008, Bournemouth, UK: Wessex Astrologer.）中得到更多的信息。

圖說：歐巴馬的恆星列表。

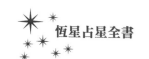

知道這個恆星被巴比倫人稱爲智慧之星、明亮之星,並且作爲船隻行星的導航。當它作爲偕日升星時,需要透過克服挑戰或尋找新的途徑,證實自己的力量與聰明才智。而偕日降星象徵著我們獲取成功的路途上需要克服的困難,天鷹座的河鼓二更是我們所熟知的牽牛星或牛郎。當這個恆星成爲偕日降星時,象徵著人們必須以更寬廣的視野去看待自身的困難,強調自由、公正與正義,說謊與偏袒都可能會導致自己無法達成任務。

出生時位於地平線或子午線上的恆星

接著我們會看到另一行資料,稱作恆星位於出生時的地平線或子午線上,這裡的恆星資料告訴我們,在出生的那個時刻,是否有恆星正好出現在地平線附近正在升起或降落,或者位於子午線附近來到了該恆星在當地的天空最高處(上中天),或在對面位於下中天的位置。

這裡的恆星有著相當重要的個人影響,因爲在你出生的那一刻,有一個明亮的星星正在升起,象徵著我們與這個物質世界的連結,代表我們的人生來到這個世界的重要主題,也可能賦予我們的生活重要的特質。根據我的觀察,出生時升起、降落或位在上下中天的恆星,其影響相當顯著。

歐巴馬出生時昴宿六(Alcyone)正在下中天的位置,昴星團從巴比倫時期就是相當重要的天空座標,是可以被肉眼清楚看見的星團,象徵著洞悉能力。當這個恆星位在四軸點時,工作或生活內容可能與判斷、判決、決斷有關,可能與命運、大量的情緒波動或悲傷的事物有關。

恆星共軸資料

——恆星正在升起、恆星位於中天、恆星正在降落、恆星位於下中天

接著我們來到了描繪行星與恆星之間關係的部分,在解讀這裡的恆星資料時,我們可以一一解讀,然後再根據對生命週期的影響或者對行星的影響來做整合解讀。例如報告中標示著「恆星正在升起」,事實上正確的說法應該是,在出生那一天,從日出到隔天日出之間的任何時刻,當行星來到軸點(上升、下降、天頂、天底)的同一時刻,哪些恆星也來到了東方地平線上。這個恆星因爲在出

生這一天、在出生的地點，會與行星在某時刻同時佔據軸點，所以被認為對行星產生了重要的影響。

關於其他三個位置的正確意涵，分別是：

恆星位於中天：

在出生那一天，從日出到隔天日出之間的任何時刻，當行星來到軸點（上升、下降、天頂、天底）的同一時刻，某恆星正經過當地的子午線，位在天空中最高處稱為上中天的位置。如果是黃道上的行星或恆星，我們會稱這個位置在天頂。

恆星正在降落：

在出生那一天，從日出到隔天日出之間的任何時刻，當行星來到軸點（上升、下降、天頂、天底）的同一時刻，某恆星正好從天空中降落並且接觸西方地平線。如果是黃道上的行星或恆星，我們會稱這個位置在下降點。

恆星位於下中天：

在出生那一天，從日出到隔天日出之間的任何時刻，當行星來到軸點（上升、下降、天頂、天底）的同一時刻，某恆星正經過當地子午線的另一端，位在天空中最低處稱為下中天的位置。如果是黃道上的行星或恆星，我們會稱這個位置在天底。

根據布雷迪博士的論述，那些正在升起的恆星，從早年開始就影響著我們的生活，而這個影響會一直持續；位在中天的恆星，一直要到成年階段才會開始影響我們；被稱為「恆星正在降落」的這一組恆星，要到晚年才會開始影響我們；而所謂位於下中天的恆星，事實上像是一整個人生的側寫與重要註腳，在世的時候影響不明顯，但卻是我們一生的生活的縮影。

所以我們可以根據這些區分來逐一解讀這些恆星，你可以在解讀的過程中發現，某些恆星或者具有相同性質的恆星不斷的在影響你，這會是一個重要的解讀主題，那些具有相同主題的恆星將更值得注意。

例如在觀察歐巴馬的恆星資料時，我們可以從恆星正在升起開始解讀，根據這些資料，我們看到：月亮 Deneb Algedi（下中天—升起，0°11'）。這行資料的意思是：在歐巴馬出生這天，在夏威夷的檀香山這個地區，當月亮來到下中天

（天底）的那一刻，Deneb Algedi 這個恆星會在東方地平線上升起。所以在這行資料中（下中天—升起）我們會重視的是恆星正在升起，而暫時忽略月亮處於哪個位置。你可以透過本書附錄來查詢 Deneb Algedi，這個恆星是摩羯座的恆星，中文名稱是壘壁陣四，是具有強烈的領導者特質的恆星，而此恆星對他的月亮帶來影響，包括情緒感受與每天生活當中的主題有關。這個恆星是在升起的階段，所以從童年就會開始影響他。

繼續看這份資料，你還會看到土星 Ankaa（中天—升起，0°17'），這告訴我們在歐巴馬出生這天，在夏威夷的檀香山這個地區，當土星來到中天（天頂）時，Ankaa 這個恆星正在東方地平線上，這個恆星是鳳凰座的火鳥六，且影響著他的土星主題。土星象徵著挑戰、考驗、權威，這提醒他面對挑戰與考驗時不要害怕失敗，無論如何他總是有捲土重來的能力。這個恆星是在升起的階段，所以從童年就會開始影響他。

如果重新整理歐巴馬的恆星資料，我們可以發現，正在升起的恆星包括了：

★月亮在下中天時，摩羯座的 Deneb Algedi（壘壁陣四）升起。
★火星升起時，巨爵座的 Alkes（翼宿一）也升起。
★火星在中天時，半人馬的 Toliman（南門二）升起。
★火星在下中天時，獵戶座腰帶的 Alnilam（參宿二）升起。
★土星在中天時，鳳凰座的恆星 Annka（火鳥六）正在升起。

你可以用我剛才示範的方式，從被影響的行星象徵哪個生活領域，然後查閱本書的說明，來了解產生影響的恆星有什麼特質並做進一步的解讀。而當你對恆星更為熟悉之後，你會發現半人馬的 Toliman（南門二）具有傷痛特質，並且具有帶來教育文化的意涵；而 Annka（火鳥六）也象徵著經過傷痛而重生；Deneb Algedi（壘壁陣四）一方面具有領袖特質，另一方面也強調文明制度的重要性，這可能暗示著童年時的傷痛將深刻的影響他的行動風格（火星）與對權威的看法（土星），並帶來了對於文化、制度與教育的重視。這是當占星師有能力進一步整合不同恆星特質時可以做的進一步詮釋。

歐巴馬位於中天的恆星，很可能就是那些在他成年之後對生活開始有影響的重要恆星，例如火星 Aculeus（降落—中天，0°27'）告訴我們在他出生這一天，在檀香山這個地區，火星來到下降點時，天蠍座的 Aculeus（蝴蝶星團）正高高

的掛在當地的天空當中，因此對火星產生影響，並由於是在中天的位置，所以要等到歐巴馬的成年時刻才會帶來影響，而這個蠍子的尾巴象徵著批判，並且期盼帶來更美好未來的改變。而同樣對他成年帶來影響的另一個恆星天鷹座的 Altair （河鼓二），則是在土星位在天頂時，也正好經過子午線來到上中天的位置。這個恆星同樣的具有攻擊性，且強調提升與昇華的特色，這些都暗示著在他成年時，生活的重要特色是批判與面對批判，並且將這些批判作為提升與改變的力量。

雖然 astro.com 表單中寫著「恆星正在降落」（你晚年的恆星），但事實上並不是指只有出生時刻恆星正在降落，這是一個不太精確的翻譯，這裡的資料顯示的是，在出生那一天，從日出到隔天日出之間的任何時刻，當行星來到軸點（上升、下降、天頂、天底）的同一時刻，某恆星正好從天空中降落並且接觸西方地平線。

以歐巴馬為例，我們可以看到這裡的資料是：太陽 Zuben Eschamali （下中天一降落，0°07'），意思是在他出生這天，當太陽來到下中天（天底）時，恆星 Zuben Eschamali 正好位在西方地平線的位置，而中文翻譯成降落，是對恆星與占星學不了解的字面翻譯。Zuben Eschamali 是氐宿四，是天秤座位在黃道北邊的恆星，不僅僅是天秤座的兩個恆星當中象徵著財富榮耀的恆星，也暗示著推動社會改革卻能因此而獲得個人利益。這告訴我們歐巴馬晚年時，儘管已經是卸任的總統，仍能夠持續扮演著某種社會領導者的角色，並且也能從這樣的工作當中獲得名聲與利益。在這一段時間對歐巴馬產生影響的恆星還包括了天琴座的織女星、仙女座的奎宿九，這些都具有強烈的藝文特質，也暗示著美好的名聲。

最後是位於下中天的恆星，這裡的恆星可以簡單的說是一生的側寫，以及家庭環境的影響。歐巴馬有火星 Phact （降落一下中天，0°21'），意思是在他出生這一天，在出生地，當火星來到西方地平線時，恆星 Phact 經過下中天的位置。這個恆星是天鴿座的恆星，中文稱為丈人一，當它與火星共軸時具有不畏懼的先鋒挑戰個性。我想這一個恆星的先鋒特質用來描述美國第一任黑人總統這歷史性重要地位，應當相當足夠。

吠陀二十七宿與阿拉伯月宿

比起希臘羅馬文化對占星的重視，恆星的詮釋其實還要來得更早，也因此，在本書中我希望盡可能涵蓋更多文明對恆星的詮釋。前面提到過，中國古代的占星對於恆星有著相當深入的研究，並且有三垣二十八宿的系統，吠陀占星中也有稱為二十七宿的 Nakshatras，這二十七個星宿是根據恆星的黃道來制定的，而阿拉伯的月宿也有著相似的判斷方式。然而在搜集資料的過程中，我發現有一些不同版本的阿拉伯月宿，因此我保留與恆星比較有關的部分在本章節中說明。

儘管我對吠陀占星（Nakshatras）與阿拉伯的月宿（Manzil）所知有限，但透過更多相關資料，或可增進我們對於恆星的認識。

二十七宿（नक्षत्रम् ／Nakshatras）與恆星的關係

儘管許多人稱呼二十七宿為月宿，但事實上與中國的二十八宿一樣，在吠陀占星中，二十七宿並不局限於使用月亮所在位置的詮釋，也因此我不建議對這兩套系統如此稱呼。

二十七宿位在黃道與赤道之間，包含了那些行星不會經過但是月亮可能會經過的星座。事實上演變到後來，有一些月亮不會經過的星座例如天狼星、天鷹座與海豚座也成了二十七宿的座標。也有些吠陀占星師使用二十八個星宿，那是加入了一個特殊的星宿 Abhijit，位在天琴座與織女星，很多吠陀占星師即使使用這一個星宿，也只是與鄰近的兩個星宿重疊並同時詮釋兩者，本書將專注在與恆星有關的部分。

二十七宿將每個星宿自恆星黃道上的牡羊座開始，每 13 度 20 分劃分成一個宿，每個宿都與行星月亮的南北交點（計都、羅睺）以及印度的神有著守護關係，而本書只會專注於每一個宿與恆星之間的對應。

在此列出與二十七宿有關的恆星，並在相關的恆星或星座部分作出說明。吠陀占星的中文名稱僅只是音譯，並沒有任何其他的意思。同時要提醒大家的是，吠陀占星使用恆星黃道，而非西方占星使用的回歸黃道，恆星黃道與回歸黃道的差距約 24 度。

吠陀二十七宿

二十七宿	西元 2020 年的恆星黃道	西元 2020 的回歸黃道	對應的恆星
Ashvini 阿說你	00° - 13°20' 牡羊	24°07' 牡羊 - 07°27' 金牛	婁宿一、婁宿三
Bharani 跋賴你	13°20' - 26°40' 牡羊	07°27' 金牛 - 20°47' 金牛	胃宿諸星
Krittika 基栗底柯	26°40' 牡羊 - 10° 金牛	20°47' 金牛 - 04°07' 雙子	昂星團
Rohini 虜喜尼	10° - 3°20' 金牛	04°07' 雙子 - 17°27' 雙子	畢宿五
Mrigashira 摩梨伽尸羅	23°20' 金牛 - 6°40' 雙子	17°27' 雙子 - 00°47' 巨蟹	參宿五與觜宿一
Ardra 阿陀羅	6°40' - 20° 雙子	00°47' - 14°27' 巨蟹	參宿四與井宿三
Punarvasu 不奈婆修	20° 雙子 - 3°20' 巨蟹	14°27' - 27°47' 巨蟹	北河二、北河三
Pushya 弗沙	3°20' - 16°40' 巨蟹	27°47' 巨蟹 - 11°07' 獅子	鬼宿三、鬼宿四
Ashlesha 阿沙離沙	16°40' - 29°59' 巨蟹	11°07' - 24°27' 獅子	柳宿諸星與星宿一
Magha 摩伽	0° - 13°20' 獅子	24°27' 獅子 - 07°47' 處女	軒轅十四與獅子座頭部胸部的恆星
Purvaphalguni 弗婆頗求尼	13°20' - 26°40' 獅子	07°47' - 21°07' 處女	西上相與獅子座背部的恆星
Uttaraphalguni 郁多羅頗求尼	26°40' 獅子 - 10° 處女	21°07' 處女 - 04°27' 天秤	五帝座一與獅子座尾部
Hasta 訶莎多	10° - 23°20' 處女	04°27' - 17°47' 天秤	軫宿三、軫宿四
Chitra 質多羅	23°20' 處女 - 6°40' 天秤	17°47' 天秤 - 01°07' 天蠍	角宿一
Swati 莎底	6°40' - 20° 天秤	01° 07' - 14° 27' 天蠍	大角與左攝提、右攝提
Vishakha 毗釋珂	20° 天秤 - 3°20' 天蠍	14°27' - 27°47' 天蠍	天秤座的氐宿一、氐宿四
Anuradha 阿奴羅陀	3°20' - 16°40' 天蠍	27°47' 天蠍 - 11°07' 射手	天蠍座嘴部的恆星、房宿諸星

Jyeshta 折沙他	16°40' - 29°59' 天蠍	11°07' - 24°27' 射手	心宿二與心宿諸星，天蠍的胸部
Mula 牟藍	0° - 13°20' 射手	24°27' 射手 - 07°47' 摩羯	天蠍的尾部、尾宿八、尾宿九
Purvashadha 弗婆沙他	13°20' - 26°40' 射手	07°47' - 21°07' 摩羯	射手的弓箭箕宿三、箕宿四
Uttarashadha 郁多羅沙他	26°40' 射手 - 10° 摩羯	21°07' 摩羯 - 04°27' 水瓶	射手的身體，斗宿一、斗宿三
Shravan 沙羅波那	10° - 23°20' 摩羯	04°27' - 17°47' 水瓶	河鼓一、河鼓二
Dhanishta 但你瑟陀	23°20' 摩羯 - 6°40' 水瓶	17°47' 水瓶 - 01°07' 雙魚	海豚座，瓠瓜一到瓠瓜四
Shatabhisha 舍多毗沙	6°40' - 20° 水瓶	01°07' - 14°27' 雙魚	危宿一
Purvabhadrapada 弗婆跋陀羅缽柁	20° 水瓶 - 3°20' 雙魚	14°27' - 27°47' 雙魚	室宿一、室宿二
Uttarabhadrapada 郁多羅跋陀羅缽柁	3°20' - 16°40' 雙魚	27°47' 雙魚 - 11°07' 牡羊	壁宿一、壁宿二
Revati 離婆底	16°40' - 29°59' 雙魚	11°07' - 24°27' 牡羊	外屏三

阿拉伯月宿（Manzil）

　　阿拉伯人使用這套月宿有相當長的時間，許多占星師認為阿拉伯人的月宿與吠陀的二十七宿很可能有一些關聯，且與阿拉伯人在天氣預測上有著密切的關係。儘管被許多人稱為月宿，但阿拉伯月宿的標示似乎和月亮在運行軌道上的背景星座與恆星有些差異，在阿拉伯月宿中也用恆星黃道來做計算，也因此與恆星的位置有著密切的關聯。阿拉伯月宿與吠陀二十七宿的差別在於，阿拉伯月宿所參考的恆星略有不同，且都落在黃道的星座上。

　　在西方的文獻中，我們已經找不到阿拉伯月宿的正確使用資料，但這些名稱

仍然深刻的影響著占星學，如果我們仔細留意，許多月宿的名稱都是今日恆星的名稱。我在下列的列表中會列出每一個月宿的英文音譯與對應的恆星們，以及該恆星在 2020 年在回歸黃道上的位置，並在相關的恆星與星座中，提到該星座和恆星在阿拉伯月宿的一些關聯。

阿拉伯月宿

阿拉伯月宿	可能的意思	對應恆星	西元 2020 年回歸黃道度數
Al Thurayya	許多小星星	昴星團	00°16’ 雙子
Al Dabaran	追隨者	畢宿五	10°04’ 雙子
Al Hak‘ah	白點	觜宿一、二、三	24°00’ 雙子
Al Han’ah	紋身（標記）	井宿一、井宿三	03°43’ 巨蟹
Al Dhira	前臂	北河二、北河三	20°31’ 巨蟹
Al Nathra	馬槽	鬼宿與蜂巢星團	07°33’ 獅子
Al Tarf	瞥見	軒轅八	18°09’ 獅子
Al Jabhah	額頭	軒轅十一到軒轅十四	27°51’ 獅子
Al Zubrah	主要的	西上相	11°35’ 處女
Al Sarfah	改變者	五帝座一	21°53’ 處女
Al Awwa	招呼者	太微右垣一	27°26’ 處女
Al Simak	未武裝者	角宿一	24°07’ 天秤
Al Ghafr	蓋子	亢宿二	04°04’ 天蠍
Al Jubana	爪子	氐宿一、氐宿四	15°21’ 天蠍
Iklil al Jabhah	前額的皇冠	房宿一到房宿三	02°50’ 射手
Al Kalb	心臟	心宿二	10°02’ 射手
Al Shaula	刺針	尾宿八、尾宿九	24°17’ 射手
Al Na’am	鴕鳥	斗宿一	10°27’ 摩羯
Al Baldah	城市	建三	16°32’ 摩羯
Al Sa’d al Dhabih	屠夫的好運	牛宿一、牛宿二	04°08’ 水瓶

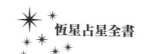
Al Sa'd al Bula	吞噬者的好運	女宿二	13°20' 水瓶
Al Sa'd al Su'ud	好運中的好運	虛宿一	23°40' 水瓶
Al Sa'd al Ahbiyah	隱藏者的好運	墳墓二	06°59' 雙魚
Al Fargh al Mukdim	第一道噴流	室宿一二	23°45' 雙魚
Al Fargh al Thani	第二道噴流	壁宿一二	09°26' 牡羊
Al Batn al Hut	魚肚	奎宿九	00°41' 金牛
Al Sharatain	二星	婁宿一到婁宿三	03°28' 金牛
Al Butain	羊腹	天陰四	21°08' 金牛

Chapter 4

黃道附近的恆星

牡羊座

星座詮釋

　　在希臘神話中，牡羊座最為人所知的就是金羊毛的傳說，在思考恆星的意涵時，我們必須同時考量這個星座的神話背景，且不必只局限於希臘羅馬的傳說。

　　牡羊座的紀錄與符號大約在西元前十六世紀出現，早期這個星座被巴比倫稱為 MUL LU HUN GA，意思是羊，但也可以翻譯為僱農。在早期的巴比倫，牡羊座並不被視為是黃道的起點，巴比倫的星曆表一直以接近金牛座的昴宿星團為星曆表的起點，這是因為當時的春分點並不落在牡羊座，而是在金牛座。一直到西元前七世紀左右，牡羊座才逐漸被重視，後期的巴比倫改以 MUL UDU NITA 公羊來稱呼這個星座，並且在春天舉辦慶典。

　　在埃及，牡羊座象徵著太陽神阿蒙——拉，這是新埃及的創世神，也被認為是眾神與國王的首領，並邁向唯一天神的地位。當時太陽在春分的位置，就在天空中的牡羊座，被稱作是重生太陽的象徵。埃及人與波斯人都會在春分時在太陽神——拉的神殿舉辦祭典，慶祝太陽回到了北半球，象徵著太陽的重生。

　　在希臘神話中，女神奈非樂與波艾歐提亞國王生下了一對子女，赫勒和佛里克索斯。後來國王另娶了女子伊諾，而伊諾設計讓國王獻祭他的子女，奈非樂女神向赫米斯借了這隻有翅膀會說話的公羊，以幫助她的兩個孩子逃離伊諾的毒手。金羊背著兩個孩子向東方飛去，但途中赫勒掉入海中，而佛里克索斯則安全的到達了科爾喀斯（位在於今天的喬治亞）。佛里克索斯將金羊獻祭給宙斯，並

把羊毛送給了科爾喀斯的國王埃厄忒斯，科爾喀斯在金羊毛的保佑之下成為肥沃的土地，農業商業興盛。

另一個與金羊毛有關的神話是伊阿宋受到叔父的刺激，打算取得金羊毛證明自己是個有資格當國王的英雄，於是號召英雄們與他一同前往科爾喀斯取得金羊毛。在科爾喀斯，伊阿宋獲得了懂得魔法的公主米蒂亞的幫助，成功挑戰了國王設下的條件，取得金羊毛。米蒂亞警告伊阿宋與英雄們必須迅速逃離科爾喀斯，因為國王不會心甘情願的交出象徵國家繁榮的金羊毛。但逃離科爾喀斯之後，伊阿宋就變心了，而米蒂亞為了報復殺死了自己與伊阿宋的兒子。

托勒密認為牡羊座頭部的恆星具有火星與土星的性質，牡羊座的腳與火星有關聯，而牡羊座尾巴的恆星則與金星有關聯。曼尼留斯則說明了在牡羊座影響之下，人們有著冒險、勇氣、不害羞，不會因為失敗被剝奪的事物而失去希望。上述的相關神話都給予我們位在牡羊座恆星的定義，雖然我們只介紹一個位在牡羊座的恆星，但如果你有需要應用其他位在天空中牡羊座的恆星，可以將這些神話的意涵套入，基本上與太陽崇拜、陽性特質、春天、開始、開啓、萬物豐盛的生長有著關聯。而婁宿一（Scheratain）因為同樣在牧羊座的頭部，可以參考婁宿三的詮釋。

阿拉伯月宿（Manzil）：

在牡羊座當中有兩個阿拉伯月宿：Al Sharatain 及 Al-Butain。

Al Sharatain：雖然本書只介紹婁宿三（Hamal），但另一個也曾經被占星師提起的恆星婁宿一（El-Scheratain）同樣也位於牡羊座的頭部，是阿拉伯占星學中的的第一個月宿。Al Sharatain 的意涵為兩顆星，應該象徵著婁宿一與婁宿三，代表旅行的開始，有利於旅行與放牧，帶來不和諧。

Al-Butain：意思為羊腹，天陰四是牡羊座的 δ 星，也是阿拉伯第二個月宿（Al-Butain），對買賣與播種有利。

吠陀二十七宿：

牡羊座在吠陀占星當中包括了兩個星宿，分別是 Ashvini 與 Bharani。

Ashvini（音譯：阿說你）：恆星黃道牡羊座的 0 度－13 度 19 分。

在吠陀占星中，這是馴馬神，司馬，符號是一匹馬的頭，象徵著創造力、慾望，暗示著一切都剛開始，與婁宿三、婁宿一有關。

Bharani（音譯：跋賴你），恆星黃道牡羊座的 13 度 20 分－26 度 40 分。

這是由恆星黃道中牡羊座尾巴的三顆三角形的恆星所組成，Bharani 的意思是乘載，暗示這個星宿蘊藏著女性的生育能量，滋養孕育的能量。

中國三垣二十八宿：

恆星星空中的牡羊座，包括了象徵著牛羊群聚的婁宿與象徵著天空倉庫的胃宿、天陰、左更、右更等。其中婁宿與胃宿屬於白虎七宿中老虎腹部的部分。

牡羊座的恆星

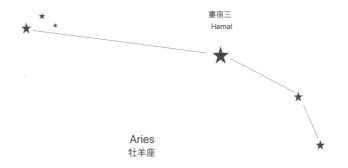

★ 婁宿三（Hamal）

恆星名	牧羊座 α / α Arietis / 婁宿三 Hamal
亮度	2.00
回歸黃道位置	2020 金牛座 7 度 56 分 2000 金牛座 7 度 39 分 1980 金牛座 7 度 23 分 1960 金牛座 7 度 06 分
恆星位置	婁宿三位在牡羊座的頭部，象徵著羊角。
恆星特質	活力、勇氣、衝撞、攻擊。

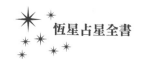

恆星詮釋

　　婁宿三的天文學命名是牡羊座 α 星（Alpha Arietis），是牡羊座最亮的恆星，國際天文聯合會將之命名為 Hamal，來自於阿拉伯文的 Al Hamal，意思是羊。另一個常用的名字為 Al Ras Al Hamal，意即羊頭，標示著這個恆星位在牡羊的頭部。托勒密賦予這個恆星火星與土星的意涵，而羅伯森認為這個恆星與暴力、犯罪有關聯。艾伯丁也有相似的觀點，認為這顆恆星象徵著打鬥、爭取主導權，以及導致在活動時受到的傷害。

　　對羊群來說，公羊的頭部相當重要，在春天時公羊們會用頭部與角打鬥，以爭取地盤和與母羊的交配權利。在早期的文明當中，人們用來攻擊城門的巨大木樁也被稱為 Ram，並作為羊頭的樣子，像是羊在打鬥。婁宿三有著衝擊、攻擊、挑戰、爭取地位的意涵，也因為牡羊座一直被視為是春天的象徵，可能暗示著春天的活力與活躍與新生。

　　中文名稱「婁宿」，在中國是位於白虎七宿當中的第二個星官。《石氏贊》中記載：「婁主苑牧，給享祀，故置天倉以養之。」《西官侯》則記載：「主聚眾之事，其木，柱也，其物，鉛、錫、銀、黃金、石。」在這裡指的是搜集物資財物，準備祭祀之用。在吠陀占星中的第二十七星宿 Ashvini，這是馴馬神，司馬，符號是一匹馬的頭，象徵著創造力、慾望，暗示著一切都剛開始，什麼都有可能。

　　偕日升星：身體力行且主動積極的天性，不怕挑戰與困難，勇於挑戰他人，取代他人的領導地位，其使命或人生的目標特質是走出自己的道路。

　　偕日降星（工具、達成使命前必要學會的技能、透過挑戰學會的事物）：在人生路途上學會勇氣，或許得費力、賣力的爭取自己要的事物，並了解勇敢不畏懼以及膽識是自己邁向成功的重要條件。

　　對準上升、下降、天頂、天底的黃道度數（或位在實際星空的軸點）：對於來自於他人或社會的阻礙採取衝撞的態度。對於失敗不感到畏懼，會抱著希望重新再來過。

　　與行星共軸或對準（合相）：
　　日：積極爭取自己的表現機會和領導權，不畏懼對抗與表現自我。

月：相當積極主動的保護生活周遭的人，毫不畏懼的爭取生存的權利。

水：言語表達相當主動積極，說話很少拐彎抹角，不畏懼言語上的頂撞。

金：毫無忌諱的展現自己的優點，在情感與友誼上展現勇氣，不害怕被拒絕。

火：積極的行動與自我表現，有強韌的生命力，在人生當中需要走出自己的道路。

木：有積極主動的信念，敢於發表主見，認為為了相信的事物而戰是人生中重要的事。

土：不輕易言戰也不輕易與人衝突，但是必要時挺身而出將會轉變人生。

天：在改變世界的態度上顯得相當積極，有可能面對生命當中突如其來的劇烈變化。

海：一旦形成想法或願景，將有可能奮不顧身的投入。

冥：權力與控制可能帶來強烈的吸引力，有時這樣的組合暗示著為了生存而掙扎奮鬥。

凱龍：對於不公平的事情感到相當的憤怒，並且可能展開積極行動。

月交：被人們視為是相當有活力而且積極主動的人，以積極主動或是衝撞的態度走向人生的道路。

金牛座

星座詮釋

金牛座是天空中相當明亮且好確認的星座，在每年的冬天與初春都可容易的在天上看見一組成為 V 字型的牛角，看似一頭公牛直奔天上，而獵戶座則像是舉起棍棒與公牛對峙的人。人們將這一塊天空視為一頭牛的歷史相當悠久，在巴比倫時代甚至更早之前就已有這樣的看法，巴比倫人稱它為天上的公牛（Bull

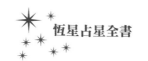

of Heaven），通常與月亮之神（Sin）有關，月神則被描述成擁有碧藍鬍鬚的神牛。

而大家比較熟悉的，是希臘神話中宙斯變成公牛劫走歐羅巴公主的故事。宙斯在天上檢視人間時，被美麗的腓尼基（在今日敘利亞一帶）公主歐羅巴打動，為了不驚動天后希拉與驚嚇到公主，他化身為一頭雪白的公牛，當歐羅巴與同伴在草原嬉戲時，看見這頭美麗的公牛後便忍不住靠近觸摸，由於公牛溫和，大家更慫恿公主騎上去。當公主剛在公牛上坐穩，公牛突然拔足狂奔，跨越了海峽來到今日希臘的克里特島。上岸之後宙斯恢復了原本的樣貌並向歐羅巴求愛，歐羅巴替宙斯生下許多孩子，歐羅巴的名字更成為今日歐洲的稱呼。

在埃及，金牛座被視為是公牛神阿比斯（Apis or Hapiankh），據說他是母牛女神哈托之子，哈托女神象徵著生育力與愛，而阿比斯也有著相似的繁殖力意涵，同時多了強大的力量象徵。

托勒密認為金牛座的恆星大多有金星的特質，並且摻雜一些土星的性質。金牛頭部的恆星除了畢宿五有著土星與水星的特色，牛背上的昂星團具有月亮與火星的特質，而牛角的部分則是火星的特性。我們在詮釋金牛座的恆星時不要忘記，這個星座與春天的豐盛和生產力有著密切的關聯。西元一世紀的曼尼留斯在他的《天文》書中記載著，金牛座帶來大地的果實，農民開始辛勤耕作，當太陽來到牛角的部位時，象徵著開始耕作的季節，金牛座影響的人身心都有著強大的力量。

在本書中我們會介紹昂宿星團（Pleiades）、昂宿六（Alcyon）、畢宿五（Aldebaran）、五車五（El Nath）等恆星，而其他也被占星師使用的恆星像是與五車五一樣象徵著牛角的天關（Al Hecka），亦可參考五車五的解釋。而位在金牛頭部的畢宿四（Hyadum Prima），以及象徵金牛另一隻眼睛的畢宿一（Ain），這些沒有詳加介紹的恆星，則可以根據托勒密描述的星座部位賦予意涵。

阿拉伯月宿（Manzil）：

Al-Thurayya：意思為「許多小星星」，所指的應該就是昂星團中的許多小星星。象徵著宇宙的本質，對於購買家畜有利，以及對所有與火有關的事情有

利。

Al-Dabaran：這個月宿以畢宿五爲主，其名稱就是畢宿五國際命名的源頭。阿拉伯人認爲這個星宿有利於衣物製作購買，有利於與國王互動。

吠陀二十七宿：

Krittika（音譯：基栗底柯）：這是對應昴星團的星宿，符號象徵是一把剃刀，與燃燒切除有關。

Rohini（音譯：虜喜尼）：這個星宿對應畢宿五，符號象徵是牛車，暗示著創造力與保持、存有的特質有關。

中國三垣二十八宿：

在古代中國星空中，金牛座包含了昴宿、畢宿、以及天陰、天關、天街、天節、諸王、五車等星官。其中昴宿與畢宿是白虎七宿當中的重要星宿，其中天關在黃道附近，意涵爲行星的通道，象徵著天上的大街。

金牛座的恆星

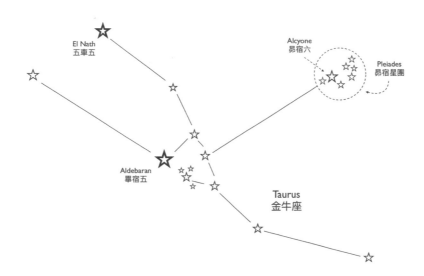

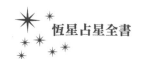

★ 昴宿星團（Pleiades）/ 昴宿六（Alcyon）

恆星名	η Tauri / 昴宿六 Alcyon
亮度	2.87
回歸黃道位置	2020 雙子座 0 度 16 分 2000 金牛座 29 度 59 分 1980 金牛座 29 度 43 分 1960 金牛座 29 度 26 分
恆星位置	金牛座的背部。
恆星特質	洞悉能力、觀察、悲傷、悼念。

恆星詮釋

　　這個星團可以直接用肉眼觀察，當你看到這個星團時，它如同蒙上一層雲霧一樣，模糊不清，再仔細些觀察，你才會發現它們是由七顆星星所組成的。昴宿星團又稱為七姊妹星團，昴宿六是七姊妹星團當中最明亮的，這是金牛肩膀上的星團，在不同地方有許多不同的稱呼，包括母雞與小雞、少女星群，較為人所知的是在希臘神話中，這個星團的七顆星象徵著泰坦神阿特拉斯的七個女兒，包括了替宙斯生下赫米斯的邁亞（Maia）、生下特洛伊始祖並成為特洛伊守護女神的艾樂特克拉（Electra），塔伊格特（Taygete）則生下了斯巴達的創始者，阿爾庫歐涅（Alcyone）與克萊諾（Celaeno）都替海神生下後代，阿斯特洛珀（Asterope）則與戰神生下比薩國的創始國王，莫洛普（Merope）則嫁給凡人薛西佛斯。

　　這七位姊妹被稱為普勒阿德斯姊妹，英文 Pleiades，也就是這個星群的名稱。關於她們變成星星的故事有許多起源，有人說是因為失去父親或其他姊妹而集體自殺，並被宙斯變成星星；有人說因為七姊妹受不了獵人奧列翁的騷擾，於是變成鴿子飛向天空，宙斯便派她們擔任運送食物的工作。

　　昴宿六的名字 Alcyon 就源自於七姊妹中嫁給海神的那一位阿爾庫歐涅，正式名稱是 Eta（η）Taurus，而阿拉伯人則稱這顆星為 Al Wasat，意思是中間者，或 Al Na'ir，意思是明亮的，意味著昴宿六在昴宿星團中位居中央，而且相當明亮。

因為傳說中七姊妹自殺或者因為哀悼失去家人的原因，這一個星團經常有著悲傷的意涵，甚至被說成與眼睛、視力還有眼淚有關。托勒密認為這個星團的恆星有著月亮與火星的特質；羅伯森認為它象徵著愛、高貴、因發燒而眼盲，引發疹子與臉部的傷害；艾伯丁則認為帶來努力與野心，升遷與榮譽，但與異性的關係不好。

　　我們知道過去金牛座這個位置是春分點的開始，昴星團從巴比倫時期就是相當重要的天空座標，他們直接稱它為星團（Mul Mul），並視為是一個獨立的星座，不屬於金牛座，更是巴比倫曆法的第一個月。在當時，昴星團作為春分的標記，在日出之前升起的時候意味著春天的到來。而昴星團對於太平洋上的南島民族，特別是紐西蘭的毛利人來說，是一個相當重要的天空座標。毛利人有著觀察偕日升星的習慣，而昴星團被毛利人稱為 Matariki，Mata 是眼睛的意思，而 Riki 則是神，神的眼睛。我們知道在人類學上，台灣被認為是南島語族的源頭，而在西拉雅族語阿美族語當中，眼睛一詞也是 Mata，這個字甚至是台南麻豆地名的由來。Matariki 一詞也是毛利人新年的節慶，當昴星團在六、七月左右成為偕日升星的日子，不同的部族會根據傳統，在新月或滿月舉辦 Matariki 慶典，在慶典的開始，他們會聚集在一起為去年死去的亡靈弔念，接著占星師會根據昴星團升起的特質來預測未來一年的氣候與收成，有些部落則以這些日子成為偕日升星的參宿七作為新年到來的指標。

　　這個星團的中文名稱為昴星團，而 Alcyon 稱為昴宿六。昴宿是西方白虎七宿之一，《史記・天官書》：「昴曰髦頭。」髦，《說文》：「髮也。」昴又稱為留，留有簇聚、團屬之意，《堯典》：「日短星昴，以正仲冬。」暗示著在四五千多年前的中國地區，以昴宿作為冬季到來的指標。

　　偕日升星：生活環境中充滿著神祕洞悉能力與覺察看見內在的智慧，與生俱來的判斷能力將引導當事人走向生命的道路。

　　偕日降星：透過學習而有了洞悉能力，往往引領人們走向戲劇化的人生，同時也讓人有能力面對及處理壓力和張力。

　　對準上升、下降、天頂、天底的黃道度數（或位在實際星空的軸點）：工作或生活內容可能與判斷、判決、決斷有關，可能與命運或大量的情緒波動、悲傷的事物有關。強烈的洞悉人性與洞悉未來的特色。

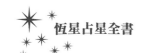

與行星共軸或對準（合相）：

日：冷靜的洞悉力與冷酷判斷的領導特色，具英雄特色，犀利無情的批判，也可能是透過觀察與洞悉而獲得成就。

月：往往能洞悉生命的陰暗、看穿生命的陰暗與神祕，通常遭遇也頗為心酸。有著大量的情緒波動，透過這些事物能打動周遭。

水：有洞悉力，卻往往在人性的陰暗面中掙扎。是預言者或冷靜思考、冷酷無情的執行者。

金：對於悲劇、悲傷、詩、戲劇有著特殊的喜好，很可能也把美學或悲劇、戲劇放入每天的生活與人際當中，在生命裡尋找神祕意義。（人物：統一教主文鮮明。）

火：因洞悉一切而產生悲傷與憤怒情緒，繼而採取行動，是烈士或先鋒一般的角色。（人物：約翰‧藍儂。）

木：洞悉社會的發展，具有預知未來趨勢發展的能力，思想與觀念超越時代，因社會事件而覺醒。

土：對於生活中即將發生的事物感到憂慮，背負著悲傷的沉重包袱，對環境與時事感到敏感，隨著歲月成長將採取實際的態度。

天：突如其來的震驚與悲傷，因為巨變而帶來覺醒，帶來超越時空限制的洞悉能力。

海：強烈的理想色彩，帶有戲劇化與幻想特質，狂熱追逐美好未來的夢想甚至不惜犧牲。

冥：因為不同的理念或超然的理想而遭受誤解，可能埋沒或否認這樣的特質來保護自己，劇烈的傷痛對生活影響顯著。

凱龍：因洞悉事物而體驗孤獨，對於傷痛的體驗深切，具有幫助他人接受傷痛並展開療癒的能力。

月交：在人群中因為獨特的見解或情感特質而顯得突出，其生活遭遇具有情感渲染的力量。

★ 畢宿五（Aldebaran）

恆星名	α Tauri / 金牛座 α 星 / 畢宿五 Aldebaran
亮度	0.85
回歸黃道位置	2020 雙子座 10 度 04 分 2000 雙子座 9 度 47 分 1980 雙子座 9 度 30 分 1960 雙子座 9 度 14 分
恆星位置	金牛座的眼睛。
恆星特質	豐盛、專注、堅定的力量、誠實。

恆星詮釋

　　在西元前四千多年至一千多年前的巴比倫時期，金牛座與春分點有關，這一個位置也就與新年的祭典和復活節的由來有關。有人說這是波斯時代的皇家恆星，作為四個季節變換的軸星，並認為此星與東邊天界閘口有關聯。十七世紀的占星師稱波斯的定位軸點恆星為皇家恆星（Royal Stars），他們分別是位在金牛座的畢宿五（Aldebaran）、位在獅子座的軒轅十四（Regulus）、位在天蠍座的心宿二（Antares）、與位在南魚座的北落師門（Fomalhaut）。後來甚至進一步的與四個方位、四個季節、還有四大天使做結合，畢宿五象徵大天使米歇爾守護著天界的東方、軒轅十四象徵拉斐爾守護著北方、心宿二象徵天使烏里爾守護著西方、北落師門象徵加百列守護著南方。

　　畢宿五正式的天文學名稱是 Alpha（α）Taurus，它位在金牛的眼睛上，在天空中相當明亮。畢宿五的拉丁文名稱為 Aldebaran，源自於阿拉伯人對這顆恆星所在的月宿的稱呼。Aldebaran 的意思是追隨者，托勒密認為此恆星與火星有關，羅伯森則認為帶來了榮耀、才智、口才、堅定、正直、受歡迎、勇氣與負責任的態度、公眾榮耀以及獲得權力和財富，但好處卻很難維持長久，同時也可能暗示著凶猛、煽動叛亂的傾向，暴力和疾病。艾伯丁則認為這顆恆星帶來強勢的能量，受到眾人的認同與領導地位，同時也可能因此帶來敵人的威脅；在氣候上暗示著災難性的氣候、洪水甚至帶來沉船。這顆星象徵著春天的到來，具有強烈的生命力、萬物生長、豐盛的象徵，同時牛的眼睛帶來了盯緊攻擊者或被攻擊者

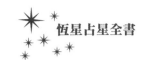

的意涵，具有威脅性與警覺性的凝視。

畢宿是西方白虎七宿的第五個星宿，畢宿呈 Y 字型，像是一個獵人手上拿著小叉子以捕捉小型的獵物用，古人以為主兵、雨，故亦借指雨師。《宋史・天文志四》：「畢宿八星，主邊兵弋獵。」《詩經・小雅・漸漸之石》中描述：「有豕白蹢，烝涉波矣，月離於畢，俾滂沱矣。」其中的「月離於畢，俾滂沱矣」就是說在古代中原地區，當月亮運行到畢宿的時候，雨季就要來臨了。事實上月亮每二十八天就會經過畢宿，所以有人認為「月離於畢」應該指特殊的月份，或許是新月或滿月出現在畢宿的時刻。

偕日升星：與生俱來的專注力與洞悉真正目標的能力，也象徵著率直的行動，可以透過這樣的能力創造出豐盛的成就與收穫。

偕日降星：只有在遭遇困境與挑戰之後，才知道必須全神貫注緊緊盯著目標的動向，率直不拐彎抹角才有可能達成目標。

對準上升、下降、天頂、天底的黃道度數（或位在實際星空的軸點）：帶來清晰的人生目標，在人際關係當中保持真誠，透過直接而且不拐彎抹角的行動來獲得所期望的事物。

與行星共軸或對準（合相）：

日：專注在自身的目標之上，堅守誠實與信用將可以帶來精神生活與物質生活上的豐盛與榮耀。

月：有著強烈的感受力與堅定的意志力，可發揮在創作上，不僅僅是藝術文學，也可能展現在居家生活與廚藝上。

水：想法誠實正直，不拐彎抹角，也可能在言語、文字、教育或商業上展現豐盛的態度。

金：這個組合帶來強烈的豐盛，可以展現在金錢與人際關係之中，需要注意誠實與正直的考驗。

火：這是一個火星相當受到加持的位置，在誠實正直與堅定之中展現你的勇氣，生命將有所回報。

木：這裡可以感受到生活當中豐盛可能，對於重要的事物或許特別應該保持

警覺與專注。

土：有著政治與商業上的敏感，具有批判的特色，熱衷於將想法實現，必要時凝視並挑戰自身的恐懼。

天：強烈關注著社會改革以及科技進步方面，透過改變可帶來眾人的福利。

海：可能因為某些想法而帶來熱誠並且投入，也可能象徵著透過藝術而帶來豐富的生活。

冥：對於恐懼或醜聞的感受敏銳，一旦盯上這些事情就不會輕易放手。

凱龍：正直與誠實可能帶來傷痛，你會在重要的時刻面臨是否該保持誠實態度的選擇。

月交：人們將因為你的樂於分享與正直而接近你。

✳ 五車五（El Nath）

恆星名	β Tauri / 金牛座 β 星 / 五車五 El Nath
亮度	1.65
回歸黃道位置	2020 雙子座 22 度 52 分 2000 雙子座 22 度 34 分 1980 雙子座 22 度 18 分 1960 雙子座 22 度 01 分
恆星位置	金牛座的牛角。
恆星特質	攻擊、衝撞。

恆星詮釋

五車五在某一段時間被視為是御夫座的腳踝，但是也被視為是牛角，它在天文學上的名稱是金牛座的 Beta（β）Taurus，名字 El Nath 是來自於阿拉伯文的 Al Natih，意思是頂撞者。從這一個字可以知道，這顆星帶著牛角的性質，與用來打架、頂撞和羊角的婁宿三有著相同的功用，是作為衝擊、攻擊與頂撞的用途。在詮釋的時候只需要記住這個簡單的特性即可。

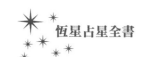

托勒密認爲牛角的部位象徵著火星的特色，羅伯森則認爲同時具有火星與水星的性質，並認爲它帶來了財富與傑出的特性，可以用在好的事情或邪惡的事情上。在中國的星空當中，五車星官是天空中的馬車，這似乎與金牛上方擅長駕車的御夫也有著相同的意涵。

偕日升星：相當敏感，具有保護的天性，對於與自身相關的事物具有強烈的防衛心態，對於他人的拒絕、批判、否定感到不悅。

偕日降星：在挑戰壓力的過程當中學會了衝擊與攻擊的能力，了解爲了達成目的頂撞是必經的過程，也因此需要釐清自己行動的目的爲何。

對準上升、下降、天頂、天底的黃道度數（或位在實際星空的軸點）：強烈的保護自我特性，通常只有在受到刺激之後才會展開，對於他人的侵略與刺激採取劇烈的反應，有時候會展現出一種不容許他人拒絕的特性，很可能將他人的拒絕視爲一種侮辱而感到憤怒。

與行星共軸或對準（合相）：
日：爲了爭取榮耀與展現自我的重要性，衝突與對抗是必經的過程。

月：容易在親密關係當中展現積極與保護的特性，旁人或許不容易了解。

水：說話率直，不拐彎抹角，但卻能夠充分應用言語溝通的天賦而獲益。

金：對於自身喜歡的事物會採取保護的態度，在情感上也可能如此。

火：憤怒與爭取自身利益等火星議題，亦是重要的人生課題，處理得宜將有意想不到的好處。

木：爲了眾人的福利展現積極的爭取態度，很可能因爲理念而與人發生衝突。

土：重要的人生故事將展現在如何與權威互動之上，你是否能夠對他們展現你的憤怒？

天：相當有活力的組合，對於改變感到敏感，很可能是抗拒改變，也可能是改革的先鋒。

海：爲了夢想而向前衝刺，有著活躍的願景，無論這些夢想是否眞的對生活

帶來實際的幫助。

冥：學會保護自己是一個相當重要的生活課題，經歷許多考驗後才能學會如何展現勇氣。

凱龍：攻擊與憤怒所付出的代價，將使你對展現勇氣感到猶豫不決。

月交：人們將因為你的勇敢與無所畏懼而認識你。

獵戶座

星座詮釋

獵戶座是秋冬天空當中相當明亮的星座，如同沙漏般的形狀就在 V 字形金牛座的一旁，象徵著獵人舉起棍棒挑戰巨大的公牛。這個星座在許多古文明中都有著重要的地位，有人認為埃及的吉薩金字塔就對準了獵戶座腰帶的三顆星，的確這三顆星甚至整個獵戶座在許多古文明中都相當被重視。因為它位在黃道與赤道附近，在古老的中國二十八宿與吠陀占星的二十七宿的座標系統中，都被視為是重要的星宿，也因此，我將它放置到這個章節與黃道上的其他星座一起說明。

希臘人認為他是知名的獵人奧列翁（Orion），他是海神的兒子，也是狩獵技術相當有名的獵人，也因為他是海神的兒子，因而擁有在水上行走的能力。傳說中他因為強暴了梅洛普公主而被弄瞎了眼睛，神諭指示他前往東方去向太陽神尋求治療。他治癒雙眼之後跟著月神與狩獵之神阿特密斯打獵，他的死有至少兩種不同的版本，一是當奧列翁在海上行走時，太陽神因為嫉妒奧列翁與月神阿特密斯的友誼，因此與月神阿特密斯打賭，挑戰月神是否能夠射中海上的小黑點，阿特密斯用精準的箭法射中了黑點，卻也因此射死了自己的好友。

另一個版本則是奧列翁誇口沒有自己殺不死的動物，因此大地女神蓋雅（或狩獵女神阿特密斯）因他的狂妄感到憤怒而派出了巨大的蠍子（天蠍座）螫死他，在天空中，當天蠍座出現在東方地平線的天空時，也是獵戶座沉入地平線下的時候，象徵著他想要逃離天蠍座的追殺。奧列翁的星座象徵著人類渴望征服自然，向大自然證明自己可以控制一切成為世界主宰的特質。

而在埃及，獵戶座的腰帶則與天神與冥府主宰奧西里斯（Osiris）以及更古老的化身 Sah 相關。他們都象徵著陰間的管理者，奧西里斯原是重要的天空守護神，他的弟弟塞特為了奪權而謀殺他，並切碎他的身體丟到人間，奧西里斯的妻子魔法女神伊西斯（Isis，由天狼星象徵）撿回身體施法讓他復活，但是就算他復原了身體也只能待在陰間，因而成為冥界的管理者。

巴比倫稱獵戶座為 Mul Sipa Zi An Na，Mul Sipa（羊或牧羊人），Zi（尊貴可信），An Na（天神或天空），而牧羊人這一詞也是巴比倫國王的別名之一，巴比倫人認為這是天神阿努（Anu）的牧羊者。

托勒密認為獵戶座明亮的恆星具有木星和土星的性質（參宿四與參宿五除外）；羅馬人認為這對牲畜非常有害，並且會造成風暴。羅伯森認為這些恆星帶來有強烈而有尊嚴的性格，自信心、暴力、有利於航行與海外貿易，但有背叛和毒藥的危險。比托勒密更早期的占星師曼尼留斯則認為，獵戶座的影響將帶來敏捷的身手與頭腦，他們的靈魂迅速的回應職責的招喚。

在本書中，我們詳細的介紹參宿二、參宿四、參宿五與參宿七，而事實上這個星座有許多重要的恆星也值得探討，例如古代的中國占星師、印度占星師與阿拉伯占星師都會考慮觜宿的影響。此外，肉眼能看見的獵戶座的星雲，其可能的象徵與詮釋雖然較少被占星師重視，卻也是我研究的對象。

阿拉伯月宿（Manzil）：

Al Hak'ah 這個月宿由獵戶座頭部觜宿的三個恆星組成，稱為白點，象徵著宇宙的本體，有利於婚姻、學習、法律、寫作，善良與忠誠。

吠陀二十七宿：

Mrigashira（音譯：摩梨伽尸羅）：這個星宿位在參宿五與觜宿，其象徵是公鹿的頭，代表的神是象徵永生的蘇摩（Soma），象徵著實現的特質與享受生活的舒適。

Ardra（音譯：阿陀羅）：阿陀羅象徵著摧毀的巨大力量，與這個星宿連結的神是暴風之神（Rudra），對應的恆星是參宿四與雙子座腳部的井宿三。

中國三垣二十八宿：

　　在中國二十八宿中，這是西方白虎七宿中的參宿與觜宿，象徵著老虎的頭與前半身。而參宿在中國的占星觀點當中又是七位大將軍，整個參宿都與軍事行動的占卜有著密切的關聯。

獵戶座的恆星

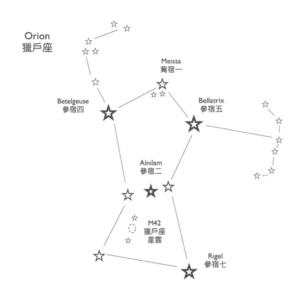

☆ 參宿二（Alnilam）

恆星名	ε Orionis / 獵戶座 ε 星 / 參宿二 Alnilam
亮度	1.7
回歸黃道位置	2020 雙子座 23 度 44 分 2000 雙子座 23 度 28 分 1980 雙子座 23 度 11 分 1960 雙子座 22 度 54 分
恆星位置	獵戶座腰帶上三個恆星中位在中間的恆星。
恆星特質	均衡、連結。

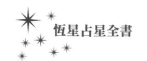

恆星詮釋

參宿二的天文學名稱為 Epsilon ε Orion，獵戶座的腰帶上有三顆明亮的恆星，這也是中國占星師稱呼這個區域的恆星「參宿」的原因。參宿是二十八宿中白虎七宿裡象徵老虎的星宿，參就是三的意思，因此應該與獵戶腰帶的三星有關。

《史記‧天官書》：「參為白虎。三星直者，是為衡石。下有三星，兌，曰罰，為斬艾事。其外四星，左右肩股也。小三星隅置，曰觜觿，為虎首，主葆旅事。」參伐、鐵鉞，主斬殺，天獄殺伐，軍事象徵，七星是七將軍，七星大明天下兵精。古時「參宿」一開始是指獵戶腰帶的三顆星，後來將周邊的恆星也都列入，又稱將軍星。

由於獵戶座是一個相當古老的星座，許多重要的神話人物都與這個星座有關，特別是智慧老人或者耶穌誕生時前來拜訪的東方三賢的形象，都與這個恆星有關。在先前關於獵戶座的星座意涵中已討論過，埃及人認為獵戶座是冥界守護者奧西里斯在天空中的形象，也因此，傳說中認為獵戶座腰帶的這三個恆星與吉薩金字塔對準，雖然這個說法在身心靈學界相當受到歡迎，但是在天文考古當中仍有些爭議。

參宿二是位在獵戶座腰帶上三顆恆星中間的那一顆星，國際天文聯合會命名這顆恆為 Alnilam，來自於 Al Nitham，意思為一串珍珠，或者 Al Nijad，意即腰帶的意思，同時也有人稱呼為腰帶上的珠寶。在現代阿拉伯語中，Al Mīzān al H·akk 意味著「刻度精準的秤子」，印度則稱為 Isus Trikanda，三支聚集在一起的箭；澳洲原住民則認為這三顆星是三位跳舞或追趕少女（昴宿星團）的年輕人，在北歐神話當中，獵戶座的腰帶被當成春天女神弗麗嘉的紡紗桿。

托勒密賦予獵戶座的大部分恆星木星與土星的特色，羅伯森認為這顆星象徵著擁有一段時間為大眾所知的榮耀，我認為這三顆星象徵著保護、防衛與維繫的行政能力，特別是透過有智慧的方式來保護防衛，而這也與土星木星的特質相似。透過獵人的腰帶與女神的紡紗桿，象徵著帶來維繫、組織的能力，利用這些能力才不會造成事物鬆散散亂或造成混亂。但希臘紡紗桿更重要的象徵是天球的南北極軸線，在神話當中，紡紗棒的軸線是世界的中心，三位命運女神將星星紡紗圍繞著天空中的軸線。

偕日升星：穩定的天性、深藏不露的圓融智慧，在重要與面對混亂的時刻可以維繫安定，看似不起眼卻又重要到不能缺少的角色，甚至擁有以巧妙的方式去運作看似平常的生活智慧，去幫助他人或帶來保護自己與他人的能力。

　　偕日降星：透過人生的挑戰，了解到在一團混亂的狀態當中，運用看似不起眼的生活訣竅（或者人事物），並保持眾人鎮定的重要性，面對難題時需要借助這些技巧才能抽絲剝繭的釐清問題，同時需要學習與人合作以維繫團隊的穩定，並透過這些特質帶來成就。

　　對準上升、下降、天頂、天底的黃道度數（或位在實際星空的軸點）：穩定與圓融的智慧是人生的重大課題，在家庭生活中所獲得的小智慧或許能帶來重要的影響，發揮這樣的天性，或者去學習這樣的能力，與他人（特別是直系血親）團隊合作，並重視彼此之間的利益均等，利用大智慧替他人帶來保護，也可能暗示著重視儀容外表或生活環境的整潔。

　　與行星共軸或對準（合相）：

　　日：視維持均衡為主要目標，透過維繫週遭事物的均衡與聯繫而獲得成功與榮耀。

　　月：具備在日常生活中展現處理凌亂事務的能力，並巧妙的維繫均衡。

　　水：在言語上展現精確的言詞，並有能力將混亂的資訊整合成為有用的重要資訊。

　　金：在人際互動上展現靈活手腕，讓混亂的局面達到均衡與和諧的交流狀態。

　　火：在競爭的過程中不在乎輸贏，在行動與策略上採取制衡將可獲得成就。

　　木：從大格局的觀點著手，展現智慧並將不同的觀點整合在一起，找到人生發展的均衡位置。

　　土：做任何事情都不慌亂，謹慎的維持平衡的狀態，在必要時刻放下自我以促成大局。

　　天：在見識過許多極端的發展之後，了解到維持一定的均衡才能夠找出不同的道路。

海：在無形的創意與想法之中，有能力擷取重點並整理出實用的資訊。

冥：許多看似平凡的智慧其實相當有用，但卻要經過一番痛苦與掙扎才能親身體會其重要性。

凱龍：在嘗試許多極端的療癒方式之後才能明瞭，過與不及都會帶來更多的傷痛。

月交：將你的組織能力與人際手腕展現在與他人的互動當中，將對人生歷程帶來成長。

☆ 參宿四（Betelgeuse）

恆星名	α Orionis / 獵戶座 α 星 / 參宿四 Betelgeuse
亮度	0.50
回歸黃道位置	2020 雙子座 29 度 02 分 2000 雙子座 28 度 45 分 1980 雙子座 28 度 29 分 1960 雙子座 28 度 12 分
恆星位置	獵戶座的右肩。
恆星特質	爭取、攻擊、勝利。

恆星詮釋

參宿四的天文學名稱是 Alpha（α）Orion，這是一個相當古老的恆星，天文學家們預期這個恆星將可能隨時爆炸消失，甚至在 2019 年底參宿四一度變暗時，引發了天文學界許多的關注。

十九世紀的學者認為，它的拉丁文名字 Betelgeuze 是從阿拉伯文 Ib t al Jauza 而來，後來翻譯成 Bet El-geuze，意思是中間人的腋下。但是當代學者認為這應該是中世紀阿拉伯文與拉丁文之間翻譯的誤差，這顆星的阿拉伯文名稱應為 Yad al-Jauzā，al-Jauzā 是阿拉伯人對獵戶座的稱呼，而 Yad al-Jauzā 則是獵戶座的手，其他的稱呼還包括了 Al Yad al Yamnā，亦即右手。

曼尼留斯認為這一顆恆星是奧列翁之手，也就是獵人之手，是高舉著棍棒的

手，象徵著武力與武術的榮耀，呼應挑戰與獎賞。我們可以看到高舉棍棒攻擊動物的手，這隻手更具有明確的攻擊性。托勒密認為這顆星有火星與水星之特質，羅伯森認為帶來了榮耀與財富，艾伯丁則指出若這顆星落在星盤的軸點則會帶來好運、成功與長久的名望。

在吠陀占星中，這是暴風之神的星宿 Ardra，象徵著熱情也擁有摧毀的巨大力量。這個恆星象徵著積極主動的爭取自己想要的事物，明顯的陽性特質，象徵著明確的管理行動，與攻擊、出擊、打擊、爭取、奪取、軍事、暴力、行動都有著密切的關聯。

偕日升星：擁有積極的天性與強大的攻擊爭取能力，清楚自身的目標，光明磊落的直接態度，對於所要爭取的事物有著足夠的準備與暸解。

偕日降星：了解許多時候需要積極的面對問題、明確的動作與聲明，並主動出擊，透過生活中的挫折，培養出打擊核心的能力，並且摸索出在追求成就時自己需要什麼樣的技能與工具。

對準上升、下降、天頂、天底的黃道度數（或位在實際星空的軸點）：展現陽性的主動力量，清晰明確的言語和行動，積極追求自身的成就，擁有強烈的能力可以用在追求事業成就或打擊敵人之上，學習適當的技能與找到適當的配備是成功的必備條件之一。

與行星共軸或對準（合相）：

日：獲得成就的首要條件在於弄清楚自己真正想要爭取的是什麼，並且奮力的去獲得。

月：需要學會清楚的表達自身需求，並且堅定爭取的立場，而不是期待他人能夠猜出你要的是什麼。

水：言語是具有力量的，你可以透過語言文字爭取到自己想要的事情，但也需注意所帶來的傷害力。

金：在情感與人際關係上請展現出積極主動的態度，害羞與隱藏並無幫助，你的付出將獲得珍貴的回報。

火：毫無畏懼的去面對挑戰，展現你的自信去追逐與進攻，你將因此獲得巨

大的榮耀。

木：清楚明確的展現自己的想法，自信將能幫助你取得你所想要的事物。

土：將膽怯化為謹慎，將限制轉為自我控制，生命總會遇到要你放手一搏的時候，而你的經驗與訓練將在此發揮作用。

天：如果只有一次進擊的機會，那麼你必須出其不意的以閃電戰術攻其不備。

海：若必須透過犧牲來換取重要事物的話，確認你要爭取的事物是值得的，確認你的犧牲是值得的。

冥：堅定的意志是強大的武器，在放下一切之後，你將對失敗毫無畏懼。

凱龍：提起勇氣去爭取自己想要的事物，是人生中的一個重要課題。

月交：你的積極與勇氣將獲得群體的認同，並且對周遭帶來啟發。

★ 參宿五（Bellatrix）

恆星名	γ Orionis / 獵戶座 γ 星 / 參宿五 Bellatrix
亮度	1.64
回歸黃道位置	2020 雙子座 21 度 13 分 2000 雙子座 20 度 57 分 1980 雙子座 20 度 40 分 1960 雙子座 20 度 23 分
恆星位置	獵戶座的左肩。
恆星特質	奮力對抗、咆哮。

恆星詮釋

參宿五的天文學名稱為 Gamma（γ）Orion，是獵戶座的左肩，這一顆恆星的阿拉伯文為 Al Najid，意即征服者，或者咆哮的征服者 Al Murzim al Najid。拉丁文稱這一顆恆星為 Bellatrix，意思是女戰士，也因此被稱為亞馬遜之星。亞馬遜是希臘神話中女人主導的國度，女性在此擁有重要的地位，並且驍勇善戰，根

據研究指出，Bellatrix 這顆星最早出現在阿布馬夏的作品當中，與其他獵戶座的恆星一起被阿拉伯人用在海上航行導航之用。

托勒密認為獵戶肩膀的兩顆恆星都具有水星、火星的特色，羅伯森認為有戰爭或公職上的榮耀，但也包含了突然的不名譽與失敗，如果出現在女性的星盤上，暗示著有活力卻令人厭惡，並帶來尖銳的聲音。艾伯丁則認為獲得成就的過程中充滿辛苦，在成功的路上將遭遇嫉妒、恨意與不公平。

在詮釋這一個恆星時，我們可以充分應用獵戶座的形象，在埃及，這是天神奧西里斯，當他被殺害時，天神們搜集了他的身軀，卻少了一邊的肩膀，象徵著一種缺憾，這樣的故事也在希臘神話中重複出現。參宿五雖然同樣有著攻擊與防衛的特性，卻往往是防衛多過攻擊，即便攻擊，也比直接的打擊行動多了更多的計算與安排，往往被認為獲得成就的道路較為迂迴，而且受到更多的阻礙。

偕日升星：對重要的事物不保持沉默，同時從小就被教育了成就需要透過辛勤的耕耘與爭取來獲得，並不害怕為了所渴求的事物而付出辛苦的代價。

偕日降星：必須牢牢記住沒有白吃的午餐，面對挑戰或挫折時不是羨慕他人的好運或天生的優勢，而是了解自己可能要比別人付出更多的代價才能夠取得成就。

對準上升、下降、天頂、天底的黃道度數（或位在實際星空的軸點）：暗示著好勝的競爭心態，必須在缺乏援助與裝備的情況下去爭取自身的榮耀，有時甚至是一些天生的或制度的不公平而造成這樣的狀況，需要用盡洪荒之力去搏鬥並爭取勝利。

與行星共軸或對準（合相）：

日：爭取與防衛必須適時的交互應用，人生的榮耀來自於一場又一場的硬仗。

月：你將會得到你所想要的，但是你要用一生去維繫、維護以作為付出的代價。

水：從較為迂迴的模式來思考，儘管這樣的思維不夠迅速，但卻是達成目標的方式。

金：人際關係中可能採取防衛的態度，必須辛苦的經營或參與人際網絡。

火：渴望的事情與成就得來不易，你的付出將比別人辛苦，挫折只會讓你更有成就感。

木：不輕易相信周遭的事物，對於他人所說的事情可能需要親身去驗證才會相信。

土：即使有嚴重的挫折感也不能放棄，成就可能取得不易，失敗將讓你更為強壯穩固。

天：在爭取自由與獨立的途中將較為辛苦，需要不斷的嘗試。

海：人生中的辛苦與挫折將幫助你以更為仁慈的態度面對他人。

冥：不要讓失敗與挫折打倒你，這些都是成就的肥沃土壤，每次的挫折都讓你更強壯。

凱龍：在面對辛苦的挑戰中，了解過與不及的智慧並療癒傷痛。

月交：成長的路途可能比他人艱辛，不斷的面對挑戰。

☆ 參宿七（Rigel）

恆星名	β Orionis / 獵戶座 β 星 / 參宿七 Rigel
亮度	0.12
回歸黃道位置	2020 雙子座 17 度 06 分 2000 雙子座 16 度 50 分 1980 雙子座 16 度 33 分 1960 雙子座 16 度 16 分
恆星位置	獵戶座的腳。
恆星特質	追逐、爭取、前鋒。

恆星詮釋

參宿七的天文學名稱為 Beta β Orionis，這是天空中第七亮的恆星，無論古

今中外都具有相當重要的位置，他是整個獵戶座最明亮的恆星，也因爲如此，藉由它就可以輕鬆找出赤道位置，因此它也是一顆重要的航海導航星。因爲它很明亮，所以在古代時就佔有重要的地位。

在古埃及，參宿七的名字是 Seba-en-Sah，意思就是腳趾星或腳星。而 Rigel 這個名稱，據信是從它的阿拉伯名字中演變來的，阿拉伯占星師稱 Ra'i al Jauzah al Yusra，意思是獵戶座的左腳，在希臘羅馬神話中這是奧列翁的腳，獵人的腳，阿拉伯人又稱這個恆星爲大腳或征服者 Al Jabbah。

托勒密認爲這個恆星帶來了木星與土星的特性，羅伯森則認爲這一個恆星帶來了幸福榮耀與富裕的生活，並且擁有創新與處理機械的能力。艾伯丁認爲這個恆星能夠讓人快速的取得成就，並且積極進取，同時爲了保有成就必須不斷的戰鬥，而力量也將透過戰鬥不斷的產生。

對一部分的毛利人來說，參宿七相當重要，他們稱爲 Puanga，是新年的偕日升星，有些毛利人部落以昴星團的升起作爲新年的象徵，而北島的部分毛利人則以較早升起的參宿七的升起，作爲新年到來的象徵，並認爲在一個月之前，當昴星團、參宿七、織女星等恆星，在六、七月間於日落沉入地平線下的初冬時，是回顧過去一年逝去的親人與愛人的時刻。

在日本，源氏家族選擇參宿七和他的白色作爲標誌，稱這顆星爲 Genji-boshi（源氏星）；在中國，參宿是白虎七宿當中象徵老虎的星宿，參宿是三的意思，可能與獵戶座的腰帶三星有關。由於參宿象徵白虎，獵戶頭上的三星是觜宿，亦即老虎頭，右腳下的玉井也是陷阱，絆住老虎、分散老虎的力量，傳說一旦老虎的腳離開了井，天下則兵馬大亂。

偕日升星：擁有先天上的沉著與穩定，容易獲得明確的指引，甚至在他人需要時扮演著指引的角色，甚至有可能具有控制混亂局面的能力。

偕日降星：透過生命的挑戰學會沉著穩定，想要獲得成功必須先學會承認自己是值得驕傲的，並且勇敢無畏的前進。

對準上升、下降、天頂、天底的黃道度數（或位在實際星空的軸點）：這個恆星在軸點時，強調自信、勇氣、驕傲，這些特質將會是影響人生轉變的重要關鍵。這個恆星或許能夠帶來早年的好運，更重要的是確切的執行力、展現自我的

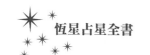
力量，有時候所謂的力量並不是只有正式攻擊、打鬥，有時候最大的力量在於對自我的控制上。

與行星共軸或對準（合相）：

日：良好的教育與思想將帶來成就與自信，以及自我控制的力量，可以幫助你去爭取所要的事物。

月：自私自利的想法並不會替生活帶來好處，也不會讓自己覺得好過。

水：可能用相當前衛的思想來看待這個社會，讓人覺得相當有膽識。

金：對周遭人們的協助與保護將帶來良好的人際關係互動。

火：力量並不是只有暴力與攻擊，自我的控制、不自私與智慧，都需要更強大的力量。

木：將執行力展現在教育以及社會福祉上，對自己與周圍的人都能帶來好處。

土：經驗與智慧將帶來成就，緩步踏實的去取得你所要的一切。

天：為了自己也為了周圍的人，有時候必須有勇氣踏出改變的那一步。

海：想法、理念與藝術，若不做出具體的呈現，將無法被人了解。

冥：真正力量在於失敗之後重新站起，真正的收穫在於那些看不見的事物與失去之後的智慧。

凱龍：教育與學習將幫助你取得療癒自身與他人傷痛的智慧。

月交：替他人著想，將可在人生中幫助你贏得更多的友誼。

雙子座

星座詮釋

在許多古老傳說中，雙子座一直都以雙生子的形象存在著，而在巴比倫的占

星學中，雙子座是守護天界的兩位戰神，特別為人所知的是希臘神話中的雙胞胎英雄波呂克斯（Pollux）與卡斯托（Castor）。傳說中宙斯化成天鵝讓斯巴達皇后麗達（Leda）生下了兩個蛋，每一個蛋又生下了雙生子，其中一個生下了兩位男孩，波呂克斯（Pollux）是宙斯的兒子，而卡斯托（Castor）則是人類斯巴達國王的血脈；另一個蛋生下兩位女孩，其中知名的美女海倫（Helene）是宙斯的女兒，而克呂泰涅斯特拉（Clytemnestra）則是斯巴達國王的女兒。

波呂克斯與卡斯托自幼就分享一切，一起參加冒險，在某次與他人的衝突打鬥中，卡斯托被打死了，波呂克斯要求宙斯讓他復生，宙斯無法答應，但是提出了可以讓兩人每半天在冥府，每半天閃耀在天空當中，波呂克斯選擇這樣的方式與兄弟共享不死神性。

巴比倫人認為雙子座象徵著帶來光線的天神烏姆盧亞（Umunlua）與烏姆西嘉（Umunisiga），或是其他看守天界大門的天神——戰神奈格爾（Nergal）的化身；而埃及人則認為雙子座是太陽神荷魯斯的童年與成年，或者是潮濕女神泰芙努特與空氣之神舒。有趣的是，澳洲原住民認為天空中的雙子座，象徵著兩位追逐袋鼠的青年人，而被他們殺死的袋鼠散發的熱氣，則造成了夏季的海市蜃樓。

托勒密認為雙子座頭部的兩個恆星：北河二是水星特質，北河三是火星特質，雙子座腳部的恆星都具有水星與金星的特質，大腿的恆星則有土星的特質，並且帶來麻煩。西元一世紀的占星師曼尼留斯則認為雙子座帶來一種不費力的生活態度，避開衝突戰爭，具有年老的憂鬱而活在青春與喜悅當中，由於負有天賦能在許多領域發展，因此他認為許多雙子座能夠享有非凡的成就。

在本書中我們會介紹北河三（Pollux）、北河二（Castor）、井宿三（Alhena）等恆星，而這個星座同時還包括了被占星師使用、象徵雙子座腳部位的井宿一（Tejat）與象徵腰部的天樽二（Wasat）。當你想要詮釋這些本書未多加著墨的恆星時，可以參考雙子座的神話以及托勒密與曼尼留斯的詮釋。

阿拉伯月宿（Manzil）：

Al Han'ah：位在井宿一與井宿三之間，這一個月宿的名字也變成了井宿三的名稱。這個字的意涵是記號或紋身，不利於播種，有利於招募軍隊對抗戰爭，

有利於爭取更高的薪酬。

　　Al Dhira：這個月宿的意思是前臂，包含了北河二與北河三，也被稱爲王座，適合耕作、播種，穿上新衣梳妝剪髮打扮，或是遇到友善的人。

吠陀二十七宿：

　　Punarvasu（音譯：不奈婆修）：這個星宿的符號象徵是個箭袋，象徵物質世界的力量，包括財富、自我控制。

中國三垣二十八宿：

　　在中國古代占星師的眼中，這一個區域像是水區一樣，有著北河星官、井宿，其中井宿是南方朱雀七宿的起始星宿，除了因爲位於水流區之外，這附近恆星的排列的確看起來像是中文的井字。

雙子座的恆星

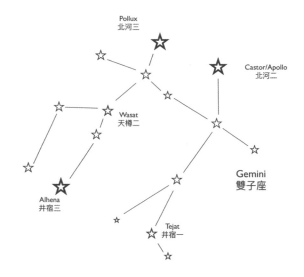

★ 北河二（Castor）

恆星名	α Geminorum / 雙子座 α 星 / 北河二 Castor
亮度	1.98
回歸黃道位置	2020 巨蟹座 20 度 31 分 2000 巨蟹座 20 度 14 分 1980 巨蟹座 19 度 58 分 1960 巨蟹座 19 度 41 分
恆星位置	從北半球觀察偏北方或偏西方的雙子頭部。
恆星特質	溝通、分享、接納、二元整合。

恆星詮釋

　　當我們在詮釋所有雙子座的恆星時，別忘記雙子座的主題都可以套用在這個星座上。也因此，我們可以強調光明與黑暗，陽性與陰性，動態與靜態，內在與外在等幾個基礎二元特質的整合，這都是雙子座恆星的主題。其次，雙子座的溝通、思考、書寫、靈巧的雙手、靈巧的行動，也都能與所有雙子座的恆星做結合。托勒密認為北河二具有顯著的水星特質，而羅伯森認為這顆恆星帶來了受人矚目的聰明才智與成功，而艾伯丁則認為北河二具有美好的德性。

　　北河二強調移動，與馴馬或駕車這一類的事物有關。這不是戰鬥的角色，在戰車上駕車的角色，有時具有一個英雄的伴隨者的色彩。當我們在觀察北河二的時候，可以了解到這是雙生子中凡人的象徵，他經歷過死亡卻獲得重生，強調陰性部分的體驗，與接受、接納、承受、包容、反應的主題有關。也因為這是屬於凡人的角色，所以與北河三不同，北河二比較沒有那種強烈或沉痛的使命感。

　　偕日升星：不斷尋求知識與發言的權利，在生活的高低起伏中，學習與了解到不同的性質與不同的生活型態。

　　偕日降星：透過生命的低潮，了解唯有面對挑戰與困難、正面迎擊對方，才能夠獲得成就。渴望在生命中學習，但是必須學會捍衛自己的想法與生活

　　對準上升、下降、天頂、天底的黃道度數（或位在實際星空的軸點）：在多元文化之中成長，語言與文化的多樣是個人的特色，可在不同文化之中交流。

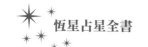

與行星共軸或對準（合相）：

日：不是所有的成就都是付出與奮鬥，北河二的成就可能來自於對生命的接納、承受與包容，同時可以用言語書寫榮耀自己。

月：對於周遭的人有著幽默風趣卻又包容的態度，用這種尊重每個人的獨特性質去照顧關懷眾人。

水：具有捍衛保護的能力，同時這樣的行星組合強調著言語、溝通、書寫、商業、交通等水星主題，可能具有相關的天賦。

金：透過人際間的穿梭交流來展現自身的價值，並將接納與包容的主題帶給生活中的其他朋友。

火：可能擁有犀利的言語與筆調，在溝通時展現聰慧的反應，在辯論或爭論時也擅長針鋒以對。

木：這樣的組合將會親身體驗到謙虛與接納所帶來的幫助，在對他人和對生命的尊重中獲得成長。

土：土星所帶來的經驗可能讓人感到恐懼，將會花上相當長的時間，來學習接受來自於他人或來自於生命的贈禮。

天：靈活與風趣是這樣的行星組合可以帶來的顯著作用，並且要學會接納來自生命當中的重大改變。

海：注意那些不被自己與他人了解的神祕訊息，或許將會帶來重大的影響。

冥：即便人生無可避免的要去面對一些難以接受的事物，但隨之而來的卻會是珍貴的生命贈禮。

凱龍：你的個人專長來自於對生命過往的接納，而你也會將這些禮物轉贈給其他人。

月交：你的溝通技巧或文筆可帶來重要的機會，在人與人的互動過程當中學會謙卑與接受。

★ 北河三（Pollux）

恆星名	β Geminorum / 雙子座 β 星 / 北河三 Pollux
亮度	1.14
回歸黃道位置	2020 巨蟹座 23 度 30 分 2000 巨蟹座 23 度 13 分 1980 巨蟹座 22 度 56 分 1960 巨蟹座 22 度 40 分
恆星位置	從北半球觀察偏南方或偏東方的雙子頭部。
恆星特質	分享、勇氣、見證陰暗、捨棄神性。

恆星詮釋

雙子座的 β 星北河三，是雙子座最明亮的恆星，它象徵著擁有不死神性的的半神人，但願意分享給他的兄弟卡斯托（北河二），托勒密認為這個恆星具有火星的特性，艾伯丁也持相同的看法。

羅伯森描述這個恆星具有微妙特質，狡猾、生氣勃勃、勇敢、大膽、殘酷和急躁的性格，熱愛拳擊，並與毒藥有關。艾伯丁稱呼這個恆星是古怪的男孩，認為北河三經常帶來殘酷而暴虐的性質，但卻能夠展現良好的火星特質，大膽勇敢。

但我認為我們應從雙子的神話來看北河三，他是神之子波呂克斯，他眼見凡人兄弟的死亡並願意與兄弟分享生命，因為對兄弟的愛，他捨棄神性而了解人間與死亡苦難的特質。除了分享之外，他象徵著經歷人間的苦難，並且見證他人的苦難而產生同理心，進一步的去幫助他人面對挑戰。

北河星官的位置在天空的水域，屬於二十八宿中南方朱雀七宿的井宿領域。井宿的北邊與南邊都有河流，分別稱為北河與南河，這也是為什麼雙子座頭部的兩個恆星稱為北河，無論南河或北河，在中國的占星中都是外族的象徵。這一帶的恆星也與河水氾濫、乾枯河道、以及疏通有關。

偕日升星：熱情大膽的天性，卻具有天生的慈悲、願意與人分享的個性，成長的環境中充滿著對周遭人友善且樂於分享的態度。

　　偕日降星：無論個人目標爲何，想要達成人生目標必須先學會放下驕傲，走進平凡的生活中去體驗他人的傷痛，並透過挑戰學會將珍貴的事物與人分享。

　　對準上升、下降、天頂、天底的黃道度數（或位在實際星空的軸點）：當這個恆星出現在上升、天頂、下降、天底的軸點時，首先帶來了與雙子座有關的藝文、工藝的能力，同時強調生命的二元整合，但生命的重要主題是透過對周圍的愛，來學會放下驕傲與分享。

　　與行星共軸或對準（合相）：

　　日：具有一點點自負的神態，重視分享生命中的一切體驗，並透過深入了解、經歷他人承受的痛楚而獲得力量或成就。

　　月：深刻的感受生命中的美好與傷痛，並在每天生活當中去接受與分享這些體驗。

　　水：書寫、紀錄下生命當中的喜悅與悲傷，在靈活幽默的文字或言語中不失對生命的關懷。

　　金：在友誼與愛情中去體驗自己未曾體驗過的生活喜悅與悲痛，並了解事物的珍貴在於能夠傳遞與分享。

　　火：具有顯著的勇氣，強調捍衛與保護的特質，也可能帶著自負與獨特的神采，可以透過行動展現無私的精神，願意爲了他人所承受的傷痛挺身而出，保護人們並爭取權益。

　　木：重要的生命體驗將是保持謙卑與包容，透過與他人的接觸，了解生活中的傷痛並找到自己的生活哲理。

　　土：生命中的挫折經驗，以及因爲非自身原因的蹉跎，或許會讓你感到無奈，但卻可讓你扎實而不浮誇的體驗生命，並仍保有熱誠與友善的天性。

　　天：這樣的組合可能強調了獨有的個人氣質，這樣的氣質或許不容易被大眾所認同，儘管如此，你仍然願意與周遭的人分享生命的禮物。

　　海：對於周遭發生的悲歡離合有著深刻的體驗，慈悲與同理心讓你不斷的超越自身原有的限制。

冥：你將自身親眼所見的歡樂悲傷深深的埋藏在心中，儘管你願意幫助他人，但在自身還沒準備好之前仍會感到強烈的無力感。

凱龍：這樣的行星恆星組合強調著一種與周圍格格不入的個人特質，你讓周圍的人接觸你、改變你，你也替這個世界開創出一條新的途徑。

月交：你的樂觀、勇氣與樂於助人的天性，將幫助你與眾人有著更多的接觸，而你將在自身與他人的利益權衡之中獲得成長。

★ 井宿三（Alhena）

恆星名	γ Geminorum／雙子座 γ 星／井宿三 Alhena
亮度	1.93
回歸黃道位置	2020 巨蟹座 9 度 23 分 2000 巨蟹座 9 度 06 分 1980 巨蟹座 8 度 50 分 1960 巨蟹座 8 度 33 分
恆星位置	雙子座中神之子，波呂克斯的腳（東方南方）
恆星特質	踏出驕傲的步伐、二元整合、溝通。

恆星詮釋

這個恆星是雙子座南方較靠近黃道的恆星，他的正式天文學名稱是 γ Geminorum，Alhena 的阿拉伯文名稱是記號或者烙印的意思，也是阿拉伯的月宿之一，被認為有利於招募軍隊對抗戰爭，以及有利於士兵爭取更高的薪酬。這個恆星的另一個名字是 Al Nuhat，駱駝峰。

托勒密認為這個恆星有著金星與水星的特質，羅伯森認為這個恆星帶來藝術的能力，卻也與腳部受傷有關係。莫爾斯則認為這個恆星除了溝通和藝術能力之外，還有解決紛爭的能力；而艾伯丁則認為這個恆星強調精神傾向，並帶來對藝術、科學的興趣。

當我們在詮釋這個恆星的時候，不要忘記了，所有雙子座的神話意涵，二元性、溝通、交流等特質，都可以應用在這個恆星上。

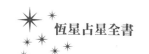

井宿又稱為東井，因為在玉井（獵戶座）的東邊，是天界的南門，這一帶是天空中的水域，附近有北河與南河、積水、水府、水位、四瀆等星。當這些星星有著特殊的星象變化時，暗示著水災，當這些星星不能被觀察到時，則暗示著河道不通。

偕日升星：生活環境中有著令他人羨慕的事，但要承受的不愉快與代價卻很少有人知道。有著天生的使命感，知道自己人生的目標，無論多痛苦都會堅強的走下去。

偕日降星：這個偕日降星的挑戰，是放下神性的驕傲，走入人間，為了目標、為了展現對周遭人的關懷而學會接納傷痛，學會抬頭挺胸，驕傲的帶著傷痛迎向挑戰與榮耀。

對準上升、下降、天頂、天底的黃道度數（或位在實際星空的軸點）：這個恆星可能帶來不凡的特質，有著使命感或善良的態度，卻與周圍的人格格不入，學會放下驕傲以及接受物質世界的不完美，將會是人生重要的主題。

與行星共軸或對準（合相）：

日：縱使實現理想的過程中必須體驗挫折與傷痛，仍然帶著驕傲一步步的走下去而獲得成就。

月：以保持低調的方式，呵護著內心中的堅持，對周遭人有著深切的關懷與期盼，且不輕易放棄。

水：可能在書寫、教育、溝通交流上具有天賦，卻也因為這一份天賦而嚐到不少挫折，但仍然必須堅持下去。

金：縱使有著獨特的氣質或先天的優勢，仍能夠保持與周圍的密切互動，生活中可能遭到許多誤會，卻能夠承受下來，並且獲得成就。

火：與生俱來的特立獨行特質將帶來許多考驗，考驗的重點在於如何不被激怒，並且無論如何都不放棄自己的特質以完成使命。

木：這樣的組合暗示著一種對世界的理想期盼，卻也顯得與現實生活格格不入，在平衡與融入之間經歷考驗。

土：因為與眾不同的特質而在成長過程中獲得許多珍貴的生活經驗，善用這

些經驗，保持謙虛，切實的達成你的目標。

天：你深知每一個人都是獨立的個體，人與人之間的互動仍可以在這種獨立精神之下維持，而強烈的孤獨感引導你發現生活中重要的事物。

海：無論其他人怎麼想，都無法改變你對這個世界的完美期待，你願意付出，並且盡一切力量讓世界更美好，而你也會在此過程中獲益。

冥：必須在生命中做出不少痛苦的抉擇，若你能記住這些抉擇是因為深刻的愛，這將會帶給你更堅強的力量。

凱龍：重要的人生課題，是在人與人的交流與自身的獨特體驗中，維繫平衡的互動。

月交：用你與生俱來的天賦去面對困難，用你的和善來對待周圍的人，在人群中的孤獨將促使你成長。

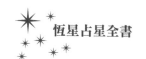
恆星占星全書

案例：魔戒與驕傲的步行者

英國文學家托爾金用一輩子的時間開創魔戒的中土，當中描述著神、精靈、矮人、巫師與邪惡靈魂或巨龍的對抗。這一部巨著被後代的科幻小說視為重要的作品，一個與現實生活似乎相似卻又完全陌生的神祕世界。

托爾金的偕日升星是蛇夫座的侯星（Ras Alhague），這個恆星象徵著神醫阿斯克樂比厄斯救回死人，卻惹得天神不悅而處死他，再將他放在天上。這顆恆星主要象徵一種療癒的特質，在星空中，阿斯克樂比厄斯手持著一條天空的大蛇，試圖保持平衡的特質，象徵著生活中的均衡是療癒的主軸，也因此，對自身與他人在身體與心靈上的療癒是托爾金生活的主旨。

而托爾金的偕日降星是雙子座的井宿三（Alhena），這是雙子座的腳，埃及人視為神從天而降時，踏上大地的那隻腳，也象徵著受傷的腳。井宿三更被稱為驕傲的步行者，踏出驕傲的步伐，羅馬人認為這是勝利的象徵，從符號象徵意涵來看，這像是一種高度的理念落實在人間時可能遭遇的傷痛。天神踏上土地的腳，這是托爾金用以達成目標的工具，更是他要學習的課題，而在他的書中，哈比人踏出了驕傲的步伐與惡龍戰鬥，長途跋涉摧毀惡靈控制的魔戒，完成自己的使命。更有趣的是，在魔戒一開始介紹哈比人的氏族時，沒有特別原因，其中一個姓氏就被稱作「傲腳家」，因此當我觀察到井宿三「驕傲的腳」的描述時，不禁發出會心的一笑（不知道為什麼，我特別記住了這個小小的細節）。

綜合托爾金的偕日升星與偕日降星，這告訴我們，托爾金的靈魂使命是來療癒自己與周遭的人，而為了達成這個使命，必須邁開驕傲的步伐，去執行、去實現，縱使因此失去了一部分高度理想的神性，只有放下神性並與大地結合，他才能夠去實現療癒的使命。

相當特殊的是，托爾金誕生的時候，壁宿二（Alpheratz）正要從西方地平線上降落。這顆星是仙女安德魯美達的頭部，卻也是飛馬與仙女連結的一部分，甚至被視為是飛馬的一部分。從壁宿二的阿拉伯文稱呼中我們就可以看出，Alpheratz 來自於阿拉伯文的 Al Surrat al Faras，意思是馬的肚臍。如果我們從這個角度來看，這顆行星象徵著馬的腹部與後腿，也有著奔馳與獲得自由的象徵。

壁宿在中國也有象徵文學的意涵，《晉書·天文志上》：「東壁二星，主文章，天下圖書之祕府也。」所以我認為這裡可以加入文章、文采、創作的靈感與自由。壁宿這顆星對托爾金來說相當的重要，不但誕生的時候出現在地平線上，更與他的太陽月亮共軸，自由與不受約束的想像力造就了奇幻世界的經典。

巨蟹座

星座詮釋

巨蟹座在夜空當中並不是十分明亮，不過在巴比倫與古代中國卻相當受到重視，在這個單元中，我們將介紹蜂巢星團與柳宿增三。希臘神話中的巨蟹起源於海克力士十二件任務的神話故事，當海克力士被派去殺死九頭蛇時，跟他作對的天后希拉派出螃蟹去干擾海克力士的任務，也有另一種說法，說巨蟹是九頭蛇的好友，所以在九頭蛇被攻擊時也來幫忙，但卻被海克力士踩死。

於是天后希拉就將被踩死的螃蟹與九頭蛇一同放到天上成為星座，螃蟹與長蛇的關聯，若是沒有觀察星空的話難免感到不解，但如果觀察星空，則會看到長蛇座的起點就在巨蟹的下方，明白了它們在星空中的位置，我們就能理解為什麼在神話故事中這兩個生物是朋友，而且還會彼此幫忙。這兩個水生物在巴比倫神話當中就已經存在，並且都和雨、以及洪水的預測有密切的關連。

巨蟹座在古埃及以聖甲蟲的形象出現，同時也是夏至的重要星座，迦勒底人則以螃蟹的形象命名。聖甲蟲有著不斷重生、死而復生、不死的形象，聖甲蟲是將太陽推出地面的蟲，也是太陽神拉的另一個形象。在巴比倫神話中同樣有一隻巨蟹，有時畫作烏龜的形象。作為夏至的標記，它也與智慧之神恩奇（Enki）有關聯，亦被稱為天空之神安努（Anu）的寶座，或許因為這是黃道中最北的位置，屬於安努掌管的區域。

西元前一世紀的作家曼尼留斯提到，巨蟹座是夏至（北半球）的星座，太陽來到這裡時是黃道的最高處，他認為受到巨蟹座影響的人能夠擁有許多的獲利，例如能夠承受風險從海上貿易當中獲利，或是天性精明隨時為了獲利而戰。相當有趣的是，這些描述與今日占星師們對巨蟹座的描述有很大的不同。而托勒密認為巨蟹座爪子的恆星像是土星與水星，而象徵眼睛的恆星具有水星的特質，但同時也帶了一點火星的特質。

阿拉伯月宿（Manzil）：

Al Nathra：這一個阿拉伯月宿從鬼宿與蜂巢星團開始計算，被認為是對旅行

不利，但是對航行有利；適合剪裁衣服、配戴珠寶，也與詐欺有關。

吠陀二十七宿：

Pushya（音譯：弗沙）：與這個星宿相關的恆星是鬼宿星團與鬼宿的恆星，符號象徵是母牛下腹與供給的乳汁，與精神性的創造精神、靈性、宗教有關。

中國三垣二十八宿：

儘管在天空中的巨蟹座並非相當明亮，但是巨蟹座所在的鬼宿，在中國古代宮廷中的占星預測卻經常出現。巨蟹座中間的星雲被說成像鬼魂一樣，而四周的恆星像是鬼魂所搭乘的車子。在歷史記錄中，當行星經過鬼宿的蜂巢星團時，往往象徵著朝廷中有殺戮事件，《後漢書·志第十一·天文中》當中記載著：「十三年閏月丁亥，火犯輿鬼，為大喪，質星為大臣誅戮。」而巨蟹座也包含了一部分的柳宿，我們將在長蛇座的篇幅再做介紹。

巨蟹座的恆星

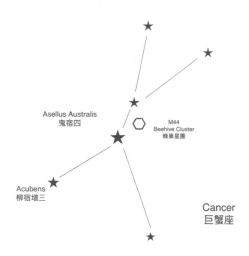

☆ 蜂巢星團（Beehive Cluster）

恆星名	M44 星團 / 梅西耶 44 星團 / 蜂巢星團 / 鬼宿星團 / 積屍氣 / 質星 / Beehive Cluster / PRAESAEPE
亮度	3.7
回歸黃道位置	2020 獅子座 07 度 40 分 2000 獅子座 07 度 24 分 1980 獅子座 07 度 07 分 1960 獅子座 06 度 50 分
恆星位置	巨蟹座位在黃道上方的雲氣。
恆星特質	滋養、靈性、精神性。

恆星詮釋

這個星團是托勒密記錄在《天文學大成》的七個星雲當中的一個，他稱之為「巨蟹座胸部的星雲」，而在今日的天文學上，它被定義為疏散星團，是由數百顆至數千顆恆星形成的集團，且集團中的恆星成員年齡和化學成分都相仿，蜂巢星團也是最靠近太陽系的疏散星團之一。希巴庫斯稱這個星團是小小的雲朵，也有占星師稱為小霧。

在巴比倫，巨蟹中的蜂巢星雲也與冥府、還有死亡有著密切關連，在預言中，火星來到巨蟹時象徵著統治者的死亡，但我們無法確定是否是特定日期，或是逆行停滯的特殊狀況。同時巨蟹被稱為是通往冥府的通道、靈魂重新投胎的通道，巨蟹與長蛇在巴比倫時代都與死亡還有冥府的通道有關。

在基督教文明中，這一帶被視為是耶穌誕生的馬槽，也因此象徵著滋養與生命力。在吠陀占星當中，這是給與乳汁的母牛乳房，也有著滋養養育的特色。這個星團並沒有在過去的占星紀錄中被特殊詮釋，絕大多數的占星師以「柳宿增三」的詮釋來說明整個巨蟹座的恆星，強調生命的哺育與關懷，但或許我們也可以根據曼尼留斯對巨蟹座的有趣詮釋，來討論這個星團的影響。

在中國，這裡被稱為「輿鬼」，亦即鬼魂乘坐的車子，因為這個星團中間看起來似乎有白色的不明物體，而四周環繞著四個黯淡的恆星，像是車子或轎子

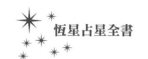

一樣讓鬼魂乘坐在中間。中間的白色物質像是飄逸柔軟的柳絮，被稱為質，或質星，也有人稱為積屍氣。《黃帝占》記錄：「輿鬼南星，積布帛；西星，積金玉；北星，積銖錢；東星，積馬；中央星，積屍。」

偕日升星：充滿對生命關懷的先天環境，精神世界與物質世界並重，祖先、鬼神、精神心靈世界在生活中是一個重要的議題，成長過程帶來了非常強的觀察能力。

偕日降星：具觀察力，能明辨是非，對生命的關懷與心靈的關注是人生的重要課題，可透過人生的挑戰不斷的學習這些課題，並將這些特質訓練為專長與技能。

對準上升、下降、天頂、天底的黃道度數（或位在實際星空的軸點）：精神生活與大自然的連結，觀察與了解大自然的運作會是很重要的人生特質。敏銳的觀察力、與心靈世界的互通，將是顯著的個人特質。

與行星共軸或對準（合相）：

日：擁有敏銳的觀察力，透過對他人的關懷照顧而獲得成就，重視精神生活。

月：精神生活與靈性成長，觀察與自然的互動，將在每天的生活當中帶來滋養。

水：敏銳的觀察力可幫助思考，以言語或文字的方式來灌溉滋養自己與他人。

金：人與人的關係中充滿著關懷的態度，也能夠從中獲得精神上的成長。

火：在採取行動之前運用敏銳的觀察力，思考這些行動與大自然還有精神世界的關聯。

木：透過不斷的積累可能帶來好處，對自然的崇敬將帶來生活的啓發。

土：以謹慎的態度觀察自己與周圍之間的關係。

天：生活中的劇烈改變，將影響自身對於人與世界之間的看法。

海：精神生活、宗教、哲學、藝術這些議題，將替生活帶來滋養。

冥：因恐懼而走向精神成長或宗教的道路，並更進一步的探索以獲得了解的力量。

凱龍：傷痛可能與照顧滋養有關，從中學會照顧自己與他人的智慧。

月交：宗教與靈性生活，在人生路上扮演重要的角色。

☆ 柳宿增三（Acubens）

恆星名	α Cancri / 巨蟹座 α / 柳宿增三 Acubens Sertan
亮度	4.25
回歸黃道位置	2020 獅子座 13 度 55 分 2000 獅子座 13 度 39 分 1980 獅子座 13 度 22 分 1960 獅子座 13 度 05 分
恆星位置	托勒密定義為巨蟹南爪。
恆星特質	生命的哺育。

恆星詮釋

托勒密認為巨蟹的爪子具有土星、水星特色，其他為水土；羅伯森說這顆星象徵著隱藏的地方，使人性格活潑好動，但也帶來凶惡與毒殺，讓人成為說謊者與罪犯。

如果我們從幾個方向來看，整個巨蟹座的恆星都具有這樣的意涵。在巴比倫時代，鬼宿星團與重生的入口有關，亦與誕生有關。在基督教文明當中，它象徵著耶穌誕生的馬槽；而埃及時代的聖甲蟲將蟲卵產於糞土之中，埃及人視為重生，也帶來重生的意味。

柳宿增三象徵著一種對生命生生不息的崇敬態度，開創生命，在生命關卡中的協助者，也是生或死之間的重要時刻與特質中的關鍵人物。

除了巨蟹座與生命的連結之外，我認為應當注意這個爪子的特色，我覺得這具有攻擊與防衛的特性，取得所要的事物，帶有情誼的行動，抓住不放的執著，這就是南邊的爪子，

中文名稱叫柳宿增三，柳宿是長蛇座的頭部，《爾雅》曰：「咪謂之柳。柳，鶉火也。」這說明在中國古代，柳是朱雀的鳥嘴。因為貌似垂柳而又被稱為柳宿。《史記‧天官書》曰：「柳為鳥注，主木草。」

偕日升星：從精神領域、物質領域、或是歷史文化當中產生了對生命的喜愛，從中獲得啓發並接受影響而成長。緊緊抓住某些事物，並且奉獻生命中重要的時光。

偕日降星：學習如何在思想環境中把「生命」活出來，觀察自然與周遭的運作。對於創造、創作、或開啓某些計劃有著強烈的興趣。

對準上升、下降、天頂、天底的黃道度數（或位在實際星空的軸點）：對於生命的重視成為一種重要的特色，具有強烈投入某些事物的態度。

與行星共軸或對準（合相）：
日：對他人的關懷可帶來榮耀，像是治療師將生命視為神聖的體驗。

月：關注每天的生活，對於大自然、生物、其他生命的關懷也很重視。

水：對於生命的展開與結束感到好奇，願意學習探索，尤其是社會文化或科學生物層面的探索。

金：生命的起源是愛，亦會透過愛來展開或結束。

火：如同創造者或建立者一般，透過行動、戰爭來展開或結束新事物，相當熱愛生命。

木：透過對生命的關懷，在宗教、文化、學術、經濟上獲得啓發與成長。

土：透過積累、歷史、古老事物來研究生命、文化或社會的開啓與結束，屬於文化傳承者。

天王：可以透過創新、發明、獨立，引發對生命或事物的新契機與新的想法。

海王：透過夢想、願景、創作帶來新契機，或者成為神話與奇幻的創作者。

冥王：具有對生命的洞見，可看見他人沒有辦法看見的契機與危機。

凱龍：不必害怕傷痛，傷痛將成爲新智慧之旅的起點。

月交：透過對生命的關懷與哺育，與人群展開互動。

長蛇座

星座詮釋

長蛇座位在獅子座與處女座的下方，這個星座在過去是三位一體，長蛇、巨爵（杯子）還有烏鴉。希臘神話中與這幾個星座有關的神話是阿波羅派烏鴉去取水，但是烏鴉偷懶耽誤任務，抓了條水蛇並且說謊，阿波羅就派蛇馱著水杯在天上飛，不讓烏鴉喝到水。

也有另一種說法，認爲長蛇座是阿波羅在德爾菲砍殺的大蛇。但是許多地方都有與大蛇相關的起始文化，例如巴比倫聞名的最古老女神提阿瑪特（Tiamat）就是蛇形狀；中國的女媧有蛇尾，克里特島上的米諾安文明的女神雕像手上也握著蛇。蛇的生命力強盛，每年的脫皮被早期的人類認爲是死而復生的象徵，也是原始陰性能量的象徵，連結著我們深層的無意識。

在巴比倫人的眼中，創世女神提阿瑪特生養孕育眾神，因子女吵鬧，他們的父神阿普（Apu）想要殺死子女而與提阿瑪特起衝突。眾神得知父親要殺害他們，於是先殺死了父神阿普，之後，提阿瑪特又因爲另立天界之神的紛爭而與眾神發生衝突，木星之神馬杜克率領眾神殺了提阿瑪特，接著馬杜克用提阿瑪特來創造世界，因此這裡也有世界開創的根源意涵。

在神話中，阿波羅砍掉蛇象徵著通過黑暗的挑戰，這裡的蛇象徵著深層無意識的恐懼，也可能象徵著深層的智慧，德爾菲的預言也與蛇有關。在埃及神話中，吞食天地的混沌之神也是長蛇。儘管曼尼留斯在他的天文學中提到了長蛇座，卻沒有給予更進一步的解釋；而托勒密則認爲長蛇座的明亮恆星具有土星與金星的特質。

特別提醒讀者的是，在星空中有幾個與蛇有關的星座，首先是龍與蛇對歐洲人來說或許都有點相似，所以很多占星師認爲天龍座也是一種龍蛇形象，不過比較像是守護天界的龍。在南半球，大小麥哲倫星雲之間則有一個水蛇座

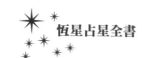

（Hydrus）；而在黃道附近也有兩組星座與蛇有關，一是在獅子座腳底下的長蛇座（Hydra），這是托勒密的四十八星座之一，也是現在的八十八星座之一，更是天空中最大的星區。而在蛇夫座的前後，有一組被分成兩段的稱爲 Serpens，中文翻譯爲「巨蛇座」，象徵著蛇夫手上抱著的蛇，這是星空中唯一被分成兩半的星座。而長蛇座與巨蛇座由於中文名稱相似，請不要弄錯了。

阿拉伯月宿（Manzil）：

儘管阿拉伯月宿經常被認爲與吠陀二十七宿有關，但是在阿拉伯的月宿表當中，我沒有看到以長蛇座爲主的星宿。

吠陀二十七宿：

Ashlesha（音譯：阿沙離沙）：這是以長蛇座「柳宿」與長蛇座 α 星「星宿一」爲主的吠陀星宿，象徵著龍蛇形象的神靈 Ahi，其符號是盤繞的蛇，與罪惡、使用毒藥、厄運、羞辱有關，也非常強調精神與靈魂層面的活躍。

中國三垣二十八宿：

柳宿：柳宿是南方朱雀七宿當中的第三個星宿，在西方星座長蛇座的頭部，《爾雅》曰：「咮謂之柳。柳，鶉火也。」這說明在中國古代時，柳是朱雀的鳥嘴，因爲貌似垂柳而又被稱爲柳宿。

星宿：《史記‧天官書》說：「七星，頸，爲員官。」意即星宿這一帶象徵著朱雀的喉嚨，讓事物快速經過的通道，七星爲天都，主文繡衣裳，與衣物有關，古代人觀察星宿七星，星明則王道昌明，星暗賢臣退。

張宿：在星空中，這是長蛇座的中間與巨爵座之前的區域。根據《史記‧天官書》的註解：「張，素，爲廚，主觸客。」《索隱》曰：「素，嗉也。」郭璞云：「嗉，鳥受食之處也。」這裡的意思是，張宿象徵著朱雀的胃部，而這個星宿是少數歡樂與吉利的星官。

長蛇座的恆星

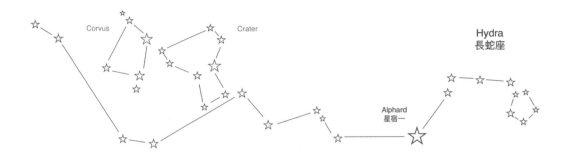

☆ 星宿一（Alphard）

恆星名	α Hydrae / 長蛇座 α / 星宿一 Alphard / Alfard
亮度	2.87
回歸黃道位置	2020 獅子座 27 度 34 分 2000 獅子座 27 度 17 分 1980 獅子座 27 度 00 分 1960 獅子座 26 度 44 分
恆星位置	長蛇的心臟。
恆星特質	熱情、激情、生命力。

星座詮釋

　　星宿一象徵著蛇的心臟，象徵著原始的動物本能，我們與動物、萬物、原始生物一樣的部分，包括了生存的慾望與恐懼。當然這是非文明的部分，也與無意識有著深刻的連結。這一層連結在面對生死關頭時相當重要，當然也包含了動物本能對於危險的預知，以及以動物本能面對危險時所做出的打鬥掙扎。在這裡不能站在人類文明的角度來看，很多時候自然的醜陋掙扎，只是重要的生存手段。

　　托勒密認為長蛇座的星星都有土星與金星的意涵，許多占星師如艾伯丁或羅伯森，都認為與蛇有關的星座都會帶來毒殺或中毒的可能，艾伯丁更進一步的認

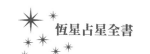

為它象徵著濫用或誤用藥物。羅伯森也認為這個恆星帶來激情、熱情，但這些熱情可能帶來大麻煩，雖然帶來音樂天賦、對人性的了解、熱情和激情，卻容易失控。

星宿又名七星，在上古又稱為鳥星（應該包含附近其他星官），一般多相信整個朱雀的形象是從這裡開始的。《黃帝占》曰：「七星，赤帝也；一名天庫，一名天御府。於午火隆，入中宮，德於上星；主衣裳、帝冠、被服、繡之屬。」皇甫謐曰：「七星，一名延頸。」《南官候》曰：「七星，一名天員，天府也；主保葆旅之事。」事實上在更古老的時代，星宿一的名字叫做「鳥」，紀錄出現在殷墟的甲骨文紀錄中。這告訴我們星宿一在中國人的恆星觀測歷史當中佔有重要的地位，《尚書》中的「日中，星鳥，以殷仲春。」告訴我們春天傍晚的時候鳥星（星宿一）會出現在天空中的高處，作為春季的象徵。

偕日升星：生活在對生命的熱情之中，對事情反應激烈不容易平靜，懷抱的使命是以全部的熱情去擁抱生命。

偕日降星：或許透過對生命課題的挑戰，去學習激情與無畏才可能獲得成功，熱情的去爭取才能獲得成就。熱情、專注、執著是該運用的特質。

對準上升、下降、天頂、天底的黃道度數（或位在實際星空的軸點）：直接、不拐彎抹角、不浪費時間，表現得率直，用一種奮力對戰的方式面對生命，可能與身體層面的事件有關。

與行星共軸或對準（合相）：
日：用一種積極熱情的態度去活出自我，獲得榮耀。

月：對每日生活中所有事物所呈現的生命力感受相當敏銳，情緒的展現相當有張力。

水：凡事多從生命與生存的觀點出發，以語言、文字的溝通來展現對生命的熱情。

金：與周遭友人分享你對生命的熱愛，在人際關係中可能有刺激的遭遇。

火：用盡洪荒之力去爭取你所想要的事物，用盡一切力量活下去。

木：對於相信的事物將以熱情的態度去積極推廣。

土：用生命的每一天去發掘熱情與激烈在人生中所扮演的角色。

天：面對生命的熱情與激情時，你是否能保持客觀？而這些將徹底改變你擁抱生命的態度。

海：為了喜愛的人事物不顧一切的追求，並展現自身的愛。

冥：去探索不為人知、隱藏在心靈深處的強盛生命力。

凱龍：面對熱情，可能採取激烈或冷漠兩種極端的回應態度，再從中取得平衡。

月交：你的熱情與對生命的熱愛將展現在群體互動之中。

獅子座

星座詮釋

獅子座是相當古老的星座，在巴比倫時代，它是夏至的定位星，獅子也是巴比倫女神伊娜娜（Inanna）腳底的守護動物，從巴比倫、波斯、埃及到希臘，這個星座一直被定為獅子形象。事實上獅子不僅僅是伊娜娜的守護動物，甚至是伊娜娜的戰爭化身。巴比倫人經常將金星在獅子座作為戰爭的象徵，若是在日出看見金星在獅子座（偕日升星），代表著東邊的埃蘭（Elam）將有戰爭；若是在黃昏日落後出現在西邊，代表著阿卡德（Akkad）會有戰爭。獅子座在巴比倫時代也被視為是金星的另一個擢升的星座，獅子座不僅象徵著國王，也可以很文字意涵的象徵著野生的肉食動物出沒，且傷及人畜。例如紀錄中這樣寫著：火星在獅子可能暗示著牛羊群被獅子、老虎、狼等肉食動物侵害。

希臘人認為這是被海克力士殺死的涅墨亞獅子（Nemean Lion），海克力士是宙斯的私生子，遭到天后希拉的憎恨，希拉讓他發瘋並且殺死自己的兒子，他清醒之後十分後悔，神諭指示他去替邁錫尼國王厄律司特斯（Eurystheus）執行十二件苦役以洗清自己的罪過。

第一件任務，厄律司特斯命令海克力士去殺死在涅墨亞（希臘的伯羅奔尼撒半島的東方）一帶作亂的獅子。涅墨亞獅子是一頭巨大的獅子，刀槍不入，海克

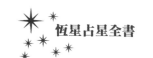

力士與牠搏鬥許久，最後海克力士放棄武器，用自身肉體的力量將獅子勒死，也有人說他將獅子撕裂成兩半，或是從背部的位置折斷。海克力士將獅子的皮剝下作為炫耀自己的戰績，而與海克力士作對的天后希拉則將獅子放置到天上。

在埃及星圖中獅子座也存在著，我們在丹達拉黃道圖上看到獅子腳踩著一條蛇，在某些星圖中，獅子的腳下是鱷魚，象徵著長蛇座。他們又稱獅子座為神聖的獅子，並且經常與水、河流、泉水有關。埃及人認為她是獅首女神（Sekhmet），太陽神拉（Ra）的女兒，是女戰神、醫療之神，也是女性的太陽神。

托勒密認為在獅子座的恆星中，頭上兩個恆星具有土星特質，也帶有一點火星，而頸部一帶則是土星，且帶有某種程度的水星；腰部的具有土星與金星的特質；在大腿上的則是金星，且帶點水星；而軒轅十四則是火星與木星的特質。羅伯森指出獅子的脖子、背上、翅膀帶來麻煩與疾病，會影響獅子座守護的身體部位。曼尼留斯則認為獅子座象徵著掠奪與戰爭，他說獅子的兒子（受到獅子座影響的人）有一種想要用皮毛裝飾門戶，並引以為傲的衝動。獅子不受控制的狩獵，並四處宰殺動物以滿足奢華的需求，容易發怒也容易息怒，誠實、不欺騙。當我們讀到「展示皮毛或宰殺獵物」時或許會感到奇怪，不過不要忘記曼尼留斯是西元一世紀時的占星師，在那個年代打獵取得獸肉是很正常的，但這似乎也說明著獅子座強烈的具有展示成就的特質。

而在近代，對於獅子座恆星的解釋都包括了榮耀、力量、尊貴、創意等，在不同的部位則會加入一些不同的細節詮釋。

阿拉伯月宿（Manzil）：

Al Tarf：這一個阿拉伯月宿的意涵是看見、瞥見，由獅子座的頭部恆星軒轅九所象徵，對於加強防禦、種植小麥有幫助，對於傷害他人或將事情託付他人不利。

Al Jabhah：這個月宿包含了重要的恆星軒轅十四，對於建築、夥伴關係或締結婚姻有利。

Al Zubrah：這個月宿由象徵著獅子的背部組成，一樣對於建築、打地基、築底有利，對於夥伴的利益也有幫助。

Al Sarfah：這是獅子座最後一個恆星五帝座一所象徵的月宿，對於建築、結婚、播種都有幫助，將造成航行時間的拉長。

吠陀二十七宿：

Magha（音譯：摩伽）：意思是偉大的，其符號是皇室房間。這一個星宿連結著尊貴的祖先，驕傲、傲慢、對事物盡全力，對於神靈或祖先崇敬。

Purvaphalguni（音譯：弗婆頗求尼）：由獅子座身體所組成的星宿，象徵著床的後腿，與財富之神跋伽（Bhaga）連結，象徵著自由、開放、保存、奉獻與繁衍。

Uttaraphalguni（音譯：郁多羅頗求尼）：這個星宿象徵著獅子座的後段，象徵床的前腿，由夥伴與契約之神阿厘耶摩（Aryaman）有關，象徵著享受生活、透過合作關係累積財富與力量。

中國三垣二十八宿：

在中國的星空，獅子座位在較北部的太微垣中，而軒轅星官屬於星宿的部分。一般來說，軒轅有兩種說法，一是指古代中國的共主黃帝，也有人說是象徵皇宮的後院皇后的部分。而太微垣則是天界的行政辦公區域，朝臣們所在的地方。

獅子座的恆星

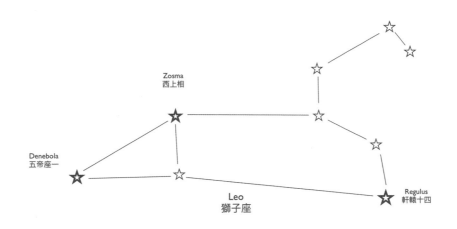

✳ 軒轅十四（Regulus）

恆星名	α Leo / 軒轅十四
亮度	1.35
回歸黃道位置	2020 處女座 00 度 07 分 2000 獅子座 29 度 50 分 1980 獅子座 29 度 33 分 1960 獅子座 29 度 17 分
恆星位置	獅子的心臟。
恆星特質	榮耀、驕傲、力量、統治。

恆星詮釋

在巴比倫時代，獅子座胸前的恆星就被稱為小國王「Mul Lugal」，意為大人或國王，在後期的星曆表紀錄中，他們用天神的名字「馬杜克」稱呼這顆星，而這顆星的亮度與閃爍都關係到國王的命運。我們從巴比倫出土的文獻中得知，軒轅十四一直被用來預測國王的命運，例如當木星在這個區域逆行來回經過時，暗示著國王將被新王取代。

阿拉伯人稱其為 Malikiyy，意思是「國王的」；而無論是希臘人的 basiliskos aster 或是羅馬人的 Basilica Stella，都是指「小國王」的意思。這顆星也經常被稱為「獅子心」Cor Leonis 或者 Regia、Rex，這是最接近 Regulus 名稱的由來。

這一顆星在巴比倫時代被標示為夏至的象徵，與心宿二、畢宿五、北落師門一同作為四季的象徵，以至於有人稱其為波斯的皇家四恆星。事實上在波斯與巴比倫時代雖有標記這些恆星的重要性，但並無此皇家的名稱。因為歲差的關係，當時的春分落在金牛，秋分時太陽落在天蠍，冬至在水瓶座與南魚座，夏至則是獅子座。獅子座與軒轅十四也象徵著兩河流域夏季的乾熱與缺水的氣候。

托勒密給予它火星與木星的特性，羅伯森則認為這顆星一方面象徵著成功、榮耀、驕傲、慷慨、短暫的軍事成就、對權力有野心的渴望，但同時也具有暴力與破壞性。艾伯丁則認為它帶來了勇氣、誠實與皇家的氣度。我認為這顆星如同眾人所說的，象徵著熱情、高貴、榮耀的特色，在乎權力、受人尊敬，當與行星

共軸或是產生關聯時，暗示著以不同的方式去贏得他人的尊敬與榮耀，取得領導的力量，或者對他人的影響力。

在中國的星空中，軒轅是皇后嬪妃之所在，軒轅十四又被稱為軒轅大星，是皇后的象徵，星犯軒轅則後宮紛亂。在《後漢書·桓三十八》記載著：「八月戊午，太白犯軒轅大星，為皇后。十二月乙丑，熒惑犯軒轅第二星。辰星犯歲星為兵。熒惑犯質星有戮臣。歲星犯軒轅為女主憂。」

這也是第十個吠陀（Nashatra），名稱是 Magha，這個星宿包括了軒轅十四附近的恆星。Magha 的意思是偉大的，並且與祖先連結。

偕日升星：熱情慷慨的天性與尊貴的特質，也可能是天生的領袖人物，具有魅力且容易受到理想的啟發而採取行動。

偕日降星：認為名聲地位與榮耀可以用來幫助自己獲得更多的成就與達成目的，同時學習了解如何將魅力與勇氣應用在獲取成就上，氣度與慷慨也可以帶來幫助。

對準上升、下降、天頂、天底的黃道度數（或位在實際星空的軸點）：取得他人的尊敬與獲得榮耀是相當重要的。無論是透過天生的家族背景、熱情魅力、慷慨的個性，或是展現出有勇氣而不畏懼的領袖特質，這些都是可運用的條件。

與行星共軸或對準（合相）：
日：以熱情積極的方式去取得榮耀，對事物採取極高的標準。

月：在生活中展現熱誠，盡全力活出自我，而不是在乎金錢或名聲。

水：在言語、溝通或書寫上呈現自我的重要性，也可能是運輸航運商業的領導者。

金：天生具備的熱情與自信，對他人具有相當的吸引力。

火：在行動上展現尊貴的特質可贏得尊敬，透過批判防衛可贏得重要地位。

木：展現偉大的思想信念，或者文化的交流，將可獲得榮耀。

土：對於偉大、尊貴的特質保持謹慎的態度。

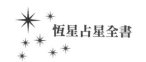

天：因為偉大的念頭，或為了尊嚴而做出重大的改變，熱情的推動改革。

海：對於精神成長、藝術思維抱持著一種熱情的態度。

冥：為了成就偉大的目的，將走過一段煎熬的生命歷程並取得力量。

凱龍：傷痛與智慧將引導個人走向榮耀與尊嚴。

月交：展現熱情與榮耀，並藉此與人們互動。

☆ 西上相（Zosma）

恆星名	δ Leo / 獅子座 δ / 西上相 / 太微右垣五 / Zosma
亮度	2.56
回歸黃道位置	2020 處女座 11 度 36 分 2000 處女座 11 度 19 分 1980 處女座 11 度 02 分 1960 處女座 10 度 46 分
恆星位置	獅子的背脊。
恆星特質	壓力、承擔、挑戰。

恆星詮釋

Zosma 的恆星英文名來自於波斯文，象徵著腰帶的意思。在巴比倫時代，獅子下背這個區域的兩個恆星 δ Leo Zosma 與 θ LeoCoxa 有著 Kakkab Kua 的稱呼，Kakkab 指星星或星座，Kua 象徵著魚，掌管神諭之神，被視為是與神諭、預言能力有關的星星。這一帶的恆星被阿拉伯占星師稱為「獅子的肋骨」。

在埃及，有些學者認為這顆星是空氣之神蘇（Shu）的心臟，象徵著升起與快速變化的能力，他與濕氣女神泰芙努特（Tefnut）結合生下了天空女神努特（Nut）與大地男神蓋伯（Geb），算是宇宙開創的早期神祇之一。他的形象經常與頭上戴著長羽毛的男子形象出現，象徵著真理、冷靜、安定、擁有影響他人與安撫的力量，與真理之神馬阿特（Ma'at）有些重疊的性質。而蘇在希臘神話中對應著撐起天空的阿特拉斯（Atlas），都帶有沉重的象徵。在伊朗一帶，這顆星又被稱為智慧之星（Wadha）。

占星師羅伯森認為這顆星具有金星與土星的特質，象徵著透過不擇手段與自私的行為而獲利；德國占星師艾伯丁則認為帶來警覺性與憂鬱特質，這些都是根據金星與土星的交會而產生的。

這個恆星是吠陀月宿的第十一宿 Purva Phalguni，由金星守護，符號是火爐、床、平台，這個星宿與下一個月宿組成床一樣的符號。Purva 是東方的意思，Phal 的意思是果實，與財富之神（Bhaga）連結，象徵著自由、開放、保存與奉獻、與繁衍。

偕日升星：擁有穩定的特質，能夠安撫人心，重視責任的天性，或許有遠見，但多半較為踏實或悲觀，習慣將許多事情往自己身上攬，讓自己承擔許多責任。

偕日降星：學會淡定沉穩地面對挑戰，在處事上，亦可透過挑戰進而了解自己必須承擔的責任。因自身的能力或特質，必須同時承擔他人的責任才能夠解決問題。

對準上升、下降、天頂、天底的黃道度數（或位在實際星空的軸點）：擁有預言能力或比較悲觀的遠見，冷靜、對周遭的人有影響力，因為能力而承擔起自身與大眾的責任。

與行星共軸或對準（合相）：

日：榮耀並不是輕易取得的，必須要有勇氣去承擔責任。

月：責任出現在每天的生活當中，將關懷照顧別人視為是一種重要的責任。

水：對於溝通、教育學習抱持嚴肅的態度，對自己說過的話負責。

金：人際關係與情感並不是一種遊戲，有時是一種重要的生活責任。

火：採取行動與爭取所想要的事物時，可能需同時付出相當沉重的代價。

木：信念與想法並不是空談，而是親身的實踐。

土：勇敢面對自身的招喚，儘管這可能是一條不輕鬆的道路。

天：改變並不是輕鬆的事，光有想法改變將無法發生。

恆星占星全書

海：如果犧牲是必然的，請確認你犧牲的代價也是你所渴求的。

冥：壓力並不一定來自於外界，有時來自於內心中不願意面對的事物。

凱龍：去擁抱面對傷痛時的壓力，並從中取得智慧的果實。

月交：與人的互動並不輕鬆，有時需承擔眾人所賦予的壓力。

☆ 五帝座一（Denebola）

恆星名	Denebola / β Leo / 獅子座 β , / 五帝座一
亮度	2.14
回歸黃道位置	2020 處女座 21 度 54 分 2000 處女座 21 度 37 分 1980 處女座 21 度 21 分 1960 處女座 21 度 04 分
恆星位置	獅子的尾巴。
恆星特質	控制、均衡、改變。

恆星詮釋

當你看到 Deneb 這個字，或許會直接聯想到「尾巴」，所有 Deneb 開頭的恆星都指的是動物的尾巴，例如 Deneb Adige 是天鵝的尾巴，Deneb Algedi 是山羊的尾巴，而 Denebola 是獅子的尾巴。Denebola 還有很多相似拼法的名字，像是 Denebalecid，但最早在十世紀時，這個恆星則被波斯人稱作 Nebu-lasit。

在阿拉伯占星師眼中，這個區域的恆星是阿拉伯的第十個月亮星座 Al Sarfah，意思是「氣候改變者」（The Changer）。比魯尼記載著當 Al Sarfah 上升時熱氣退散，當 Al Safrah 消失時寒冷消失，後來 Al Sarfah 則變成了 Denebola 的另一個名字。

有些占星師認為，與軒轅十四相比，五帝座一是不幸的象徵。托勒密賦予它土星與金星的特質，羅伯森認為帶來尊貴、大膽、慷慨、自我控制、快速的判斷力，卻將喜悅轉為憤怒，也會帶來後悔與公開的羞辱。艾伯丁認為此星具有天王星特質，也有能力帶來事物進行中的改變過程。布雷迪博士則認為這個恆星具有

與眾不同的特色。

在中國的星官當中，稱其為五帝座一，在太微垣內，屬於行政百官的區域。五帝為神靈的區域，五帝座一在中央，象徵黃帝，而五帝座的範圍是敬拜五行神靈或五位古老的皇帝。

《史記正義》提到：「黃帝坐一星在太微宮中，含樞紐之神，四神夾黃帝坐，蒼帝東方，靈威仰之神；赤帝南方，赤熛怒之神；白帝西方，白招矩之神；黑帝北方，葉光紀之神，五帝並設，神靈集謀者也。」

偕日升星：展現真實的本性，毫不隱藏自身的感受，善於協調與維持均衡，天生造就的與眾不同。

偕日降星：學會展現真誠的自我，尊重自己的不同，並學會在生活與追求的目標中維持均衡。了解人們在非主流的環境之下依然可以獲得成就。

對準上升、下降、天頂、天底的黃道度數（或位在實際星空的軸點）：對抗傳統與主流思維的生活態度並不輕鬆，在自身的真實色彩與世俗的環境之中找出獨特的均衡方式。

與行星共軸或對準（合相）：

日：將差異與不被認同，轉化成驕傲的自我特質。

月：將生活中小小的變化，轉化成重要的事物。

水：學會從不同的觀點來看待事物，將帶來莫大的幫助。

金：享受生活的均衡以及不匆忙急躁的悠閒。

火：生活中的汲汲營營並沒有帶來真正的好處，走出自己獨有的道路。

木：與眾不同的信念將帶來重大的好處。

土：努力學會自制與均衡，不受歡迎並不一定是壞事。

天：發揮天生與眾不同的特色，將可在眾人當中脫穎而出。

海：可望超越社會的限制與規範，在精神藝術與物質生活中取得均衡。

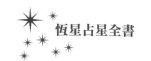

冥：從被隱瞞的真相中徹底的轉變世界。

凱龍：生活中的不愉快將引導你走向與周遭人不同的生活領域。

月交：在群眾中顯得相當獨特，可在生活中充分的運用創意。

案例：三毛的夢裡花落知多少

作家三毛在華文文學界中有著相當廣大的讀者群，她的《撒哈拉的故事》、《雨季不再來》伴隨著我的求學歲月。有趣的是讀這些故事的時候，我從沒想過有一天我也會踏上異鄉開啟求學的生活。

三毛筆下的他鄉生活充滿了神祕的異國色彩，沙漠的景致、夢幻般的海島生活，她的愛與分離牽動著每一個讀者的哀傷與喜悅。她的文筆超越了我們的想像，故事充分呈現出她獨特的創造力。

我從沒想過要看三毛的星盤，因為沒有正確的出生時間，我只知道她是個牡羊座。很多人說：「什麼？牡羊這麼浪漫？」如果你觀察她的星盤（除去因為時間而可能有不同的月亮、上升還有宮位），你會看到她出生的那天海王星在天秤座 0 度，對分著太陽在牡羊座 4 度。她勇敢的走向他鄉去生活，足跡遍佈歐洲、非洲、美國，日海對分不僅僅是讓一個人發夢而已，更可以讓人勇敢的去追逐夢想。

今天我想要談的卻是與她有關的恆星，利用恆星與行星共軸的技巧，我們只需要出生的年月日與出生地，不需要出生時間。三毛出生在四川重慶，她出生那天的偕日升星是著名的北落師門（Fomalhaut），這描繪了召喚著她成長的使命。北落師門位於水瓶腳底下的南魚座張開的大嘴，Fomalhaut 就是阿拉伯文中「魚的嘴」的意涵，南魚張嘴飲盡天上降下的甘露。這顆星也是波斯時代重要的恆星，標示著冬至的到來。中文的北落師門則強調防衛邊疆、抵禦入侵的古老生活特色。

托勒密認為北落師門與金星、水星有關，許多人也都認為這一顆恆星與藝文有著密切的關連。打從巴比倫時代，南魚座就已經存在，甚至與象徵智慧的水神有著密切的關連，象徵著接受來自天上與自然界的啟發，洞悉那些心靈的神祕事物，從自然與宇宙的觀察中接收到靈感。而這顆星也同時跟三毛的太陽共軸。

她的偕日降星則是獅子座背上的 Zosma（西上相、太微右垣五）。Zosma 是波斯文「腰帶」的意思，在埃及與希臘，這顆星也與上古的天空之神（埃及的蘇以及希臘撐起天空的泰坦神阿特拉斯）有關。羅伯森認為這顆星具有金星與土星的特質，艾伯丁則認為帶來警覺性與憂鬱。在我的觀察中，這一顆星如同布雷迪

博士的觀察，多半帶有些壓力與承受壓力的特質，而這顆星同時與三毛的水星共軸。**偕日降星透露著我們藉由什麼方式去達成任務，或者如何去完成偕日升星所賦予的使命。**Zosma 顯示著展現承擔的勇氣與無與倫比的力量，去面對生活無情的一切才能達成使命。

她的偕日升星暗示著從天地之間獲得靈感啟發，具有洞悉的能力；她的偕日降星強調著勇敢承擔他人無法承擔的責任，展現其巨大的力量。三毛的力量是她的文筆、她筆下的世界，我們看見她遠走他鄉的孤單，愛與生死分離的難捨，這些都需要強大的力量，而她藉由文字的抒發，化作一個個打動人心的故事。

烏鴉座

星座詮釋

在久遠的年代，九頭蛇與烏鴉座曾經是夏至的象徵，它們在古代星空中有相當重要性。在巴比倫，烏鴉座作為偕日升星，在雨季之前升起，也因此烏鴉座在巴比倫時期與阿達德有關（Adad）。他是暴風雨之神，預言中記錄著，如果烏鴉座明亮的話，Adad 神會帶來豐富的雨量，在這場雨過後就是種植大麥的季節，也就是來到了種植的季節，豐富的雨量可讓植物生長。烏鴉座的巴比倫名字是 Mul Utega Musen，它的符號分別是象徵植物的 U、象徵大麥的 Te，而 Ga 意思是牛奶，Musen 是鳥類。

在長蛇座的故事中，我們知道烏鴉是因為說謊而被阿波羅懲罰。在北歐，烏鴉是天神奧丁的鳥，他們在外界觀察並且回報給天神。在愛爾蘭，凱爾特人的戰爭女神摩莉甘（Morrigan）也經常以烏鴉的型態出現，與她的另外兩位姊妹組成三位一體的女神。儘管被視為是戰爭與死亡的女神，但摩莉甘女神也是大地的統治女神，保護著子民，這些意涵都是可以加以應用的。

在本單元中，我們只討論最明亮的烏鴉座 γ 星，軫宿一。其他烏鴉座的恆星包括了：軫宿二（Minkar），軫宿三（Algorab）、軫宿四（Kraz），都可以套用與軫宿一相同的詮釋。

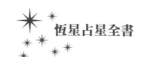
中國三垣二十八宿：

在中國的星官當中，烏鴉座的位置如同一個方形，所以叫做「軫宿」，意思是車子。《說文解字》：「軫，車後橫木也。」軫是車軸，在此則用軫字代替車子。《史記‧天官書》：「軫爲車，主風。」意即行車與風有關，象徵著快速的移動。

烏鴉座的恆星

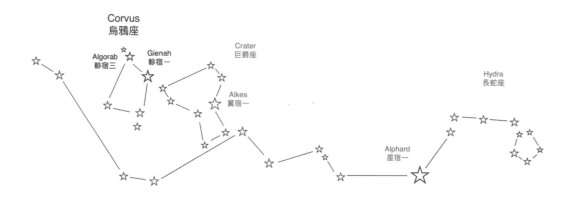

☆ 軫宿一（Gienah）

恆星名	Gamma γ Corvi / 烏鴉座 γ / 軫宿一
亮度	2.59
回歸黃道位置	2020 天秤座 11 度 00 分 2000 天秤座 10 度 44 分 1980 天秤座 10 度 27 分 1960 天秤座 10 度 11 分
恆星位置	長蛇的背上，處女座下方，靠近角宿。
恆星特質	機巧、快速、雨水。

恆星詮釋

軫宿一（γ Crv、烏鴉座 γ）是烏鴉座中最亮的恆星。烏鴉座 γ 的英

語傳統命名為 Gienah，來自於阿拉伯語 اليمن الغراب الجناح（al-janāḥ al-ghirāb al-yaman），意為「烏鴉的右翼」。根據托勒密的紀錄，烏鴉座擁有火星和土星的性質；而羅伯森認為這個星座的恆星會產生狡猾、貪婪、機巧、耐心、報仇、熱情、自私、說謊、進取和對物質有著敏銳的直覺，讓人成為煽動者。

在神話故事中，烏鴉總是與水有關，無論是伊索寓言中聰明取水的烏鴉，或是阿波羅神話中負責去取水的烏鴉，都顯示著在早期神話當中，烏鴉座與巴比倫雨季到來的關聯，所以與水有關的事物也可以是我們預測分析的一個方向。在現實生活中，我們所觀察到的烏鴉的確是一種相當聰明的鳥類，甚至可能是少數會使用工具獲取食物的鳥類之一，這可以幫助我們在分析時撇除負面的態度來看待烏鴉座的影響，而是聰明、靈活、變通，知道如何生存與交易。

偕日升星：擁有天生的才智、快速的反應，並將自身的聰明發揮在有利於生存的方向，擁有擅長解決問題的能力。

偕日降星：在挑戰中學會從不同的角度來解決各種問題，要達成自身的目標必須眼觀四面耳聽八方。

對準上升、下降、天頂、天底的黃道度數（或位在實際星空的軸點）：將聰明才智應用在解決自身或眾人的挑戰上，個人的特性是展現自身的才智或者靈通的消息。

與行星共軸或對準（合相）：
日：透過快速靈活的反應，取得自身想要的事物。

月：對於黑暗死亡的了解，將幫助我們更珍惜生命。

水：具有商業頭腦，靈活的反應將帶你離開原有的團體，也帶來成就。

金：聰明機靈與危機處理可贏得人們的讚賞。

火：反應迅速是你的求生本能，發生衝突時習慣隱身幕後。

木：能快速的獲得利益，可能無視於更長遠的願景，增廣見聞將可帶來啟發。

土：總是專注於當下，善於靈活變化來保護自己，記憶是你的武器。

天：你所擁有的聰明機智可運用在社會中，從格局上改變眾人的生活。

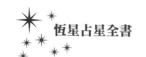
海：在藝術與精神成長上有著迅速的反應。

冥：聰明的隱藏自己的身分，以達到保護自己的目的

凱龍：因為傷痛，使你對事物保持敏銳的觀察與快速的適應力。

月交：在人群之中你將以聰明機智而為人所知。

巨爵座

星座詮釋

巨爵座在希臘神話中是水蛇乘載生命的水杯，或是許多神話中的聖杯象徵，亦是女性孕育生命的子宮。但是巨蛇也是飛龍，在過去，這是巨龍的翅膀，但是隨著文化的演變而成為杯子。

在探討長蛇座的神話時，長蛇、烏鴉、巨爵座這三個星座的關聯，是阿波羅派烏鴉去裝水，但烏鴉因偷懶而遲到，還抓了蛇當藉口，阿波羅讓蛇帶著水杯走，讓烏鴉永遠都喝不到水。在另一個版本的希臘神話中，則認為伊卡魯斯從酒神那裡得到了造酒的方法，而巨爵座成為他儲藏祕密神酒（創造力）的地方。印度人則認為這是裝著甘露的杯子。

曼尼留斯根據著酒神的傳說寫下了巨爵座影響的美麗詩篇，他認為受到巨爵座影響的人，將受到鄉間大自然與水畔的吸引，也對任何水或濕潤的事物感興趣，甚至包括了滋潤與濕潤的食物。對於種植技術有興趣，也可能對酒、釀酒有興趣而沉浸其中，也可能成為商品買賣的商人或收稅人。

中國三垣二十八宿：

這個區域位於中國南方朱雀七宿中的翼宿，象徵著鳥的翅膀和尾羽。《禮記·月令》：「孟夏之月，日在畢，昏翼中，旦婺女中。」《史記·天官書》：「翼為羽翮，主遠客。」

巨爵座的恆星

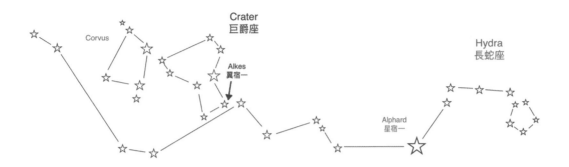

☆ 翼宿一（Alkes）

恆星名	α Crateris / 巨爵 α / 星 / 翼宿一
亮度	4.08
回歸黃道位置	2020 處女座 23 度 58 分 2000 處女座 23 度 42 分 1980 處女座 23 度 25 分 1960 處女座 23 度 09 分
黃緯	-22 度 43 分
恆星位置	長蛇的背上，烏鴉座右方。
恆星特質	承載、接納、孕育生命。

恆星詮釋

Alkes 這個名字來自於阿拉伯文的杯子，根據羅伯森的記載，巨爵座的恆星具有金星、水星特質，慈善、仁慈、接受熱情、招待他人，難以做決定，有可能因為突發事件而導致生活混亂。

聖杯在基督教文明中佔有相當的重要性，甚至影響了後世的傳說。相傳耶穌在受難前用酒杯裝了紅葡萄酒，並吩咐祂的門徒喝下，成為耶穌受難的重要象徵。而聖杯的傳說在耶穌死後被賦予許多神奇的色彩，包括亞瑟王傳說、帕西法爾傳說等，聖杯成為一個追尋的目標，特別在凱爾特神話中成為一種有德性的人

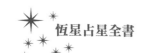
才能夠找到的象徵。在符號學當中，聖杯是生命孕育的代表，象徵著神祕學中陰性與水元素的接納、收受、反應、滋養與孕育。

象徵繼承了重要的事物，一方面有著神聖的使命感，另一方面也有著責任，也可能暗示此任務關係著他人的福祉。他的工作理想可能與個人生活喜好或個人追求相牴觸，因而陷入兩難。

偕日升星：與生俱來神聖性的知識、生活哲學，認為此生的使命乘載著重要的訊息。

偕日降星：接受曾經在生命中發生過的事物，滋養、養育自身與他人也是一個重要的學習課題。

對準上升、下降、天頂、天底的黃道度數（或位在實際星空的軸點）：替自己與身邊的人事物帶來滋養與保護，傳遞生命是重要的神聖訊息。

與行星共軸或對準（合相）：

日：對生命尊重而獲得榮耀，讓自己成為偉大事物的乘載工具。

月：因為對生命的尊重，進而孕育、滋養身邊需要幫助的人。

水：思想仁慈的同時也擅長經商與收集，特別是與農業、農產有關的事物。

金：你對生命仁慈的看待方式，讓人渴望接近你。

火：正面攻擊不適合你，但你卻有能力保護身邊的人。

木：對於生命的尊重將替你帶來成長並讓自己顯得偉大。

土：將滋潤養育生命、保護某些人、事、物視為重要的使命。

天：用不同的方式來滋養生命，有時離開也是一種保護。

海：思想、宗教、藝術，將對生命帶來重要的滋養。

冥：在絕望之處看見生命的契機，並且盡所有的力量保護它。

凱龍：「接受」是療癒的重要關鍵。

月交：生命之旅的路途上將收到許多的滋養。

處女座

星座詮釋

在許多神話中，黃道上的處女座被說成是最後離開的正義女神艾斯特拉（Astraea）。她是泰坦女神，但是幫助宙斯擊敗泰坦，並與人類生活在一起。根據羅馬人的傳說，在上古的黃金時代，四季如春，衣食豐盛，人跟神住在一起，但是人類的墮落殺戮讓神厭惡人類，眾神紛紛離開人間，但是正義女神艾斯特拉對人類的愛一直守護著人們，直到最後才離開，成為最後一個離開人類的女神。

也有人認為，因為女神手上有麥穗，這也是農業女神狄蜜特（Demeter）的象徵，特別是當太陽來到這個星座時，正是夏末豐收的時候。另一個說法是，伊卡魯斯（Icarus）因為擁有酒神的釀酒祕密，且熱情的與眾人分享，但是喝了酒的人因為酒醉而胡思亂想，認為伊卡魯斯毒害了他們，所以殺死了伊卡魯斯。她的女兒艾利糞（Erigone）牽了家中的狗去找伊卡魯斯，卻在樹林中發現死去的伊卡魯斯，於是悲憤的在樹上上吊，忠心的狗因為同時失去兩位主人所以跳入水中。酒神戴奧尼修斯（巴庫斯）得知這件傷心的事，便把伊卡魯斯變成天上的牧夫座，把艾利糞變成處女座，而狗變成大犬。

另一個埃及神像經常把處女與獅子座連結，女性的頭部為處女，然後具有獅子的身體，稱呼為「斯芬克斯人面獅身」（Sphinx）。這個神像同時具備了尼羅河女神伊西斯的形象，但需要注意的是，中文讀者不要被處女二字所誤導了，這一個星座為女性，但不一定只是未婚的處女。許多神話故事把這個星座與母性的神話人物連結，例如伊西斯與狄蜜特的原型都是母親原型，在基督教時代，處女座被視為聖母瑪莉亞，而手中的麥穗成為孩童耶穌。阿拉伯人則稱這個星座為純真的少女。

處女座農業女神的形象並非希臘獨有，一部分的處女座在巴比倫稱為 Mul Ki Hal，象徵著劃分的土地，並且與大麥女神薩拉（Sala）有關，顯示出這是一個與農作有關的星座。這個星座的形象是一個手持大麥的女神，巴比倫人在秋天的季節種下大麥，也是這個星座出現在日出之前的季節。

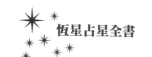

曼尼留斯將希臘人對處女座的看法都寫成了美麗的詩篇，並認為受到處女座影響的人會被導向學習，並且透過訓練、學習藝術（技藝），他並不重視財富，卻對探索事物發生的原因與受到的影響感興趣。擅長言語文字的應用，並擁有能夠辨別事物的眼光，但卻因為害羞而阻礙了早年的生活。托勒密認為處女座頭部與南邊的翅膀有水星的特質，也帶著一點火星的特質。其他的翅膀部分則是水星與一點金星，在腳尖與底部，則是水星與部分的火星特質。

阿拉伯月宿（Manzil）：

Al Awwa：這一個月宿名稱為「招呼者」，以「太微右垣一」作為定位，有利於婚嫁、耕作、播種、旅行，帶來歡樂享受的月宿。

Al Simak：這一個月宿以「角宿一」為起點，意思是「沒有武裝的人」，有利於製作衣服、用藥物播種，有利於航行與建立夥伴關係。

Al Ghafr：這個星宿位在處女座末端的位置，有利於搬家、改建房屋，行善與買賣。

吠陀二十七宿：

Chitra（音譯：質多羅）：角宿一是這個星宿的主要代表恆星，在吠陀占星中佔有重要地位，是衡量天體的座標。對應的神是毘首羯摩天，也是我們所稱的自在天，是天界的建構者的化身之一。其符號是閃亮的珠寶，象徵著美麗、聰明、許多的成就。

中國三垣二十八宿：

處女座在中國三垣二十八宿中處於太微垣，這是天空中朝廷與大臣們辦公的行政區，所以你會看到一些官名，例如執法、上將、次將等。而下方接近黃道的則是角宿與亢宿。角是東方蒼龍頭頂上的角，是相當重要的星宿，不僅是蒼龍七宿的第一個星宿，二十八宿也是從角宿開始計算的。

處女座的恆星

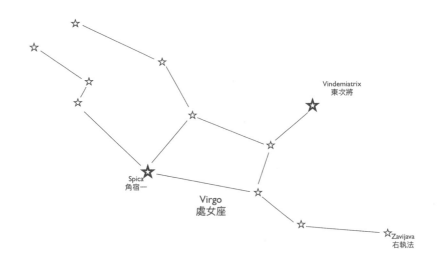

✭ 右執法（Zavijava）

恆星名	β Virginis / 處女座 β 星 / 太微右垣一 / 右執法
亮度	3.61
回歸黃道位置	2020 處女座 27 度 27 分 2000 處女座 27 度 10 分 1980 處女座 26 度 53 分 1960 處女座 26 度 36 分
恆星位置	處女座最前方的恆星，象徵著女神的翅膀。
恆星特質	測量、判斷、告別。

恆星詮釋

　　這一個處女座的恆星位在黃道上，每年的 9 月 18 日前後，太陽會經過這個恆星，替這個恆星帶來了重要性。恆星的名稱 Zavijava 來自於阿拉伯文 ɛlzāwiyat al-cawwa'，意即「狗吠叫的角落」，也有角落或角度的意涵。在占星史上，這個恆星還有許多不同的名字，例如光輝美麗，同時也象徵著精確的測量。

　　托勒密認為這個恆星所在的區域具有水星及火星的特質，羅伯森也認為這個

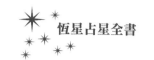

恆星帶來好的影響，強烈的個性、力量，帶有戰鬥性與摧毀性的移動。占星師莫爾斯博士認為，這個恆星就如同處女座的特質，重視細節，可以信賴的工作者，很棒的銷售員、經理人、執行人員等，不過卻需要更高階的指揮。

我認為這個恆星位在女神的翅膀上，與女神艾斯特拉雅離開人間的故事有著關聯。正義女神在眾神放棄人們回到天界時，堅持與人們在一起，持續的給予人們教誨與幫助，直到最後一刻才離開。女神的翅膀象徵著離開和遠離，有一種不捨離別的意涵，而我注意到這個恆星也具有某些程度的宗教或仁慈的意涵，對這個世界的關愛，對於受苦的人給予幫助。

偕日升星：有著精準的判斷能力，並給予需要幫助的人關懷，生命中的離別事件影響重大。

偕日降星：在達成個人目標時，精確衡量與判斷能力是必須的，且了解何時應該捨棄放下。

對準上升、下降、天頂、天底的黃道度數（或位在實際星空的軸點）：在精練的能力中仍擁有善良的天性，對於生命中的人事物不會輕易放棄，但也需要知道何時該做出告別。

與行星共軸或對準（合相）：

日：透過精確的衡量與判斷、權衡取捨之後，才能獲得榮耀。

月：願意陪伴受苦的人，在生活與情感中學會如何面對分離是很重要的。

水：擁有精準的觀察力與判斷力，且具有樂於助人的精神。

金：因為曾經失去，所以了解人與人之間互動關係的珍貴。

火：因為害怕傷痛或造成傷害，常常保持距離或主動離去。

木：對他人深信不移，直到最後一刻才願意放棄。

土：善用謹慎精準的判斷力來保護自己。

天：必須了解自己與人們保持距離的原因是從何而來？

海：學會在慈愛包容中不失鋒芒。

冥：擁有判斷力與洞悉力，可以看見眞相並謹愼的保持距離。

凱龍：信任可能帶來傷痛，在生活中學會對人保持一定的信任。

月交：在人生的路途上以精準的判斷力幫助自己。

★ 東次將（Vindemiatrix）

恆星名	ε（Epsilon）Virgo / 處女座 ε / 東次將 / 太微左垣四 / Vindemiatrix
亮度	2.83
回歸黃道位置	2020 天秤座 10 度 13 分 2000 天秤座 09 度 57 分 1980 天秤座 09 度 40 分 1960 天秤座 09 度 23 分
恆星位置	處女座北方恆星，象徵著女神摘果實的手。
恆星特質	摘取、收集、時間判斷。

恆星詮釋

又稱 Vindemiatrix、Vindemiator、Almuredin、Provindemiator、Protrigetrix，這些名字有一個共同的特質：「摘取葡萄」。Vin 或 Vino 在拉丁語系的語言中翻譯成酒，可以想像，這顆星星升起的時候也是葡萄即將成熟的時候，提醒著在夏季末摘取葡萄準備釀酒的人。而酒在古代是神聖祭祀的液體，這個恆星則象徵著摘取葡萄的手。

托勒密時代稱呼這顆星爲 Phainomena，意即「摘取水果的先鋒」，一樣是提醒大家這個恆星出現在日出之前時，是水果即將成熟的季節，性質是土星與水星。羅伯森認爲它帶來侮辱、偷竊、放肆愚蠢，並經常導致個案成爲寡婦。艾伯丁認爲它可將思想計畫用在實用之上，例如專注、實用的思想、商業工程，或者悲觀的思想。如果我們仔細觀察這些詮釋，就會知道這些詮釋大多是根據土星與水星的特質綜合而出的詮釋。

這個恆星位在太微垣的左方，所以又稱爲「太微左垣四」。太微垣在星空中

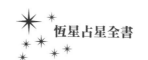

象徵著朝廷官員辦公的地方，所以這裡有著將、相、執法等文武官員，這一個恆星稱為「東次將」，是排名第二位的軍事官員。

偕日升星：具有收集與採集者的本性，知道何時能夠收割成果，擁有收集、採集與農業的天賦，知道何時該停止，並且享受成就。

偕日降星：在面對問題時，需要學會搜集資料與資訊，透過觀察了解正確的時機，學習何時見好就收而不錯過最佳的成果，

對準上升、下降、天頂、天底的黃道度數（或位在實際星空的軸點）：擁有收集資訊、收集事物的能力，具有敏銳的觀察力，了解在適當的時機可以收割，並停下工作享受成就。

與行星共軸或對準（合相）：

日：透過採集與收集的特質獲得成就，懂得在何時收割。

月：可能經常有著複雜的情緒，害怕失去，心思相當複雜。

水：嚴肅的看待周遭事物，能記錄事件並分類整理。

金：身邊的朋友可能相當多元化，可幫助你認識繽紛的世界。

火：收穫讓你感到興奮，對於採取行動抱持著實際的精神。

木：思想世界的多元化，吸引你去蒐集整理與探討。

土：時間與時機相當重要，在對的時間收成，不要拖延。

天：對科技與新鮮的事物感到好奇並廣泛的接觸。

海：喜歡藝術收藏或是學習藝術史，可從美術館得到相當多的啟發與幫助。

冥：將你的手伸進看不見的地方去取得收穫。

凱龍：經過時間的醞釀，將傷痛化成智慧的果實。

月交：見識寬廣，人生旅途上的每一個遭遇都是有幫助的。

☆ 角宿一（Spica）

恆星名	α Virgo / 處女座 α / 角宿一 / Spica
亮度	0.98
回歸黃道位置	2020 處女座 24 度 07 分 2000 處女座 23 度 51 分 1980 處女座 23 度 34 分 1960 處女座 23 度 17 分
恆星位置	處女座末端靠近黃道處，象徵著女神手握的麥穗。
恆星特質	收成、成果、神的禮物。

恆星詮釋

　　角宿一的國際天文命名來自於「麥穗」的拉丁文 Spicum，象徵著農業女神狄蜜特手上的麥穗，羅馬時代他們稱穀物爲 Spicum，演變成今天的 Spica。在阿拉伯文中也有類似的稱呼，但比魯尼說這是小獅子，也說 Arcturus 是第二隻小獅子。因爲這一帶的天空相當空曠，阿拉伯人認爲這是無法防衛與孤獨的。

　　托勒密認爲這個恆星具有金星與火星的特質，羅伯森說它賦予成功、名聲、財富、甜美的氣質，對藝術和科學的熱愛，但也可能不擇手段、無成果。女神手持麥穗象徵著收成的時刻，象徵著辛勤付出而獲得成就，也可能很文字性的象徵著對於植物、農作的天賦。而我們也可以把其他對處女座的判斷放在這裡，審慎的思維與學習態度，是我觀察這個恆星所展現的特質。

　　中文名稱爲「角宿一」，象徵著東方蒼龍的角，在中國上古時代，處女座的 α 與 ς 星組成了角宿，稱爲角宿一、角宿二；而更上方北半球最明亮的恆星，牧夫座的 Arcturus 稱爲「大角」，龍的大角，這三個星星是用來確定春季到來的恆星。在三月前後，這些星會浮現於地平線上，也可能與農曆二月二龍頭節的慶祝龍抬頭有關。

　　偕日升星：先天擁有傑出的能力，無論是智力、藝術、心靈、心智，都很適合發揮在日常生活中，運用在可能帶來好處的事情上。

偕日降星：在成長的過程中慢慢的發現自己的天賦，或是學習到很棒的技巧。經歷挑戰時，這樣的能力發揮得特別顯著，在面對挑戰的時候願意透過學習新的事物以解除困難。

對準上升、下降、天頂、天底的黃道度數（或位在實際星空的軸點）：具有天賦，能展現才華、才智，透過天賦帶給身邊的人幸福，而這些天賦不限在任何領域。

與行星共軸或對準（合相）：

日：如果你重視成果與成就，你會更感激每一個過程的辛苦付出。

月：精神思想和感受上的豐盛與充沛，是來自於日常的培養。

水：發揮溝通和言語寫作上的能力而獲得成就。

金：成就可以是明顯的金錢財富，也可以是無形的豐盛的友誼。

火：行動的時機是否適當，決定了成敗的關鍵。

木：學習、思考以及異國文化，都將帶來豐盛的成就。

土：當你知道該採取行動時，絕對不要被任何藉口或擔憂拖延。

天：在獨特的領域展現成就，或是在科技行業展露頭角。

海：將在藝術領域與精神領域有著豐盛的收穫。

冥：天賦與成就可能被深深埋藏著，等待你去挖掘。

凱龍：想要收下一份禮物，也要同時收下它曾帶來的傷痛。

月交：接受與贈與，是你人生旅途中相當重要的特質。

案例：馬拉拉，一支筆可以改變世界

　　相信大家都認識因為求學而被神學士刺殺的少女馬拉拉，她也是最年輕的諾貝爾獎得主，在她的星盤上有著弱勢的土星牡羊，在第十宮四分上升點附近巨蟹座的太陽，這一強硬相位或許象徵著神學士政權對她的死亡威脅。

　　當我打開她的恆星共軸資料時，差點驚訝得說不出話來。她出生時象徵浴火重生的鳳凰座的火鳥一（Ankka）就位在天空中的最高處，甚至與她的太陽共軸。火鳥一不是象徵災難，而是明白的告訴你，殺不死她的只會讓她更強壯。

　　作為偕日升星的井宿三（Alhena）是雙子座受傷的腳，象徵著帶著堅定的信念而走入人間。托勒密認為它有水星、金星的特質。她的偕日降星則是象徵療癒的蛇夫座侯星（Ras Alhague）。

　　偕日升星「井宿三」告訴我們，她帶著實現理念的背景，她說：「一個孩子，一個老師，一本書，一支筆，就可以改變世界。」而偕日降星「侯星」告訴我們，這樣的理念需要透過療癒自我與他人的傷痛來實現。為了這個理念，她跟蛇夫座的神醫阿斯克樂比厄斯（Asclepius）一樣，被傷害得幾乎喪命，卻又再次站了起來。有人問她是否會報復？她說不，她只想教育神學士的子女。

　　她的月亮則與著名的角宿一（Spica）共軸，這顆恆星往往與傑出的天賦做連結，同時也受到女神的守護，帶來了豐富的禮物。它與仙后座的王良四（Schedra）都象徵著透過陰性的力量發揮影響力與統治力，更意味著女性特質所散發的尊貴與榮耀，這顆恆星甚至也與她的天頂守護火星共軸。

　　恆星高高的掛在天上，離太陽系銀河系好遠好遠，恆星像是天界超然的神，從不會擔憂你吃飯了沒？賺不賺錢？恆星共軸不是告訴你會發生哪些事，不是讓你變成名人，而是告訴你發生在你身上的故事的背景，或是可以擁有的智慧啓發。

天秤座

星座詮釋

在早期的文獻中，天秤座並非一開始就單獨存在，這個星座似乎是逐漸演化，然後被獨立出來的。在許多巴比倫出土的文獻中，天秤座往往被描述為天蠍的爪子，也有人將天秤座繪製成天蠍手上拿的燈，因為太陽來到這一帶時，北半球的黑夜開始變長，南邊的秤砣也是太陽穿越天球黃道進入南半球的必經之地。

在希臘神話故事中，天秤座的象徵仍與正義女神艾斯特拉有關，我們在前面處女座介紹過這位泰坦女神，她在泰坦大戰中幫助宙斯擊敗其他的泰坦巨神，取得世界的統治權，並與人類生活在一起。在希臘羅馬神話故事中，這描述著人與神一同生活的黃金時期，這時四季如春，但因為人類的血腥殘忍而使得神逐漸離開，之後來到了白銀時代與青銅時代，人們發現鐵器鑄造刀劍，開始大型的殺戮與戰爭，艾斯特拉卻因為對人們憐憫，直至最後才離開，而人間才開始有了秋冬。這個神話標示了占星學中天秤座與北半球秋分的直接關聯。

許多傳說都將天秤座說成是女神艾斯特拉手中的秤子，衡量人間的事物，強調公平與公正，後來演變成正義女神迪科，手上拿著秤，眼睛用布蒙起來，象徵著每個人在正義之前都是平等，而秤子的符號便成了司法的象徵。

曼尼留斯認為天秤座帶來的影響包括衡量各種事物，替事物命名、編號、指定符號，熟悉法律、深刻了解法律中的細節，藉由自身的判斷力，盡力的在紛爭中找出均衡點。托勒密認為，那些在天蠍爪子尖端的，運作起來像是木星與水星，那些在爪子中間的，像是土星並帶一點火星，我們甚至可以在托勒密的文件中，看見他仍然將天秤座認為是天蠍的一部分。

阿拉伯月宿（Manzil）：

Al Jubana：這是以天蠍爪子「氐宿一」為座標的阿拉伯星宿，對許多事情都不利，包括了旅行、用藥、治裝、播種、貿易。

吠陀二十七宿：

Vishakha（音譯：毗釋珂）：這個星宿對應著閃電與火燄之神因陀羅（Indra），符號象徵是裝飾的拱門，象徵關卡，也與豐盛的成就有關，能言善道善於辯論。

中國三垣二十八宿：

在中國的星宿中，天秤座的位置包含著過去的氐宿，是東方蒼龍七宿中第三個星宿，古代宮廷占星師認為這裡也是朝廷後宮的地方，象徵著重要女性的事物。

天秤座的恆星

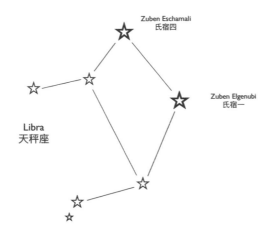

★ 氐宿一（Zuben Elgenubi）

恆星名	α Librae / 天秤座 α / 氐宿一 Zuben Elgenubi / Zubenelgenubi / Kiffa Australis
亮度	2.75
回歸黃道位置	2020 天蠍座 15 度 22 分 2000 天蠍座 15 度 05 分 1980 天蠍座 14 度 46 分 1960 天蠍座 14 度 32 分
恆星位置	南邊的秤砣、爪子。
恆星特質	掌握、抓住、均衡、區分。

恆星詮釋

我們知道在希臘時代之前，天秤座是天蠍座的爪，他們叫 Chelae，氐宿一是南邊的爪子，演變至今成為南邊的秤砣。氐宿一被國際天文聯合會命名為 Zubenelgenubi，而過去會把這個字拆成兩個字：Zuben Elgenubi，大部分的占星師仍這麼稱呼。這幾個名字的根源來自於阿拉伯文的 al-zubānā al-janūbiyy，意思是南邊的爪子。氐宿一的位置在黃道之上，也就是說，當日月與其他行星經過這裡時會真的與這一個恆星「合相」，行星會遮掩其光芒，天文學上稱作「掩星」。

比魯尼（Al Biruni，973-1048 A.D.）認為，Zaban 是推擠的意思，他認為北秤南秤會彼此推擠，用天蠍爪子的象徵來詮釋這兩個恆星，有抓住、掌握、獲取、獲得、不輕易放手、生存、攻擊與防衛的性質。而南邊的爪子（秤子）因為位在黃道上，所以較能夠在日常生活當中被觀察到。

巴比倫人認為天秤座與司法以及王位有關，包括正義司法土星的特性，以及國家的豐盛。托勒密認為天蠍的爪是土星，且帶有火星的味道；羅伯森認為這個恆星象徵惡意、阻礙、暴力、疾病、謊言、與中毒。艾伯丁則認為這個恆星對健康不利，象徵著厄運。我們可以從爪子的角度去思考，蠍子的爪子的功用為何？這可能包括抓住獵物，或者抓住想要的東西，多半與維繫生存、攻擊與自我防衛有關。但也不要忘記，天秤這個星座仍然與衡量還有法律有關。

偕日升星：來自於先天或家族背景的能力，帶來掌握大局的優勢，自發性的面對生活與社會當中的不公義。

　　偕日降星：想要達成目標，必須學會對身邊的人事物不輕易放棄，並且對公平與否有著一定的堅持。

　　對準上升、下降、天頂、天底的黃道度數（或位在實際星空的軸點）：對周遭事物有能力去精準的分析判斷，擁有批判攻擊的能力，以及對人與社會的關懷。

　　與行星共軸或對準（合相）：

　　日：在衡量事物時展現高度的判斷力，透過追求公平與正義獲得尊敬。

　　月：能夠了解並分析周遭人們的感受，心思細密。

　　水：有精確的判斷力，甚至將精確的特質用在言語文字分析之上。

　　金：能在人際關係中衡量並且權衡輕重，懂得維繫關係的均衡。

　　火：有能力展開火力強大的批判攻擊，但仍會考量攻擊可能帶來的影響。

　　木：追求高度的理想，對社會有所期盼，可能因此採取批判的行動。

　　土：掌握手中所擁有的，對於人與人之間的關係保持中立與謹慎。

　　天：將破壞力展現在批判與改革上，對群體帶來利益。

　　海：對於幻想與擔憂必須採取實際行動，嘗試去取得或是去改變。

　　冥：如果你願意，你可以擁有強烈的破壞力，並深刻了解人與人之間微妙的關係與憂慮。

　　凱龍：受到限制的傷痛，讓你對人際互動採取兩極的態度，完全的自由或自我設限。

　　月交：對人們的關懷與直言的態度，讓人們願意接近你。

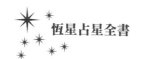

恆星占星全書

★ 氐宿四（Zuben Eschamali）

恆星名	β Librae / 天秤座 β / 氐宿四 Zuben Eschamali
亮度	2.61
回歸黃道位置	2020 天蠍座 19 度 39 分 2000 天蠍座 19 度 22 分 1980 天蠍座 19 度 06 分 1960 天蠍座 18 度 49 分
恆星位置	北邊的秤砣、爪子。
恆星特質	推擠、判斷、抓住、獲取。

恆星詮釋

氐宿四是天秤座最亮的恆星，我們前面提到了希臘人以及一些早期聞名的占星紀錄中，天秤座被記錄爲天蠍座的爪子，天秤座南北的秤子被視爲位在黃道南邊與北邊的兩個爪子，其中氐宿四（Zubeneschamali）也寫成 Zuben el Chamali，意思是北邊的爪子，其希臘文 Chele Boreios 有著同樣的意思，另一個名字 Lanx Borealis 則是拉丁文北邊秤砣的意思。

托勒密認爲天蠍的北爪具有木星與水星的特質；羅伯森認爲帶來野心、好運、榮耀、財富與幸福，這裡的利益是公平的，價格合理；艾伯丁則認爲北邊的秤子帶來較好的特質，能夠讓人贏得傑出的榮耀，當處於好位置時能夠帶來精神與心智的力量。

偕日升星：擁有精準的判斷力，能在危機中發揮關鍵性的決定，並在關懷他人的同時不損害自己的利益。

偕日降星：了解必要時得保護自己、考慮自身的狀態，學會必須在個人利益與社會利益當中取得均衡點。

對準上升、下降、天頂、天底的黃道度數（或位在實際星空的軸點）：有能力面對危機，並在危機中贏得榮耀與財富。如何在公眾事務與個人利益中保持均衡，維持不損害自己與他人的局面是一個重要的任務與挑戰。

與行星共軸或對準（合相）：

日：在追求社會公義的同時也顧及自身的尊嚴與利益。

月：關懷周遭的人並給予幫助，同時也是在幫助自己。

水：了解中立、公平並不是沒有立場，而是了解自身的立場之後避開誤導。

金：對周圍人的善意也將同時替自身帶來幫助。

火：批判他人的不公義之前，需先了解自身的處境、立場與可能的影響。

木：結合自身的利益與社會公義，將好處發揮到極致。

土：堅守立場，對所追求的事物不輕易放棄，也有判斷力能保護自己。

天：透過改變整個社會來幫助自己也幫助他人。

海：透過音樂、藝術與精神成長來改變社會。

冥：洞悉改革的祕辛，也可能從中獲得好處。

凱龍：對你來說公平是一種痛，而你比別人更清楚如何再次避開傷痛。

月交：透過人際互動，共同改變這個社會與獲得成就。

天蠍座

星座詮釋

　　天蠍其實是黃道上最南方的星座，西元五千年前這個區域的天空象徵著最南方的黃道部分。在巴比倫時期，當天蠍的尾巴在日出前出現成為偕日升星時，幾乎是冬至時刻一年內白晝最短的日子，北半球最黑暗的季節。這象徵著一年的尾聲，有一種黑暗降臨的感受，太陽軌道由此進入南半球的感覺也被稱為通往冥府的閘口。

　　在埃及，天蠍座也與死亡還有冥府有著密切的關連，埃及人也認為天蠍是通往死亡的途徑（黑暗與秋冬），太陽神拉被蠍子叮了之後退位，太陽神荷魯斯也

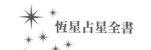

被蠍子攻擊，這似乎都描述著天蠍座升起的時刻，正是日照時間變少黑夜變長的時刻。

在希臘神話故事中，天蠍的傳說被描繪成大地之母釋放出來攻擊驕傲獵人奧列翁的生物，奧列翁（獵戶座）是海神的兒子，也是知名的獵人，他誇口沒有自己殺不死的動物，因此大地之母蓋亞因他的狂妄感到憤怒，派出了巨大的蠍子（天蠍座）螫死他。在天空中，當天蠍座出現在東方地平線的天空時，也是獵戶座沉入地平線下的時候，象徵著他想要逃離天蠍座的追殺。有時這個版本的故事中，釋放出蠍子的是狩獵女神阿特密斯。

在巴比倫時代，天蠍座一直與王國興盛以及國王在戰場上的勝利有關，依夏拉（Ishara）和尼努塔（Ninurta）也都與戰爭、戰神相關。巴比倫文獻記載著，如果奈格爾（Nergal）火星來到天蠍，強敵壓境時，天神恩黎會賜與敵人他的武器，敵人的部隊將會殲滅我們的軍隊。而若是天蠍來到月亮之前並在那裡矗立，國王將可長久統治，敵人會前來攻擊但必定失敗。天蠍座象徵的戰爭保衛意味，似乎從古代就不斷的被強調。

在毛利人的文化中，天蠍座被視為南方夜空中一艘巨大的獨木舟，據說蘭嶼的達悟人也有相似的傳說。不過在毛利人的眼中，心宿二象徵著天神 Rehua，具有療癒力量，而天蠍的尾部則是英雄茂宜的魚鉤。如果你看過動畫《海洋奇緣》（Moana），你就會看到在毛利人的眼中，天空中高掛的魚鉤事實上就是夜空中天蠍座的尾巴。

曼尼留斯認為天蠍座與戰爭有關，對於流血與屠殺感到興奮，即使是在和平時期也要武裝，在他的描述中，天蠍座似乎帶來對戰爭的極度興趣與狂熱。托勒密則認為天蠍座前面明亮的恆星具有火星、並帶點土星的特質，身體的部分是火星與適度的木星，尾巴的關節部分類似土星與某種程度的金星，刺針則是水星與火星。

天蠍座相當巨大，而且受到占星師的注意，許多恆星都會被討論，我們在本書中將專注在房宿三、房宿四、心宿二與象徵蠍子尾巴的蝴蝶星雲與托勒密星雲。儘管我們沒有詮釋蠍子尾巴的恆星，但尾宿的恆星如尾宿八、尾宿九都可以參考托勒密星雲的詮釋。

阿拉伯月宿（Manzil）：

Iklil al Jabhah：這一個月宿被稱為天蠍額頭上的皇冠，這是以房宿諸星為主的星宿，適合購買牲畜、改建農場建築，解決紛爭，對愛情的牢固、房屋的牢固相當有利。

Al Kalb：這個星宿在天蠍的心臟附近，有利於購買房屋土地，獲得榮譽權利，在這天施工的建築是堅固的，有利於服用藥物或種植藥物。

Al Shaula：這個名稱是尾宿八的原文，環繞在天蠍尾巴的星宿，阿拉伯人認為不利於託付事物給他人，不利於航行，適合爭吵與種植。

吠陀二十七宿：

Anuradha（音譯：阿奴羅陀）：這個星宿對應的恆星是房宿附近的恆星，守護這個星宿的神是友誼與夥伴之神密特拉，這個星宿的符號是蓮花，象徵著豐富與榮耀。

Jyeshta（音譯：折沙他）：在吠陀占星當中，這是一個相當古老的星宿，對應著心宿二，符號象徵是耳環與護符，由天神首領與暴風之神茵特拉守護，象徵著興盛與征服的力量。

Mula（音譯：牟藍）：這個星宿對應著天蠍尾巴的恆星，象徵著破壞的力量與深入探究的能力，守護女神是悲痛與死亡的女神尼利提（Nirrti）。

中國三垣二十八宿：

在中國古代，天蠍座這個相當巨大的星座涵蓋了三個星宿，「房宿」位在天蠍座的嘴部，一共有四顆星。「房」又稱為天駟，與馬匹、交通、騎乘等事務有關；「心宿」是龍的心臟，在天空中很難被忽略，因為明亮的心宿二在西方也象徵著天蠍的心臟，與國君治理是否賞罰分明有關。「尾宿」是龍的尾巴，也是西方天蠍座的尾巴，在中國古代，這個區域象徵著皇帝的後宮，也與后妃、子嗣、生育力、農業生產力有關。

天蠍座的恆星

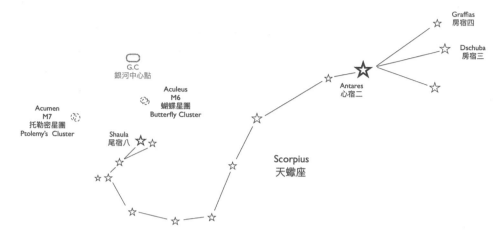

房宿三與房宿四解釋相似，因此以下並列說明。

☆ 房宿三（Dschubba）

恆星名	δ Scorpii / 天蠍座 δ / Isidis Dschuba / 房宿三 Dschubba
亮度	2.32
回歸黃道位置	2020 射手座 02 度 51 分 2000 射手座 02 度 34 分 1980 射手座 02 度 17 分 1960 射手座 02 度 01 分

☆ 房宿四（Graffias）

恆星名	β Scorpii / 天蠍座 β / 房宿四 Acrab / Graffias
亮度	2.62
回歸黃道位置	2020 射手座 03 度 28 分 2000 射手座 03 度 11 分 1980 射手座 02 度 55 分 1960 射手座 02 度 38 分
恆星位置	天蠍的嘴。
恆星特質	謹慎、耐心、希望。

恆星詮釋

房宿三（Dschubba）這個字可能與拉丁文 Al Jabhah 有關，意思是前額。不過在早期的紀錄當中，這個恆星還有另一個名字 Iklil al Akrab，意思是天蠍額頭的皇冠，這同時也是阿拉伯月宿稱呼這一帶星宿的名稱。在 2016 年時，國際天文聯合學會將房宿三定名為 Dschubba，有些占星書會紀錄為 Dschuba 或 Isidis。

房宿四（Graffias）的名字來自於義大利文的「爪子」的意思，不過這個名字在歷史上也被用於天蠍座的其他恆星，它的另一個常用的名字是 Acrab，據信是來自於阿拉伯文的 al-'Aqrab，但是這個字詞似乎也被用來稱呼整個天蠍座，因此國際天文聯合學會最後定名為 Acrab。

房宿三與房宿四這兩個恆星在巴比倫時代被稱為 Qablusha rishu aqrabi，蠍子的嘴（而不是爪子），在早期的巴比倫文明中，天蠍頭部的三顆恆星：房宿四、房宿三以及房宿一，被稱為是英雄之光（The Light of Hero），是深淵中樹上的光芒。

托勒密認為這裡的恆星具有火星與土星的性質，羅伯森認為象徵著攻擊、無恥與不道德的事物。但艾伯丁認為這兩個恆星帶來了研究的能力，特別是對於神祕與隱藏事物，因此無法帶來物質財富，甚至認為當火星來到這個位置時會帶來重大的災難。

莫爾斯博士則認為這個部位的恆星是天蠍的頭部，而非攻擊的爪子與蠍尾螫，所以與頭腦有關，像是技巧嫻熟的戰士，也因此這裡的土星、火星象徵著在任何情況下都表現出謹慎與耐心的態度。

偕日升星：非常有耐心，能在黑暗中帶來希望，也可能對神祕的事物感到興趣。

偕日降星：如果要獲得成就、達成目標，必須先通過耐心的挑戰，學會保持希望，如同在黑暗當中的光芒。

對準上升、下降、天頂、天底的黃道度數（或位在實際星空的軸點）：擁有謹慎的性格，當自己與周遭的人需要一道光亮時，請站出來成為那道光芒，而不是等待別人來照亮你。

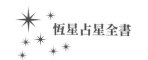
與行星共軸或對準（合相）：

日：保持希望、堅持不放棄，才能夠贏得榮耀。

月：對生活有強烈的危機感，並透過飲食與囤積獲得安全感受。

水：雖然不輕易開口，但必要時言詞鋒利，也能以言語鼓勵人心。

金：在黑暗之中尋找自身的價值，有時必須深刻的挖掘。

火：行為謹慎並且有相當好的耐性，可因此而獲得成就。

木：了解危機所在卻不畏懼，心中懷抱希望能夠帶來幫助。

土：這個組合強調謹慎與細密的思考，有耐心且不輕易放棄。

天：或許將走向不同的道路，在最後成為他人危機時的希望。

海：對於神祕的事物感到興趣，擁有強烈的洞悉能力。

冥：具有相當好的耐心與毅力，這將幫你取得最終的勝利。

凱龍：傷痛讓你採取保守謹慎的態度，但卻不能完全拒絕與外界互動。

月交：可為人們在失望沮喪時帶來希望。

☆ 心宿二（Antares）

恆星名	α Scorpii / 天蠍座 α 星 / 心宿二 Antares
亮度	0.96
回歸黃道位置	2020 射手座 10 度 02 分 2000 射手座 09 度 46 分 1980 射手座 09 度 29 分 1960 射手座 09 度 12 分
恆星位置	天蠍的心。
恆星特質	堅強的意志、熱情、勇氣。

恆星詮釋

心宿二是一個紅色雙星，由於相當閃耀，所以自古以來就被重視，在中國商朝時就已經有關於心宿二的紀錄，當時被稱爲「大火星」，受到商朝人的祭祀。希臘人也因爲他火紅的顏色而將它命名 Antares，Antares 意思是 ant（反）ares（火星），意即反抗火星的意思。它的光芒能夠與火星匹敵，這也是爲什麼這顆紅色的閃耀恆星會被說成是火星敵人的原因。在恆星的詮釋上，這一顆星具有強烈的火星特色。

心宿二位在天蠍的心臟，它也是傳說中波斯人的四個帝王之星（Royal Stars）之一。事實上，在考古的文獻中，我們只知道波斯人與巴比倫人重視心宿二、畢宿五、軒轅十四、北落師門這四個恆星，因爲他們與季節的變遷有密切的關聯，但文獻中沒有看到任何與「皇室」有關的字眼，據查證，所謂「皇室」的字眼，大約是在十七世紀時，法國神祕學界認爲這四個恆星具有重要性而加以穿鑿附會。儘管皇室一詞是穿鑿附會，但仍不會影響這個恆星的重要性，而後期的神祕學者則將心宿二與西方還有秋天作連結。

心宿二作爲巴比倫早期的秋季的季節恆星，與整個天蠍座象徵的黑暗寒冷都有密切的關聯，而這一顆恆星在巴比倫文獻中的紀錄是：「當行星閃耀著進入心宿二時，將會有革命。」巴比倫人似乎對這顆恆星的看法並不是很吉利。

埃及人認爲天蠍座，特別是心宿二，象徵著女神賽爾凱特（Serket），她是頭頂著蠍子的女神，象徵著具有醫療蛇蠍咬傷的能力，雖然很少有主要祭拜她的神廟，但她仍佔有重要地位，也被許多法老視爲守護神。

在毛利人眼中，心宿二象徵著天神 Rehua，他是 Atutahi 的弟弟，十分靠近銀河中心，與其他的星在一起，帶領並照顧眾星穿越天際。傳說中他與 Matariki（昴宿六）結合生下了昴宿的眾星與參宿七，他在毛利人的夏天成爲偕日升星，所以也被視爲炎熱能量的來源。

在中國占星學中，心宿是東方的第五個星宿，又被稱爲大火，《詩經》中的「七月流火」指的就是心宿二。《禮記・月令》：「季夏之月，日在柳，昏火中，且奎中。」《左傳・襄公九年》：「心爲大火。」

中國的《星經》曾提到心宿的三顆星，中間心宿二稱爲天王，前後則是太子

與庶子，除了稱之爲「大火」之外，還被稱爲「大辰」及「鶉火」。這是商朝人觀察農業耕作的指標，在商朝負責觀察（心宿二）的占星官員稱爲火正。在歷史紀錄中，當火星在這附近停滯時被稱爲「熒惑守心」，火星停留在心宿附近，這個現象則被解讀爲宰相謀反或帝王有災，甚至是重要的人物離開了職位。

托勒密告訴我們心宿二具有火星和木星的組合特質，帶有強烈的個性；羅伯森指出了意志堅強、心胸開闊，急躁與固執可能會破壞自身的成就。艾伯丁則認爲心宿二具有強烈火星特質，與軍事有關，且帶來衝動與勇氣，而瘋狂愚蠢的行徑往往造成許多的危險。事實上，我認爲我們不能忽略這個恆星的季節性質，它暗示著黑暗的到來，這裡的黑暗並不是邪惡，而是陰性與休息的冬季特質。這個特質讓人們關注著即將失去的事物，並且因爲這樣的事情而傷感。

偕日升星：堅持守護夢想或即將失去的人事物，可能成爲一種使命，對事物的堅持可帶來動力，甚至可能成就偉大的事物。

偕日降星：當心宿二成爲偕日降星時，意味著要達成任務之前必須先學會專注與堅持。

對準上升、下降、天頂、天底的黃道度數（或位在實際星空的軸點）：人們看見了你的力量，對你的堅持、毅力與實力感到畏懼。

與行星共軸或對準（合相）：

日：對事物的熱情理想與堅持，將幫助你取得榮耀。

月：擁有熱情，對於情緒感受的堅持，有時可能成爲生活的挑戰。

水：對於腦中的想法相當堅持，以言語文字展現心中的熱誠理想。

金：對夥伴展現十足忠誠的態度，能夠以你的熱情打動大家。

火：熱情十足且充滿理想，願意爲了理念而奮戰。

木：對心中信念有著高度的堅持，對事物的要求相當高。

土：總是嚴肅看待許多事情，有時讓人忽略了你的熱情與活力。

天：熱血沸騰的想要改變這個社會，對確信的事物不會輕言放棄。

海：一旦你找到確信的理念便會一生追隨，永遠不會放棄。

冥：人們不一定看得到你的熱情，但是你的堅定將讓人無法忽視。

凱龍：爲了堅持心中的想法，儘管傷痕累累也不願意放棄，讓人心疼。

月交：以你的熱情與堅持喚醒周圍的夥伴。

☆ 蝴蝶星團（Aculeus）

恆星名	M6 星團 / 梅西耶 6 星團 / 蝴蝶星團 Aculeus
亮度	4.2
回歸黃道位置	2020 射手座 26 度 01 分 2000 射手座 25 度 45 分 1980 射手座 25 度 28 分 1960 射手座 25 度 11 分
恆星位置	天蠍的蠍螫。
恆星特質	攻擊、破壞、除舊。

恆星詮釋

在天蠍座尾部與銀河之中，有兩個星團被視爲蠍子的尾巴，象徵著蠍子的螫刺，無論在精神、物質、肉體或言語層面上，都被認爲與攻擊有關。M6 星團一般被占星師稱爲 Aculeus，有人推論這個字的根源可能來自於希臘英雄阿基里斯（Achilles），或者指向腳踝。這個星團一直到晚近才被占星師收錄並詮釋，羅伯森與莫爾斯博士都認爲這個星團具有月亮、火星的特質，對於眼睛有所影響，也帶來視力的問題。破壞並非全然壞事，有時象徵著必要之惡，或是被沉重的禁錮限制中突破的力量，就像要建設之前必須先將原有的事物拆除一樣。雖然本書只收錄天蠍尾部的兩個星團，但是位於蠍子尾部的恆星尾宿五（Sargas）、尾宿八（Shaula）、尾宿九（Lesath）都可以做此解釋。

偕日升星：認爲生命的起起落落都是人生成長中的重要部分，其生命特色是去學會接受生命中難以承受的痛楚。

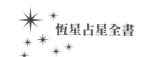

偕日降星：達成個人成就之前，必須學習如何透過失敗與挑戰變得更強壯。

對準上升、下降、天頂、天底的黃道度數（或位在實際星空的軸點）：當這個星團在軸點時，人生中所遭遇到的挑戰總比他人來得嚴苛，而這些挑戰可帶來經驗與成就，並促使個人在生命的歷程中成長。

與行星共軸或對準（合相）：

日：透過克服困難以成長，藉此成就英雄之路，人生道路雖顛簸卻不害怕。

月：在困境與挑戰中發現如何滋養、照顧以及同理，但可能對原有的互助概念產生衝擊。

水：可能在學習、溝通、交通、交易或生意上遇到重大危機挑戰。

金：在挑戰、批評、嚴苛的考驗中發現價值，並在這樣的環境當中看見美。

火：不害怕危機與挑戰，尋求冒險與刺激。

木：在挑戰、危機、批判中看見不同世界，也可能是在困境中帶來樂觀的人。

土：面對困難挑戰時相當實際，不過也帶些悲觀的色彩。

天：看見不公義時願意試圖改變或發動革命，解決自己與他人面對的危機。

海：對處於困境的人感到憐憫，也可能因為夢想與理想主義而受到挑戰。

冥王：能夠看見制度的缺失，在危機中看見別人看不見的問題。

凱龍：在危機與傷痛中學習智慧與成長，同時療癒自己與他人。

月交：在群體社會中，面對問題時，總是第一個站出來挑戰的人。

✭ 托勒密星團（Acumen）

恆星名	M7 星團 / 梅西耶 7 星團 / 魚星官 / 托勒密星團 Acumen
亮度	3
回歸黃道位置	2020 射手座 29 度 00 分 2000 射手座 28 度 43 分 1980 射手座 28 度 27 分 1960 射手座 28 度 10 分
恆星位置	天蠍的蠍蟄。
恆星特質	攻擊、破壞、除舊。

恆星詮釋

　　托勒密在西元 130 年時觀察過這個星團，這個星團因此以他為名。這是銀河中心附近的疏散星團，梅西耶將這個星團列為編號第七號的星團，因此也稱為 M7 星團。在中國古代，這個位在銀河中央的星團被稱為天魚星，又稱魚星官。在重要的經典《通占大象曆星經卷下》中這麼記載：「天魚一星，在尾河中，主雲雨，理陰陽，明河海。出天魚搖，暴水災。火星守，南旱北水。」

　　同樣是屬於天蠍座尾部的蠍刺，托勒密認為它具有水星、火星的特質，而羅伯森與莫爾斯都認為具有月亮與火星的性質，並且帶來對視力不良的影響，但就如同看不見的人能夠用其他感官來探查周圍的變化一般，認為這個恆星也帶來了敏銳的感受力。

　　因為同樣是從蠍刺來詮釋，托勒密星團仍然強調著顯著的攻擊、破壞的特質。雖然本書只收錄天蠍尾部的兩個星團，但是位於蠍子尾部的恆星尾宿五（Sargas）、尾宿八（Shaula）、尾宿九（Lesath）都可以做此解釋。

　　偕日升星：早年的生活環境可能有劇烈的變化，促使個人能擁有快速適應改變的能力。

　　偕日降星：面對傷痛時，可透過隱密或神祕的事物，而獲得心靈與精神上的發展。

對準上升、下降、天頂、天底的黃道度數（或位在實際星空的軸點）：把攻擊、質疑的特質放進工作中成為一種職業特質，或許能夠獲得一些榮耀或成就。這個星團也有利於心理、身心靈、神祕學、神祕事物的發展與研究。

與行星共軸或對準（合相）：

日：榮耀與攻擊、挑戰有關，透過這些特質而受人尊敬。

月：生活中的挑戰與明顯情緒性的攻擊有關，和女性的關係相對緊張。

水：緊張的思考模式，對於攻擊批判有著相當的興趣。

金：在情感與人際關係上展現張力，可能因為愛、金錢、人際而受到攻擊。

火：學習在攻擊之下堅強生存，依舊執意採取行動。

木：在困境中保持樂觀、找到信念，但可能因信念而遭受批判。

土：在困境中面對現實，並變得強壯踏實。

天：群體或社群遭受打擊，可能因獨立的風格而被批判。

海：容易被認為不切實際或太過善良而受到批判。

冥：在危機與被攻擊的時候展現堅強無懼的一面，在陰暗中找到力量。

凱龍：只有受過傷的人才會知道怎麼傷害人最痛，或者你可以將這樣的智慧用在療癒彼此上。

月交：在人生路上，非主流意見容易遭遇困難，但可在困難中學習成長。

案例：阿嘉莎‧克莉絲蒂的生死掙扎考驗

阿嘉莎‧克莉絲蒂的著作總是擺在我書櫃上隨手可及的地方，對於白羅我是又愛又恨，而且莫名的超喜歡祖母偵探馬玻小姐。在阿嘉莎的星盤上，天秤座 13 度的水星除了與冥王星有著寬鬆的三分相之外，幾乎沒有別的相位。但是她出生的那一天，當水星高掛在天頂時，Antares 天蠍座 α 星（心宿二）這個象徵著天蠍座心臟的恆星，正從她出生地的東方地平線上升起，與水星產生了共軸。

傳說中，天蠍座是大地之母或阿特密斯釋放出來攻擊驕傲獵人奧列翁的生物，象徵著陰性（生殖孕育、生命野性、動物力、大自然）和大地的力量，與陽性（管理、死亡、人、人類的征服與驕傲）主題的對抗。埃及人也認為天蠍是通往死亡的途徑（黑暗與秋冬），無怪乎阿嘉莎‧克莉絲蒂的寫作總專注在黑暗與謀殺。這顆恆星除了具有強烈火星色彩之外，也是巴比倫人秋分點的定位星，它更是波斯人的死亡之神 Yima 的象徵。這顆恆星仍象徵著偉大的成就，不過卻帶有自我毀滅的色彩，在通過生死掙扎的考驗之後，對生命的淨化與重新出發才能更進一步。

當星盤中有行星與這個恆星產生關聯時，無論是否被要求，這些人都會有一種熱情與本性，想要去追求深刻生死的體驗。或許這正是吸引阿嘉莎動筆寫作的動機之一，有趣的是，她的星盤之中與黑暗層面共軸的恆星不只一個。

蛇夫座與巨蛇座

星座詮釋

蛇夫座與巨蛇座是獨立的兩個星座，卻又緊密的連結在一起，所以我在此將這兩個星座放在一起討論。蛇夫座位在天蠍座與射手座的中間，像是一個大方塊，但巨蛇被切割成兩部分，在蛇夫的左右各自獨立，分別是蛇頭與蛇尾。

近年來，蛇夫座經常被提出來討論，因為總是有媒體說蛇夫座的發現，讓占星學變成十三星座，甚至因此改變了你生日的星座。其實這個論點在占星學上並不成立，當你閱讀這本書時你就會發現，像是在天空中牡羊座的恆星，回歸黃道的度數在金牛座，或者明明在天秤座的恆星，回歸黃道的度數卻在天蠍座。事實上占星學上對黃道有兩種看法，一種是恆星星座排列的黃道，這種黃道仍然被使用在印度的吠陀占星學中，而天文學家可能也認定蛇夫座是黃道上的星座。

但大多西方占星學使用的黃道計算，是由每年的春分點太陽所在的位置作為黃道的起點，天文學家也用這個方法來定位黃道，只是他們為了避免被說是使用占星學而帶來的尷尬，或是因為歲差的描述，所以避開星座名稱，僅用 0-359 度數的計算。而西方占星師從同一個位置，太陽在春分點的位置開始，每 30 度劃分一個區塊，第一個區塊稱為牡羊座，儘管今天這個位置落在天空中的雙魚座，但占星師仍然將春分之後的近一個月定義為太陽在牡羊座，並延續著傳統的春分與新的一年展開的意涵。

依據春分點把黃道劃分成十二等分的排列，分別是牡羊（春分）、金牛、雙子、巨蟹（夏至）、獅子、處女、天秤（秋分）、天蠍、射手、摩羯（冬至）、水瓶、雙魚，這樣的黃道排列稱為「回歸黃道」（Tropical Zodiac），儘管占星師知道蛇夫的腳觸碰到了黃道，卻並不排入十二星座之中。

蛇夫是醫療之神阿斯克樂比厄斯（Asclepius），他是阿波羅的兒子，也是凱龍的學生，他的醫術精湛，因此使地獄的人減少，於是當他讓奧列翁復活時，冥王要求宙斯殺了阿斯克樂比厄斯，宙斯便把他放在天上。在希臘神話象徵中，蛇與預言、醫療有著密切的關連，也因此，無論是蛇夫座或巨蛇座都同樣具有醫療的象徵。

在另一個故事中，蛇夫座是特洛伊祭司勞孔的化身，他曾警告特洛伊人別讓木馬進城。後來殺死勞孔的其中一隻海蛇，則是與蛇夫座相連的巨蛇座。

在這個位置上，巴比倫人同樣有一組與蛇有關的神，稱為「坐著的神」，蛇神尼拉（Nirah）。蛇夫座在巴比倫時代被稱為 Zababa，在某些巴比倫地區，Zababa 是古老的戰神，有時候具有禿鷹的形象與獅子的形象，而在某些版本的神話中更直接將 Zababa 與另一位戰神奈格爾（Negal，火星）結合。

占星師曼尼留斯曾這麼詮釋蛇夫座的影響，他認為蛇夫與巨蛇之間總是不斷的糾纏，蛇夫不斷的解開被巨蛇打結的身體，但巨蛇仍不斷的纏繞，以此維持天上的均衡力量。在蛇夫座影響下出生的人，將有能力與毒物（毒蛇）共處而不受毒害。托勒密認為這個星座具有金星與土星的特質，羅伯森描述蛇夫帶來熱情盲目的善良，浪費且容易被誘惑，與中毒死亡有關，而這個星座也管理藥品；描述巨蛇座時，則是帶來智慧、技巧、欺騙、虛弱的意志力，以及中毒的危險。

中國三垣二十八宿：

　　在中國古代的星圖中，蛇夫座一帶的星空大多分配在天市垣當中。「天市之垣，天之旗幟也；欲其大明，明則耀賤。」象徵著市集以及一些象徵地區的恆星，例如有掌管市場的官員「市樓」、象徵市場的「車肆」、買賣珠寶珍品的「列肆」、象徵衡量工具的「斛」等等，都是與民生事務經濟相關。

蛇夫座與巨蛇座的恆星

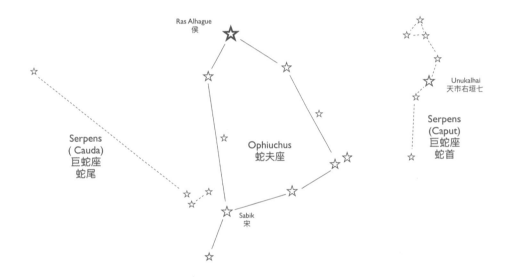

☆ 侯星官（Ras Alhague）

恆星名	α Ophiuchi / 蛇夫座 α / 侯星官 Ras Alhague
亮度	2.08
回歸黃道位置	2020 射手座 22 度 44 分 2000 射手座 22 度 27 分 1980 射手座 22 度 10 分 1960 射手座 21 度 54 分
恆星位置	蛇夫的頭。
恆星特質	醫療、療癒、均衡。

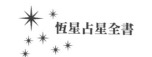

恆星詮釋

侯星官的名稱是 Ras Alhague，來自於阿拉伯文的 ra's al-ḥawwā，意思是持蛇人的頭。不過在十三世紀的波斯星相紀錄當中，將蛇夫附近的恆星稱為牧羊人，而將侯星官稱為牧羊犬。

托勒密認為這個恆星帶有金星與土星的性質，羅伯森認為這個恆星暗示著透過女人帶來的不幸、墮落、與奇怪的品味，艾伯丁則認為這個恆星有濫用藥物、對菸酒放縱的意涵，若與月亮、火星、海王星結合時，可能象徵容易受到疾病的感染。

當我們在詮釋這個恆星的時候，不要忘記這個恆星的星座意涵。蛇夫座是一位醫術精湛的醫師，甚至有能力將死人救活，他的仁慈心腸幫助了許多人，但最後卻因為破壞生與死的平衡而被殺害。因此在這裡不僅暗示著對受苦的人的慈悲心態，也暗示著某種專業技術（不限於醫學），特別是那些對改善人類生活有直接關聯的技術，但由於只觀察到對人類生活有利的一面，可能忽略了這個行為帶來的失衡。同時這也暗示著因為善意幫助他人的行為，可能必須付出相當高的代價。

在中國古代的占星書中，侯星官象徵著諸侯，這顆星位在天市垣，與國家的安定有關，《荊州占》中記錄著：「候星明大，則四夷開；候星微細，則國安。」

偕日升星：人生目的是帶著慈善的心與精湛的技術幫助別人，也可能是因為成長環境的影響，而擁有這樣的生活態度。

偕日降星：生命中的重大挑戰是隨著善心舉動而來的沉重負擔，然而這卻是人生必須經歷的課題。

對準上升、下降、天頂、天底的黃道度數（或位在實際星空的軸點）：這個恆星帶來仁慈的態度與某些特殊的技藝，特別是那些能幫助他人且需要特殊技能的職業。

與行星共軸或對準（合相）：
日：暗示著因為對人的慈悲幫助而獲得榮耀，同時也可能陷入兩難。

月：以日常生活的事物，像是談話、飲食等，對他人提供療癒與幫助。

水：以對談或書寫的方式進行療癒，在言語中重視觀點的均衡。

金：均衡觀點，不討好任何一方，可能因友誼與人際關係使自己陷入為難。

火：因為幫助他人而受到指責，可能帶來生命中重大的影響。

木：具有崇高的理念，願意去關懷、幫助身邊受苦的人。

土：因為善心而使自己承受痛苦的經驗，可能讓你與他人劃清界線。

天：社會上的不公義讓你感到憤怒，並對某些事保持距離。

海：對於需要幫助的人產生強烈的同理，甚至影響到自己。

冥：並不是你沒有同情心，而是你對他人的傷痛保持更謹慎的觀察態度。

凱龍：在進行療癒的同時，請謹記一個原則，保持均衡。

月交：你的善心將吸引許多人來到你身邊求助。

✬ 天市左垣十一（Sabik）

恆星名	η Ophiuchi / 蛇夫座 η / Sabik / 宋 / 天市左垣十一
亮度	2.08
回歸黃道位置	2020 射手座 18 度 15 分 2000 射手座 17 度 58 分 1980 射手座 17 度 41 分 1960 射手座 17 度 25 分
恆星位置	蛇夫的腳。
恆星特質	醫療、療癒、均衡。

恆星詮釋

天市左垣十一位在蛇夫座的腳上，這個恆星的名稱 Sabik 來自於阿拉伯文 al-sābiq，有人翻譯成「走在前面的」，也有人認為這是「車夫」的意思。托勒

密認爲所有蛇夫座的恆星都有土星與金星的特質，羅伯森再根據這個意涵，解釋爲浪費、浪費精力、邪惡、不道德與變態。

蛇夫的腳象徵著親身實地的實踐對生命的關愛，尋求對生命有幫助的道路，在生命中取得均衡的智慧，尋求人與大自然之間均衡的方法，以及某種程度上也受到醫療之神庇護的特質。

偕日升星：在強調、重視生命與均衡的環境中成長，培養出對生命的尊重。

偕日降星：想要達到目標，必須先學會保持事物的均衡，以及去實踐對生命的關愛。

對準上升、下降、天頂、天底的黃道度數（或位在實際星空的軸點）：帶著對每一個生命的尊重與關愛來到人間，並帶領著他人一同去保護生命。

與行星共軸或對準（合相）：

日：實際執行對他人有幫助的理念，並非空談而已。

月：在每日的實際生活中，願意對受苦的人帶來照護與幫助。

水：透過你的文筆、語言來幫助他人紓解不愉快的情緒。

金：你的善意讓人們願意接近你，但也請你維持均衡的生活。

火：實際幫助他人的行爲可能讓你感到傷痛，但你仍不退縮。

木：這個世界是均衡也是互助的，幫助他人也是幫助自己。

土：幫助他人不是不顧一切，也不是嘴巴說說，你會用實際的態度和方式提供幫助。

天：你的理想與理念需要親身走入大街小巷中才能夠帶來幫助。

海：你的善心、善意、對世界的體驗與感受，都必須化成實際的行動。

冥：你知道危險是什麼，儘管受到威脅也不會阻止你去幫助別人。

凱龍：你的傷痛只是幫助這世界展開療癒的起點。

月交：由於你的真誠與對人的關懷而獲得人生的智慧。

★ 天市右垣七（Unukalhai）

恆星名	α Serpentis / 巨蛇座 α 星 / Unukalhai / Cor Serpentis / 天市右垣七 / 蜀
亮度	2.6
回歸黃道位置	2020 天蠍座 22 度 22 分 2000 天蠍座 22 度 05 分 1980 天蠍座 21 度 48 分 1960 天蠍座 21 度 31 分
黃緯	-25 度 30 分
恆星位置	蛇夫的脖子。
恆星特質	療癒、生命力、破壞、均衡。

恆星詮釋

巨蛇座分別落於蛇夫的兩邊，分成蛇頭與蛇尾，這個恆星被阿拉伯人稱為蛇的脖子 Unuq al-Ḥayyati，國際天文聯合會將它命名為 Unukalhai 就來源於此，但也有人認為是蛇的心臟，而以拉丁文稱呼 Cor Serpentis。

在希臘神話中，蛇與醫療之神息息相關，例如在阿波羅的神話中，阿波羅的神廟就蓋在德爾菲這個地方，傳說中這裡曾經有大蛇作亂，被阿波羅殺害後將神廟蓋在這裡，因此阿波羅也具有醫療的能力，亦是醫療的象徵。

蛇夫與蛇都與醫療有著密切的關連。托勒密認為蛇夫座的蛇具有火星與土星的特質，羅伯森認為這個恆星與帶來不幸、不道德、中毒有關，艾伯丁也認為這個恆星帶來危險與摧毀性的力量，甚至與難以發現的慢性疾病有關。

在天市垣中，有一個區域的恆星象徵著中國領土的分配，且分別給予地區的名字，而天市右垣七的另一個名字又叫「蜀」，這是中國四川一帶的稱呼。

偕日升星：了解生命中的生產與死亡、破壞是共存且彼此平衡的。

偕日降星：破壞就像必要之惡，為了達成更偉大的目標，你必須先學會破壞。

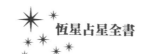

　　對準上升、下降、天頂、天底的黃道度數（或位在實際星空的軸點）：破壞與重建是重要的生命課題，有些工作需要有人願意弄髒手去做。

　　與行星共軸或對準（合相）：

　　日：為了達成目的，你需要知道破壞與拆除，或者結束某些沒有意義事物的重要性。

　　月：你能理解許多事物有其盡頭，學會放手才能讓生命流動。

　　水：對於化學與醫學療癒的工作有興趣，透過這些事情帶來啟發。

　　金：了解人際關係上的糾纏，總是不斷的維繫平衡。

　　火：將你的力量與知識用在除舊佈新上。

　　木：透過體驗生命的到來與逝去，得到均衡的智慧。

　　土：可能對一些事情感到恐懼，進而學會以現實、實際的眼光看待。

　　天：因為害怕失去，所以採取冷漠，卻因為客觀的態度而得到幫助與智慧。

　　海：對於生死的循環與他人的病痛感到同理，具有治療師的特質。

　　冥：想要洞悉生命的奧祕，必須深刻的挖掘與探究。

　　凱龍：強烈的治療師特質需要從自身的傷痛療癒開始著手。

　　月交：人與人的關係是不斷的得到與失去，並從中獲得成長。

射手座

星座詮釋

　　在古代占星師眼中，射手座被視為強者與戰士之王，是戰爭與弓箭之神的象徵。從波斯、巴比倫到埃及，這個位置的星空一直都擁有弓箭手之名。根據考古研究指出，人馬的形象源自於古代的戰士幻想，好的弓箭手必須在馬上就能擊中目標，因此人馬合一是最難的技術，也是最令敵人害怕的戰士。

由於天上有兩個具有半人馬形象的星座，因此在詮釋上經常造成困擾。許多人認為射手座的神話來自於半人馬凱龍，但也有人認為位在南半球的半人馬座才代表凱龍。他是許多英雄的導師，在神話故事中，凱龍的父親是土星之神科諾斯，因為迷戀且強暴了水寧芙菲呂拉而生下了半人半馬的凱龍。凱龍一出生就因為長相醜陋遭受母親的遺棄，後來被阿波羅收養，學會了戰術、醫療、音樂與預言，由於他半人馬的形象在天界與人間都顯得格格不入，所以最後他選擇與其他半人馬居住在一起。但希臘的國王們景仰凱龍的智慧、武藝與醫術，紛紛將子弟們送入他的門下學習。他的學生包括知名的阿基里斯、海克力士（武仙座）、波休斯（英仙座）、阿斯克樂比厄斯（蛇夫座）等知名的希臘英雄。

　　比起希臘人的射手形象，巴比倫人的射手有幾個不同點，例如擁有翅膀，有些會有蠍子的尾巴與鳥一般的腳，他們稱之為 Pabilsag，而這個字的意思是「祖先」或「親友」的意思。Sag 這個字有首領的意思，其意涵似乎是首位祖先、祖先的領袖。而這個星座也象徵著蘇美人的戰神奈格爾（Nergal），他位於南方的天空，守護著天界。

　　曼尼留斯認為當射手座升起時，誕生的人將擁有戰爭與征服的心，他們會一下蓋高牆，下一秒又把它給拆了。如果幸運女神過於眷顧他們的成功，將會在他們的臉上留下她羨慕的印記，這似乎說明了他們的成就可能會在臉上留下一些傷痕。由於這個星座半人半獸，使得他們能夠馴服任何四足的動物，擁有獸類的統治權，擁有智性、矯捷的身手與頑強的精神。托勒密認為射手座箭頭的恆星具有火星與月亮的影響，弓與手則是木星與火星，腰部之後像是木星與水星，腳則是木星與土星。本書列出了象徵頭部的 M22 星團與腳部的天淵三，而在弓箭的部位列出了斗宿二。事實上同樣為射手的弓的恆星箕宿三（Kaus Australis）、箕宿二（Kaus Media）也可以套用斗宿二的詮釋。

阿拉伯月宿（Manzil）：

　　Al Na'am：這個星宿的意涵為「鴕鳥」，位在斗宿附近，大約是射手座手上握著弓箭的部位，有利於下雨、購買動物，不利於夥伴關係與囚禁。

　　Al Baldah：這個名字也是位於射手座頭部恆星「建三」的名稱，象徵著城市，有利於建築、播種、購買土地，製作、購買珠寶服飾。

吠陀二十七宿：

　　Purvashadha（音譯：弗婆沙他）：這個星宿對應著射手座弓箭部位的恆星，其守護神是宇宙海洋之神 Apas，其符號是一組畚箕，象徵著不斷的變化，讓人興奮。

　　Uttarashadha（音譯：郁多羅沙他）：符號象徵是象鼻，這個星宿對應著射手座身體部位的恆星，守護的天神是十位提婆，象徵著謙卑與感激。

中國三垣二十八宿：

　　射手座的範圍相當大，在中國的星官中包含了二十八宿中的箕宿（射手的弓箭）、斗宿（射手的身體），射手的頭部則是同樣屬於斗宿的建星官，下方的腳的位置則是天淵星官。

射手座的恆星

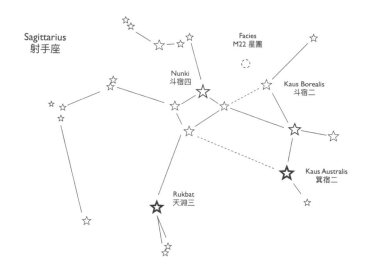

☆ 斗宿二（Kaus Borealis）

恆星名	λ Sagittarii / Kaus Borealis / 斗宿二
亮度	2.8
回歸黃道位置	2020 摩羯座 06 度 36 分 2000 摩羯座 06 度 16 分 1980 摩羯座 06 度 02 分 1960 摩羯座 05 度 45 分
恆星位置	射手的弓上靠近黃道的恆星。
恆星特質	握緊、控制、力量。

恆星詮釋

斗宿二是射手座手中所持的弓中最北邊的一顆星，分別有三顆星象徵著這把弓，分別是北弓（Kaus Borealis）、中弓（Kaus Media）、南弓（Kaus Australis）。他們名稱當中的 Kaus 源自於阿拉伯語 Qaws，意思是弓，而在 Kaus 後面則加上象徵北、中、南的拉丁文。儘管本書僅列出斗宿二，事實上箕宿三（Kaus Australis）、箕宿二（Kaus Media）也可以套用斗宿二的詮釋。

阿拉伯人稱這些射手座的恆星為沙漠中的鴕鳥（Al Thalimain），包括了箕宿一、箕宿二、箕宿三這三顆星，被稱為 Al Na'am al Warid，離去的鴕鳥；斗宿六、斗宿四附近的恆星稱為 Al Na'am al Sadirah，歸來的鴕鳥；斗宿二與斗宿一則被稱為 Ra'i al Na'aim，鴕鳥的管理者。由於在巴比倫神話當中，金星女神伊詩塔手上持有弓箭，所以這個部分也被視為女神手上的武器。

托勒密認為射手手上與弓附近位置的恆星，具有火星與木星的性質，艾伯丁認為這個恆星象徵帶來進取的態度與正義感，並意味著理想主義與人道主義；莫爾斯博士則認為這個恆星結合了力量與靈活。

在中國的二十八宿中，斗宿是北方玄武七宿的第一個星宿，又稱為南斗，與北斗七星相互呼應。這個星官在天空中的位置，是在星座射手座的弓與腹部的區域，《開元占經》中提到：「斗主爵祿，褒賢達士，故曰直；建星以成輔，又曰斗；主爵祿功德祥歲，周受分，和陰陽。」在中華文化的紫微斗數中，星官與斗

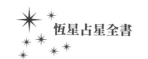

宿的恆星對應，斗宿二象徵著紫微斗數中的天相星，斗宿四應該就是其中的天機星。

偕日升星：可能對管理控制有些天賦，人生使命也可能與管理控制的事物有關。

偕日降星：在達成個人目標之前，此人必須先擁有毅力與耐心，學習管理對達成人生目標有相當大的幫助。

對準上升、下降、天頂、天底的黃道度數（或位在實際星空的軸點）：有能力取得重要事物，但需要學會管理與控制，並且找到真正蘊藏在內心的勇氣。

與行星共軸或對準（合相）：

日：憑著對事物的控制與管理而獲得成就。

月：了解情緒感受也能帶來力量，並學會如何應用。

水：將言語文字作為一種工具，學會溝通的技巧將獲得榮耀。

金：善用你的魅力與人際關係以完成你的使命。

火：力量並不是粗暴魯莽，完美的控制力度才可更精確的達成目的。

木：觀察社會上的權力、控制與鬥爭，並明瞭如何在其中獲得地位。

土：權力讓人無法敵擋，而你需要謹慎的面對與應用。

天：對於控制操弄感到厭惡，渴望能打破這樣的局面，卻也需透過反叛而取得權力。

海：在他人無法理解的無形事物上帶來影響與控制的力量。

冥：你的恐懼與控制操縱有關，這也是你面對競爭的利器。

凱龍：人生的傷痛必須在放縱不羈與中規中矩中找到均衡

月交：在不受約束與屈服中了解人生的智慧。

☆ 斗宿四（Nunki）

恆星名	σ Sagittarii / 射手座 σ / Nunki / Sadira / 斗宿四
亮度	2.05
回歸黃道位置	2020 摩羯座 12 度 39 分 2000 摩羯座 12 度 23 分 1980 摩羯座 12 度 06 分 1960 摩羯座 11 度 49 分
恆星位置	射手握住弓弦的手。
恆星特質	力量、控制、緊繃。

恆星詮釋

在巴比倫時代，射手、摩羯、水瓶、雙魚一帶的恆星被稱爲水神恩奇的海洋之星，斗宿四在當時就被定名爲 Nunki，而國際天文聯合會也以此稱呼斗宿四，阿拉伯人則稱這一帶的恆星爲「歸來的鴕鳥」。在天空上，斗宿二、斗宿四、斗宿六、箕宿一、箕宿二、箕宿三組合成一個看起來像是茶壺的圖像，許多天文觀測者也都會這樣介紹這組射手座的恆星群，而其中斗宿二與斗宿四非常靠近黃道，所以有機會眞的與行星產生「合相」，在 1981 年的時候，金星便曾經合相斗宿四。

前面提到過，在中華文化的紫微斗數中，星官與斗宿的恆星對應，斗宿四應該是其中的天機星，斗宿二則象徵著天相星。

托勒密定義這一帶的恆星具有木星與水星的特質，羅伯森認爲帶來眞誠、樂觀與對宗教虔誠的態度，莫爾斯博士則認爲斗宿四可能扮演著商業機構或政府權威機構的發言人，也可能是權威人士。

偕日升星：充滿力量與精神，一旦面對挑戰時總是處於一種緊繃的狀態。

偕日降星：若想要獲得成功、完成人生的使命，就必須認識力量、學會力量的應用與控制。

對準上升、下降、天頂、天底的黃道度數（或位在實際星空的軸點）：力量

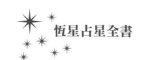

不一定是呈現在肌肉上，任何形式的力量都可能呈現，而如何施展與控制自己所擁有的力量相當重要。

與行星共軸或對準（合相）：

日：你的熱情活力與領導精神能替周圍的人帶來力量。

月：了解情緒感受如何運作，這些看似細微的事物將帶來成就。

水：具備強而有力的言語或聲音，若善用這樣的天賦，可在職業上獲得成就。

金：你擅長處理情感議題與人際關係，並藉此獲得你想要的。

火：對於你擁有的強大力量，必須知道怎樣去應用與控制。

木：信念與信任帶來一種成長的強烈動力，了解宗教與社會機構如何影響和控制社會。

土：成為權威，運用影響力去改變這個社會，或者達成個人的目的。

天：違背潮流，走向不同的道路，並藉此獲得力量。

海：對事物的全神投入可帶來精神上的力量。

冥：力量隱藏在一層又一層的失敗與傷痛之下，必須去挖掘出來。

凱龍：智慧與平衡是一種力量，需要人生的體驗來獲得。

月交：與人相處時，需在緊繃與放鬆之中學會控制。

✷ M22 星團（Facies）

恆星名	M22 星團 / 梅西耶 22 星團 / Facies
亮度	5.1
回歸黃道位置	2020 摩羯座 08 度 36 分 2000 摩羯座 08 度 19 分 1980 摩羯座 08 度 02 分 1960 摩羯座 07 度 45 分
恆星位置	射手的頭。
恆星特質	盯緊、凝視。

恆星詮釋

這個在西元 1655 年才被天文學家觀察並且列入紀錄的星雲，並沒有出現在古代占星師的紀錄當中。在羅伯森的書中，他提到這個位於射手座臉上的星雲具有太陽和火星的性質，會導致失明、視力下降，基本上羅伯森認為所有星雲都會導致失明，除此之外還包括了疾病、事故和暴力死亡。

M22 星團是射手的眼睛，一個弓箭手需要有精準的眼力，以及能夠看清目標的能力，也象徵著一個人瞄準目標之後，緊接而來可能發動的攻擊。這個星團也暗示著緊盯著獵物或目標不放。

偕日升星：先天上擁有一種清楚辨別重要目標的能力，專注緊盯著目標。

偕日降星：在獲得成就之前必須學會的能力，是緊緊盯著所追求的目標，而且不輕易放手。

對準上升、下降、天頂、天底的黃道度數（或位在實際星空的軸點）：這個星團落在軸點，可能暗示著一種專注力，這種專注力可帶來成就，也可能帶來生活的壓力與困擾。

與行星共軸或對準（合相）：

日：專注於自身所追求的事物，必須全神貫注才能獲得成就。

月：對於情緒感受相當敏感，也可能展現在對親人的緊密關注上。

水：擁有明察秋毫的觀察力與針鋒相對的辯論能力。

金：在情感或人際關係上的熱情專注，有時可能會忽略他人的感受。

火：當你專心一意在一個目標上時，就能獲得你想要的事物。

木：對於宗教採取一種檢視的態度。

土：擁有強烈的批判與辨識能力，如果你願意，沒有事情能逃過你的法眼。

天：從不同的角度觀察事物，將帶來全新的視野。

海：全神關注在那些看不見的事物上，可能是精神發展領域、藝術領域或細

微的生物。

冥：看見他人看不見的細節，並專注其中。

凱龍：了解傷痛如何造成，或許可以獲得療癒的方式

月交：對於人際相處有著敏銳的觀察力，你知道人們要的是什麼。

✶ 天淵三（Rukbat）

恆星名	α Sagittarii / 射手座 α 星 / Alrami / Rukbat / Ruchbah
亮度	3.96
回歸黃道位置	2020 摩羯座 16 度 55 分 2000 摩羯座 16 度 38 分 1980 摩羯座 16 度 21 分 1960 摩羯座 16 度 05 分
恆星位置	射手的膝蓋。
恆星特質	穩定、扎實。

恆星詮釋

Rucba、Rucbah、Rukbah and Rucba，這些名字都來自於阿拉伯文 rukbat al-rāmī，意即弓箭手膝蓋的意思，也稱作 Alrami。事實上在仙后座也有一個恆星叫 Rukbat，象徵著皇后的膝蓋，由於兩星名字重複，所以在 2016 年時國際天文聯合會召開相關議題的討論，將 Rukbat 作爲 α Sagittarii 的名字，而將仙后座的 Delta Cassiopeiae 命名爲 Ruchbah。

托勒密認爲射手腳部的恆星與木星、土星有關，除此之外，少有占星師提到這個恆星。木星與土星可以作爲發展與穩定的考量，我們可以試想，弓箭手的膝蓋象徵著一種穩定的下盤，弓箭手穩定的站姿有助於瞄準目標，象徵著一種穩定的基礎，從這樣穩定的基礎中才可讓事物得以發展。

在中國古代星象圖中，射手座南方的星星爲天淵星官，根據《開元占經》的描述：「天淵十星，在鱉東南，九坎間；一名天淵，一名天海，主灌漑之官。」

象徵著水域與灌溉。

偕日升星：先天環境相當重視基礎，在成長過程中培養出重視穩定的態度。

偕日降星：面對挑戰時，將透過嫻熟的基礎而達成目標，並以此獲得成就。

對準上升、下降、天頂、天底的黃道度數（或位在實際星空的軸點）：這是一個與穩定有關的恆星，象徵著一種穩定、扎實、不浮誇的生活態度。

與行星共軸或對準（合相）：

日：透過扎實的訓練而獲得榮耀與成就。

月：重視生活需求的基礎層面，強調穩定的生活。

水：重視學習的基礎，按部就班的學習。

金：無論外界如何變化，強調情感互動的穩定性：

火：想要取得自己想要的事物，必須一步步穩定踏實前進。

木：心中的理想需要建構在穩定的基礎上。

土：即使有遠大的目標也必須強調安全感與穩定的生活。

天：在凡事講求快速的環境中，你的按部就班顯得特殊。

海：若對藝術與精神成長有興趣，將需要從基礎開始探究。

冥：不穩定的環境將帶來心中的隱憂。

凱龍：在療癒的過程中追根究底的回到源頭。

月交：一步一步踏實的走向人生成長的道路。

摩羯座

星座詮釋

在希臘羅馬神話中，摩羯座的緣起多半被說成是牧神潘恩變化而來，潘恩的

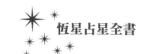
型態是山羊人，所以也被稱爲山羊神。某日眾神在尼羅河舉辦宴會，但是令眾神恐懼的怪獸泰豐（Typhon）突然出現，令眾神倉皇逃跑，愛神阿芙蘿黛蒂（維納斯）將自己與兒子厄洛斯（邱比特）變成兩條魚跳進尼羅河中，潘恩也跟著跳進河中，卻因不擅長游泳而被淹死，死後被放置在天上紀念。

在巴比倫時代，摩羯座一直都以羊頭魚尾的形象存在著，被稱爲MULSUḤUR.MAŠ，意思是山羊魚，且被說成是天神伊亞（Ea）的化身，來到這世界開創文明。伊亞被蘇美人稱爲恩奇，是重要的神明之一，掌管海洋，在天空中祂象徵著比較南方的天空，亦是創世神之一，掌管智慧、文明與水。在埃及，這個形象一直被保留著，不過對應的神卻從伊亞變成了智慧之神托特（Thoth），或是水之女神努恩（Nun），並保留了帶來智慧及水所帶來的潔淨連結。

曼尼留斯認爲摩羯座受到灶神維斯塔的守護，擁有許多的天賦與技能，特別是跟火、礦物還有冶煉金屬有關的技能；生活與思想總是不停歇、不斷漂移著。托勒密認爲摩羯座的頭角具有金星的特質，並帶一點火星，摩羯嘴部的恆星像是土星與金星，腹部與腳部則是火星與水星，而尾巴上的恆星則具有土星與木星的特色。

阿拉伯月宿（Manzil）：

Al Sa'd al Dhabih：這個星宿稱爲「屠夫的好運」，據說是在阿拉伯屠宰牲口的祭典時刻的恆星，對於就醫、用藥、旅行有幫助，也適合建立合夥關係。

吠陀二十七宿：

儘管吠陀占星學中的「沙羅波那」、「但你瑟陀」兩個星宿被列在摩羯座中，但實質上對應的恆星是天鷹座與海豚座，所以不在此論述。

中國三垣二十八宿：

在中國的星官中，摩羯座的恆星包括了二十八宿中的牛宿與南方的壘壁陣。牛宿與女宿其實是七夕神話中牛郎織女故事的最早原型，後來被對應到較爲明亮的織女星與河鼓二。壘壁陣是一個涵蓋範圍相當大的星官，位在黃道的南方區

域，涵蓋摩羯、水瓶到雙魚的部分，象徵著軍事陣營的防禦工事。

摩羯座的恆星

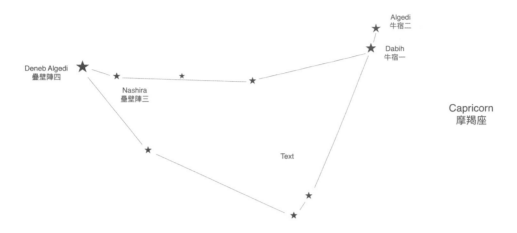

✯ 牛宿二（Giedi）

恆星名	α Capricornus / 摩羯座 α / Algedi / Algiedi / Al Giedi or Giedi / 牛宿二
亮度	4.27
回歸黃道位置	2020 水瓶座 04 度 08 分 2000 水瓶座 03 度 51 分 1980 水瓶座 03 度 35 分 1960 水瓶座 03 度 18 分
黃緯	+06 度 56 分
恆星位置	山羊的角。
恆星特質	文明、規範、奉獻。

恆星詮釋

　　這個恆星象徵著山羊的角，在國際天文聯合會當中的命名是 Algedi，其實這個恆星的其他名稱都與這個字有關，來自於阿拉伯文的 al-jadii，意思就是山羊。

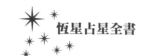

托勒密認爲山羊頭部的恆星具有金星與火星的特質，羅伯森認爲帶來了仁慈犧牲與奉獻。我們在詮釋摩羯座恆星時，可以很簡單的從這個星座所象徵的古老文明神話來詮釋，例如：制度、規範、文明。在中國，這個星官稱爲牛宿，《史記・天官書》中記載：「牽牛爲犧牲。」儘管這看起來與羅伯森的部分詮釋相似，不過我們要了解這裡「犧牲」的意思，是祭祀用的牲口，意指牛宿是祭祀時要用到的牛羊牲口的象徵。

偕日升星：具有一種偉大的情操，將畢生的生命奉獻給重要的事物。

偕日降星：爲了達成目的，必須了解犧牲與奉獻的眞正意涵，以及犧牲是否有價值？

對準上升、下降、天頂、天底的黃道度數（或位在實際星空的軸點）：十分強調生活中的規矩與規範，對於制度相當尊重，相當重視生活中的儀式感。

與行星共軸或對準（合相）：

日：爲了遠大的目標努力付出，可因而獲得榮耀。

月：重視生活中的滋養與哺育，家庭中環繞著犧牲奉獻的主題。

水：言語溝通講求架構、秩序或規律，相當適合應用在教學或研究中。

金：爲了情感或友誼心甘情願的付出，甚至爲了更大的目標而放棄個人生活的舒適。

火：想取得某些你想要的事物，可能必須付出相同的代價。

木：對文化與文明制度相當有興趣深入研究，可從中受益。

土：古老的文化與制度將深刻影響你的生活。

天：對於文明與制度有著不同的見解，或許被許多人視爲叛逆。

海：可能爲了追求信仰或藝術的表現而付出代價。

冥：在犧牲與奉獻中，似乎暗藏了一種操縱與控制。

凱龍：犧牲的議題將引起兩極化的反應，可能讓人感到自私冷漠，或是無私的奉獻。

月交：從相當現實與客觀的角度，觀察人與人之間關係的互動。

☆ 壘壁陣四（Deneb Algedi）

恆星名	δ Capricornus / 摩羯座 δ / Deneb Algedi / 壘壁陣四
亮度	2.81
回歸黃道位置	2020 水瓶座 23 度 49 分 2000 水瓶座 23 度 32 分 1980 水瓶座 23 度 15 分 1960 水瓶座 22 度 59 分
恆星位置	山羊的尾。
恆星特質	制度、規範、領導。

恆星詮釋

壘壁陣四的英文名稱來自於阿拉伯文 Danab al-jady，al-jady 或 Algedi，意思是公羊，而 Deneb 則是尾巴。他描述著擁有魚尾巴的公羊形象，亦是摩羯座中最明亮的恆星。

托勒密說這個恆星具有木星與土星的性質，而羅伯森認為這個恆星帶來一些相對的性質，像是仁慈與破壞，悲傷與幸福，生與死。布雷迪博士則認為這是摩羯座的重要恆星，因此基本上都以摩羯座的重要意涵來詮釋。

巴比倫天神恩奇（Enki）從海中來到人間，開創了文明與制度，也因此，這個恆星被認為與律法與制度有關。這個恆星的影響可能暗示著帶來組織架構的能力，成為某個領域的先驅，也可能具有某種程度的領導力或權威。不過別忘了，在巴比倫人的眼中恩奇也是知識之神，這些意涵都可以列入我們詮釋的參考。

壘壁陣星官有時也寫作壘壁障星官，屬於二十八宿的室宿的範圍，它象徵在南方天空中軍營四周的防禦工事。壘壁陣星官所包含的恆星分佈於雙魚座、水瓶座與摩羯座當中。

偕日升星：可能成為某個領域的先驅，這些領域並不一定完全的是世俗或物質領域。

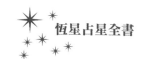
偕日降星：可能透過規範與法律的挑戰，促使個人開創屬於自己的組織。

對準上升、下降、天頂、天底的黃道度數（或位在實際星空的軸點）：生活中強調規律與完整，在知識與執行態度上強調全面，而非片面或表面。

與行星共軸或對準（合相）：

日：以穩健的領導風格帶領眾人，可獲得尊敬與榮耀

月：生活中強調按部就班的態度，不會因為小事就隨便。

水：可能成為兄弟姊妹或鄰里之間的領導者，因為言語文字而獲得尊敬。

金：可能扮演群體中的領導者，在感情上實事求是。

火：行動上強調穩定踏實，一步一步慢慢來。

木：有著相當實際的人生哲學，可能成為某方面的思想領袖。

土：生活中強調規矩、權威與領導，無法接受混亂的局勢。

天：儘管總是扮演叛逆者的角色，一旦成為領導者也會十分的重視權威。

海：可能成為某個團體的精神領袖，或在藝術與精神成長的領域扮演領導者。

冥：內心對於領導地位與權威有著深度的渴望。

凱龍：與傷痛療癒的主題和權威所帶來的傷害有關。

月交：有能力將人們組織起來，並扮演領導者的角色。

水瓶座

星座詮釋

在希臘神話中，與水瓶座有關的神話通常都和宙斯有關，當宙斯看中了英俊的特洛伊王子甘尼梅德（Ganymede），於是便化身為老鷹將他抓到天界，並任命他在宴會中替眾神倒酒（甘露）。宙斯所化身的老鷹變成天鷹座，甘尼梅德則

166

成為水瓶座，在星空中，天鷹座就在水瓶座的附近，由此我們可以理解這兩個星座在希臘神話中的關聯。

根據埃及丹達拉哈托神廟的黃道星圖的標示，我們知道在埃及人眼中，水瓶座象徵著尼羅河的洪水之神哈匹（Hapi），在圖騰中的他則是拿著兩個噴出泉水的水瓶。

許多人都認為水瓶座之所以具有持水人的形象，是因為當水瓶座成為偕日升星時，尼羅河流域開始氾濫，然而相似的持有水瓶的神的形象，也出現在巴比倫的星曆當中，這個星座的水伕形象更為古老，巴比倫人稱水瓶座 Mul Gu La，意即「偉大的人」（The Great One），這是水神與智慧之神恩奇的其中一個化身。

曼尼留斯認為水瓶座被賦予許多與水有關的技能，例如從地下引導泉水，改變水流的路徑，建造人工湖、模擬沙灘與大海、建構運河以提供遠方的民生用水。受到水瓶座影響的人，對於找出泉水的工作永遠不會厭倦，他們是溫和可親的，他們不卑鄙，但可能因為失去而傷痛；他們不需要財富，也不需要過剩。托勒密認為水瓶座肩膀上、左手與臉上的恆星都具有土星與水星的特質，大腿上的恆星則是水星與土星，水流中的恆星則接近土星與木星。

阿拉伯月宿（Manzil）：

Al Sa'd al Bula：這個星宿位在水瓶座女宿，稱為「吞噬者的好運」，有利於醫療、旅行、治裝珠寶等。

Al Sa'd al Su'ud：這個星宿以水瓶座的虛宿一為定位，同時也是虛宿一名稱的根源，稱為「好運中的好運」，對於出兵以及醫療有益處。

Al Sa'd al Ahbiyah：這個星宿稱為「隱藏者的好運」，對於南方的旅行有益，對於追捕敵人與圍城有幫助。

吠陀二十七宿：

Shatabhisha（音譯：舍多毗沙）：這個星宿對應著水瓶座的危宿，守護神是雨水與療癒之神伐樓拿（Varuna），對應的符號是空心的圓或蓮藕，帶來沉穩堅定的療癒。

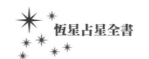
中國三垣二十八宿：

　　水瓶座一帶屬於中國北方玄武七宿中的女宿、虛宿與危宿。女宿與女性、編織、服飾製作有關；虛宿與祭祀有關；而危宿象徵著高處。水瓶的黃道南方則屬於軍事區域，包括了軍事防禦的壘壁陣以及駐紮的軍隊羽林軍。

水瓶座的恆星

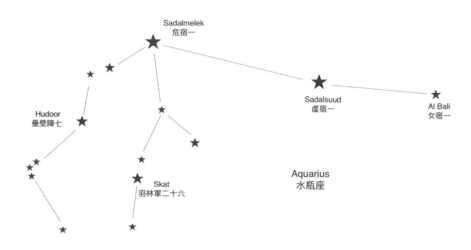

☆ 虛宿一（Sadalsuud）

恆星名	β Aquarii / 水瓶座 β / 虛宿一 Sadalsuud
亮度	3.1
回歸黃道位置	2020 水瓶座 23 度 40 分 2000 水瓶座 23 度 23 分 1980 水瓶座 23 度 07 分 1960 水瓶座 22 度 50 分
恆星位置	水瓶座的左肩。
恆星特質	滋潤、審慎、觀察自然變化。

恆星詮釋

　　當我們回到古老的巴比倫文化中，這個位置是巴比倫人認為雨季的象徵，當

虛宿一在日出前升起時，是溫和的冬季，同時雨水開始降臨，這也代表著大地與麥田開始得到適當的氣候與水分灌溉，氾濫的河水帶來肥沃的土壤，因此這顆星在阿拉伯、埃及、巴比倫人的眼中被視爲幸運之星。

在阿拉伯文中，水瓶座肩膀上的兩顆恆星都有幸運的意思，左邊肩膀的虛宿一（Al Sa'd al Su'ud）翻譯成「幸運者中的幸運者」，有著最幸運的意思。托勒密認爲位在水瓶座的這兩個恆星都帶有土星與水星的意涵，羅伯森則給予帶來麻煩與恥辱的意義。如果我們從不同的角度來檢視水星與土星何以能夠帶來幸運，或許這個恆星的位置已暗示著謹愼的觀察與分析。

虛宿一在中國古代星官系統中，屬於北方玄武七宿中的虛宿。「虛」字不但指著北方，同時也有廢墟的意思，也與祭祀有關。

偕日升星：具有觀察自然界變化的天賦，追隨自然的法則，在合宜的時間、地點做出合宜的事。

偕日降星：學會追隨自然的腳步，這並不代表什麼事都不做，而是在適當的時機時耕耘和爭取。

對準上升、下降、天頂、天底的黃道度數（或位在實際星空的軸點）：具有謹愼且精細的觀察能力，可察覺周圍環境的律動與變化。

與行星共軸或對準（合相）：
日：好運來自於傾聽大自然的訊息，在適當的時機取得成就。

月：根據自然的韻律作息將有益身心健康。

水：傳遞來自於宇宙的變化與自然律動的訊息。

金：了解人與人之間相處的分寸，可藉此帶來好處。

火：不衝動、不莽撞，只在對的時機採取合宜的行動

木：受到自然變化的啓發，並由此豐富你的人生。

土：謹愼觀察與衡量周遭發生的事情，將可帶來好處。

天：變化雖然隨時隨地都在發生，但你清楚的知道什麼時候發生的變化可以

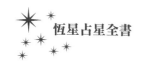

對你有利。

海：了解自身的定位與處境，從此處出發探索人生。

冥：儘管在黑暗中，你仍能知道何時是採取行動的最佳時刻。

凱龍：仔細權衡思考，有些事情過與不及都會帶來傷害。

月交：追隨著大自然的腳步，走上成長的道路。

✭ 危宿一（Sadalmelek）

恆星名	α Aquarii / 危宿一 Sadalmelek
亮度	2.91
回歸黃道位置	2020 雙魚座 03 度 37 分 2000 雙魚座 03 度 21 分 1980 雙魚座 03 度 04 分 1960 雙魚座 02 度 48 分
恆星位置	水瓶座右肩扛著水瓶的地方。
恆星特質	灌溉、滋潤、言行謹慎。

恆星詮釋

危宿一的英文稱呼源自於 Al Sa'd al Malik，意即「國王的幸運者」，有時也稱爲 Al Sa'd al Mulk「王國的幸運」。水瓶座的 α 星是右邊肩膀揹負水瓶的部位，象徵著負責承載裝有生命之水與智慧之水的瓶子，也象徵著灌溉，像是實際的農業園藝灌溉的動作，或是作爲文明文化教育的灌溉者。

托勒密認爲這顆恆星有著水星與土星的意涵，而羅伯森進一步詮釋爲帶來極端的迫害訴訟、突然的極端破壞，或許這是他眼中的水星和土星詮釋，不過他也解釋了阿拉伯人認爲這個恆星的幸運象徵，在於那些隱藏起來的事物與隱藏起來的地方。

危宿是中國二十八宿中北方玄武的星官，危，是屋棟之上的意思。《史記索隱》中引《禮記》稱：「中屋履危，蓋升屋以避兵也。」《史記・天官書》：

「危爲蓋屋。」《晉書・天文志》：「危三星，主天府市架屋。」在《說文》中，「危」的本字象徵著山、山巔、崖際，高處的意思，這裡的星座也正好位於黃道低處高升的地方，像極了山崖與屋頂，因此普遍被認定象徵著營造、營建等。由於這個區域的下方稱爲羽林軍，所以這個位置的營造工事被說成是軍事營造，是爲了便利軍事行動而做的準備營造工作。

　　偕日升星：無論是文明、教育或是家族文化的傳承，對於言語、文字、紀律有著嚴格的要求與責任感。

　　偕日降星：面對人生挑戰時必須注意自己的發言，堅持對自己說過的話負責，才有可能進一步達成目標。

　　對準上升、下降、天頂、天底的黃道度數（或位在實際星空的軸點）：特別注意自己的發言，特別是那些給予過的承諾，以及長輩和前輩們的提醒。

　　與行星共軸或對準（合相）：

　　日：肩負著傳承的使命，用心灌溉經營可獲得成就。

　　月：願意在生活中辛勤灌溉、栽培自己所經營的事物。

　　水：透過言語文字進行教育的灌溉與傳承。

　　金：享受友誼與情感的滋潤，沐浴在友善的環境中。

　　火：積極的進行工作與文化上的傳承。

　　木：思想與智慧的傳承對你來說相當重要。

　　土：尊重傳統，謹慎的教育下一代，並將之視為責任。

　　天：以科技作爲薪傳的工具，並與眾人分享。

　　海：以藝術作爲媒介，進行文化的傳承。

　　冥：祕密守護著重要的生活文化資產。

　　凱龍：具有強烈的教育使命感，樂於分享知識。

　　月交：樂於與他人分享經驗，人們都喜歡環繞在你周圍。

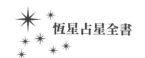

★ 羽林軍二十六（Skat）

恆星名	δ Aquarii / 羽林軍二十六 Skat
亮度	3.27
回歸黃道位置	2020 雙魚座 09 度 09 分 2000 雙魚座 08 度 52 分 1980 雙魚座 08 度 35 分 1960 雙魚座 08 度 19 分
恆星位置	水瓶座的右腳。
恆星特質	幸運、希望、智慧。

恆星詮釋

這個恆星的名字有許多不同的淵源，甚至在十六世紀的阿拉伯紀錄中，與室宿二有著同樣的名稱 Scheat，這在當時是常見的，不過更常用的名稱 Skat，據信是來自於阿拉伯文的 Al saq，「脛骨」的意思。也有占星師認為這個恆星的名字相當接近另一個阿拉伯文 ši'at，意思是「希望」。

托勒密認為這個恆星具有木星與土星的性質，羅伯森也認為這個恆星帶來好運與長久的幸福。占星師諾蘭也有同樣的看法，甚至特別強調在洪水之中的幸運。

這是屬於水瓶座水流經過的區域，眾神的酒也象徵著生命的泉源以及智慧之水，就如同東方神話中的甘露，也因此，我們可以將這附近的恆星（包括危宿一、羽林軍二十六與壘壁陣七）視為是生命的泉源或智慧之水的象徵。

在中國的星空中，羽林軍象徵著天空中守護皇城的禁衛軍，這一帶的天空明顯的具有軍事意涵，從摩羯座開始的壘壁陣象徵著防禦工事，而這裡則有著軍隊──羽林軍。

偕日升星：天生有著好運與實際的態度，也可能是先天環境培養出的樂觀與踏實。

偕日降星：在面對挑戰時必須保持著踏實的態度，同時不要放棄希望，全然

寄託於好運並不會有太大的幫助。

對準上升、下降、天頂、天底的黃道度數（或位在實際星空的軸點）：踏實與和善的態度或許是幸運的根源，生命中有許多的好運，特別是在困境之中能夠翻轉的幸運。

與行星共軸或對準（合相）：

日：重視生活的智慧，也從中獲得榮耀。

月：情感的感覺和感受，就像水一般滋潤著你的生活。

水：以言語文字滋潤生命，替人們帶來樂觀與希望。

金：享受友誼與人際關係的幫助，需要協助時總會有貴人出現。

火：熱心公益，對於需要幫助的人總會伸出援手。

木：樂於分享知識與智慧，帶給周圍的人們啟發與成長。

土：謹慎的判斷可帶來好運，樂於將自身經驗與他人分享。

天：突然的改變可帶來幸運，甚至走向不同的命運道路。

海：在精神成長與藝術領域中，總能受到他人的幫助。

冥：好運藏在別人看不見的細節當中。

凱龍：以滋潤生命的態度進行療癒。

月交：在人生的路途上與人們彼此幫助。

南魚座

星座詮釋

在巴比倫時代，這個星座的名稱是 MUL.KU，如同一隻魚的形狀。亞述人則將這個星座視為魚神大貢（Dagon），Dagon 這個字從相當古老的時候就象徵著魚，大貢的上半身是人形，下半身是魚，不僅是魚類的守護神也與繁衍有關。

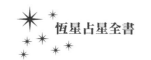

在上古的洪水神話中，出現了一隻大魚，將方舟拖到安全之處，另一個版本則是大魚喝掉了大量的洪水，使得洪水消退，陸地得以浮現。

　　希臘人將它視爲維納斯化身成一隻魚在水中悠遊的象徵，維納斯與魚的連結有許多傳說，這也與地中海一帶漁民的古老信仰有關。在地中海一帶的海岸，有著在每星期五（金星日）崇拜海洋維納斯以及吃魚的風俗，這個風俗被天主教吸收，成爲週五吃魚紀念耶穌受難的習俗。西元一世紀的占星師曼尼留斯認爲，南魚座升起時，誕生的人將具有非常強的捕魚能力，或是能從海中獲取珍珠等財富，在海岸上發揮自己的能力、牟取利潤。托勒密並沒有詳細描述南魚座，但是拜爾指出，南魚座具有土星本質，有著雙魚座的影響力。

中國三垣二十八宿：

　　位於黃道南方的領域，古代中國占星師認爲這個區域是抵擋外夷入侵的軍事領域，包括了駐紮的羽林軍，以及軍營的營房、門口的北落師門，在更南方還有「天錢」星官與主管災禍的「敗臼」。

南魚座的恆星

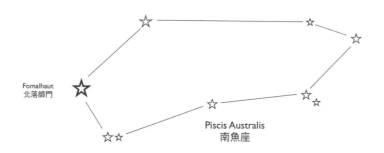

✮ 北落師門（Fomalhaut）

恆星名	α Piscis Austrini / 北落師門 Fomalhaut
亮度	1.16
回歸黃道位置	2020 雙魚座 04 度 08 分 2000 雙魚座 03 度 51 分 1980 雙魚座 03 度 34 分 1960 雙魚座 03 度 18 分
黃緯	-21 度 08 分
恆星位置	南魚座的嘴。
恆星特質	神祕、滋潤、靈性的啓發。

恆星詮釋

　　Formalhaut 源自於阿拉伯文 Fum al Hut，意爲「魚嘴」。南魚座位於水瓶座的腳下，在巴比倫神話中，水瓶座象徵著智慧之神與水神恩奇，他手上拿著不斷冒出生命泉源的水瓶，而南魚就在天神的腳底下張開嘴，飲用著水瓶中的生命之水。這個圖像的意涵很清楚的告訴我們，這個恆星接受著上天智慧的滋潤。

　　有許多占星師說這是波斯人的南方守護之星，天空南方的開口。根據文獻，將北落師門、軒轅十四、心宿二與畢宿五這四顆稱爲「皇家之星」的稱呼，最早可以追溯至十七世紀的法國神祕學者，在此之前並沒有這樣的說法，不過，北落師門的確與巴比倫與波斯時期的多至定位有關。而早期的希臘人將農業女神狄蜜特在厄琉西斯（Eleusis）的神廟與此星對應，也因此有著豐盛生產力的象徵。

　　根據托勒密的定義，這個恆星有著金星與水星的性質，羅伯森認爲這個恆星帶來相當大的幸運與崇高的性質，但也會帶來惡意，並引領人們從物質走向精神的啓發。德國占星師艾伯丁則認爲這個恆星帶來大好與大壞的極端影響，我們必須從星盤中的影響來做進一步的觀察，例如與水星產生關聯時，可能會激發人們的智性；而當代的占星師布雷迪博士則認爲這個恆星與幻想力、神祕事物有著密切的關聯。我認爲根據南魚飲用生命之水智慧泉源的形象，這個恆星象徵著去接受來自上天的啓發，學會接受、接納，從自然環境中得到的智慧就是一種魔法。

中國人稱此星為「北落師門」，位在壘壁陣及羽林軍的下方，是天國的北境，象徵若有動亂時，軍隊在此集結準備出師。

偕日升星：從自然變化中獲得靈感，但也可能沉迷於某些事物之中，在不經意與不強求的情況下可能獲得好處。

偕日降星：強求並不能替自己帶來好處，強留下某些事物並不會達成自己的目的。

對準上升、下降、天頂、天底的黃道度數（或位在實際星空的軸點）：學習接受自然的啟發、心靈的提升，對逝去或留不住的事物採取順其自然的手段，並從中學習到生活的智慧。

與行星共軸或對準（合相）：

日：仔細聆聽，學會接納，透過接受自然的脈動與思想的啟迪而獲得成就。

月：在現實生活與精神領域之間穿梭，並且得到滋潤。

水：與精神世界、奇幻世界有著強烈的連結，靈魂穿梭往來兩個世界。

金：展現你對於美還有藝術的鑑賞力或天份。

火：容易受到文學藝術上的刺激而進一步的展現自我。

木：充分享受思想文化領域的滋潤與薰陶，從中如魚得水。

土：別抗拒充滿幻想的世界，那將會帶來一些重大的啟發。

天：從奇幻的國度中得到如何突破困境的啟發。

海：沉浸於精神領域以及想像的天地，逃離現實生活的壓力。

冥：有著不為人知的神祕面向，在神祕學領域中獲得力量。

凱龍：容易展現高度幻想或極為現實的兩極化，並試圖將兩股力量整合。

月交：奇幻的精神領域將是重要的生命歷程。

案例：姜恩截然不同的投資視野

　　在財經占星學界與投資理財人士當中，姜恩（台灣稱作甘氏）是一位傳奇人物，學習財經占星的人或許都認識這位令人崇拜的傑出占星師，他的理論影響了占星師對財經市場的操作與看法，他跳脫了傳統的星盤詮釋，結合了週期與市場的觀察，甚至他無限創意的價格時間抵銷法都源自於占星的理論。

　　在姜恩的星盤中，月亮與天王星合相在上升獅子座 28 度，熟悉恆星的人都知道，這是獅子座的 α 星軒轅十四（Regulus）的位置，在他出生的時刻，月亮與軒轅十四一同升起並且真的合相（並非每一個 28 度獅子座的月亮都會有軒轅十四的共軸，也因為月亮特殊傾斜軌道，因此更少有真正的「合相」）。這個恆星象徵著獅子座的心臟，更是一種榮耀的象徵，他是巴比倫人的夏季定位星，從古至今都被視為與皇室榮耀有關的帝王之星。這個恆星也象徵一種成就，通常意味著軍事與政治上的成就，就算不是軍事政治方面的事物，仍可能是與成功和榮耀有關。但同時，這個恆星一直有個陰影，那就是報復與仇恨，擁有這個共軸恆星的人需要注意內心中的復仇念頭，有可能導致一切失敗。姜恩在投資上的成就，替他帶來了許多人的讚嘆和個人榮耀；更有趣的是，在同一天，當象徵著專業與考驗的土星從東方升起時，亦與南魚座 α 星北落師門（Fomalhaut）一同升起。

　　北落師門（Fomalhaut）、軒轅十四（Regulus）、心宿二（Antares）以及畢宿五（Aldebaran）都被稱作波斯人的皇家之星，儘管這是法國占星師杜撰的內容，但是在巴比倫人的時代，這四顆星分別是冬至、夏至、秋分、春分的定位星，對人類的生活有著重要的意義，也有著鮮明的個性與成就特色。

　　南魚座 α 星北落師門（Fomalhaut）象徵著一種人們對自然世界的深入探索，以及了解與自然共存的重要性。這也具有一種高度的視野，從宇宙的高度來看待事物，而非個人或人間的角度，這樣的人對神祕事物、神祕學有著強烈的敏感度，甚至擁有天啓的特色，他們的想像力獨特且豐富，就好像腦袋裡有一座仙境一樣。從我的角度來看，這完全符合姜恩這位用神祕學與行星位置來預測物質世界的期貨股票投資的傑出占星師，他的成就在占星與投資上無人能夠取代。

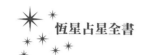

雙魚座

星座詮釋

雙魚座在巴比倫時代並非兩條魚，而是一隻魚與燕子的連結。雙魚座包括了網上的魚，以及大部分的仙女座，而位在黃道上橫行的魚，在巴比倫時代則是燕子，這也解釋了在早期阿拉伯人的星圖中，大部分的仙女座被劃入同一個星座。這個象徵著游向北方天空的魚，稱爲 Mul Anunitum，意思是「天界女神」，很明顯的，這象徵著重要的天界女神伊娜娜，掌管愛情、生殖繁衍、王國興盛、保護國王與贏得戰爭。如果更進一步了解這個典故，我們或許能夠理解爲什麼在傳統占星學中金星在雙魚座是擢升，因爲金星與雙魚座都是金星女神伊娜娜的代表。而北邊的魚座在巴比倫的占星學中，更與阿卡德帝國的首都阿卡德以及底格里斯河的命運興衰有關。

而雙魚座與金星女神的連結，甚至進一步的延續到希臘時代。在希臘神話中，我們最常聽到的是當怪獸泰豐大鬧天神在尼羅河的宴會時，愛神阿芙蘿黛蒂（維納斯）將自己與兒子厄洛斯（邱比特）變成兩條魚跳進尼羅河中，這個形象被描述成雙魚座的由來。

曼尼留斯認爲受到雙魚座影響的人熱愛海洋，將生命託付給海洋，擅長與海有關的活動與技術，也可能特別了解河流、氣候、風向的掌握，不僅是捕魚航行，也可能與海戰有關；具有敏捷的行動與友善的性格。托勒密認爲，在南邊魚的頭部具有土星的性質，也有某種程度的土星，身體是木星與水星，尾巴則是木星與金星，北邊的魚則是土星與木星。

阿拉伯月宿（Manzil）：

在阿拉伯月宿中沒有列在雙魚座的恆星，而以飛馬座取代。

吠陀二十七宿：

Revati（音譯：離婆底）：這個星宿的象徵是「魚」和「鼓」，守護神是印度的太陽神普善（Pushan），具有滋養的力量，守護與保護的特質，誠實正直與

充滿自我價值。

中國三垣二十八宿：

　　在中國的星空劃分中，雙魚座包括了一部分的壘壁陣，魚嘴的部分稱為霹靂星官，象徵著雷神，橫向的雙魚組成了外屏星官，象徵著遮掩，在左手邊的魚則有一部分屬於奎宿。

雙魚座的恆星

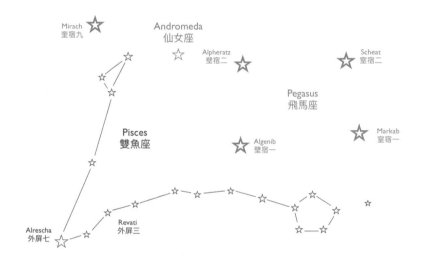

✪ 外屏三（Revati）

恆星名	ζ Piscium / 外屏三 Revati
亮度	5.28
回歸黃道位置	2020 牡羊座 20 度 09 分 2000 牡羊座 19 度 52 分 1980 牡羊座 19 度 36 分 1960 牡羊座 19 度 19 分
恆星位置	南邊雙魚座的尾。
恆星特質	豐盛、旅程、轉變。

恆星詮釋

在雙魚座的兩隻魚中，南方的魚位在黃道與赤道上，而雙魚座的外屏三就落在黃道上，在每年的 4 月 10 日前後，太陽會經過這個恆星並且與它真的合相。托勒密認為南方魚的尾巴有著金星與木星的性質。

這個恆星在 2017 年正式被國際天文聯合學會命名為 Revati，這是根據吠陀二十七宿中對應外屏三的星宿而命名。Revati 的意思是財富、富有的，而另一層意涵則是提升的，據說這個意涵是因為這是二十七宿中最後一個星宿的緣故。雙魚座一直有著在物質世界與精神領域中往來交融的意涵，來到魚尾時，象徵著一種即將到來的提升與轉化的狀態。

偕日升星：無論是物質上的豐盛或是精神與文化上的豐盛，將豐盛帶來這個世界是你的使命。

偕日降星：你該專注的並不是結果如何，而是將重點放在沿途的經歷與風景上，或許可能有許多衝突與掙扎，但也可能獲得充實享受。

對準上升、下降、天頂、天底的黃道度數（或位在實際星空的軸點）：可能帶來豐盛的物質生活，或是心靈上的富足，這個恆星邀請我們去享受與展現生命的豐盛與富有。

與行星共軸或對準（合相）：

日：宣告轉變的到來，讓人們看見世界可以不一樣。

月：情感與心靈上的豐盛與富有，可滋潤周圍的人。

水：具有語言和文字的豐富運用能力，並能夠在不同的語言中自在的切換。

金：人際關係是帶來豐盛與富有的契機，也可能是以飽滿的情感滋潤朋友。

火：敏捷的行動與轉變將可搶得先機。

木：豐富而且多元的生活，享受心靈與物質的富裕。

土：透過時間累積經驗，帶來生活上的豐盛。

天：人生的突然轉變將帶來豐富的生活體驗。

海：充分享受精神領域與藝術所帶來的美麗世界。

冥：看見黑暗，宣告危機的到來，並且看見危機所帶來的契機。

凱龍：在掙扎過後，傷痛將帶來截然不同的世界觀。

月交：精神上的成長可帶來豐富的人生旅程。

✬ 外屏七（Al Rescha）

恆星名	α Piscium / 外屏七 Al Rescha / Alrescha
亮度	4.27
回歸黃道位置	2020 牡羊座 29 度 39 分 2000 牡羊座 29 度 22 分 1980 牡羊座 29 度 06 分 1960 牡羊座 28 度 49 分
恆星位置	雙魚座繩索的中間點。
恆星特質	二元整合、連結。

恆星詮釋

Alrescha 是雙魚連結繩索的結，Al Rescha 來自於阿拉伯文的繩索（Cord），托勒密與希巴庫斯稱這個恆星的希臘文為 Sundesmos ton Ichthuon 或者 Ton Linon，意思是魚的「結」或者「繩索」。

這個節點是兩隻魚交會的接觸點，有一種轉折與連結的意涵，就像是不同道路的會合點，或是十字路口一樣，兩種不同事物的交會，或許是理想與現實，或許是理性與感性，或許是科學與藝術。這象徵著一個試圖尋找不同連結點的恆星，嘗試用多元不同的角度來看待事情，並把不同的分歧意見整合起來，同時也象徵著物質生活與精神生活的連結。

羅伯森引用托勒密的說法，認為南邊的魚是水星加一點土星特色，魚身是木星，魚尾比較像是土星帶有水星特質，北邊魚的魚身仍然具有木星特質，帶有些金星，而繩則是木星與土星。

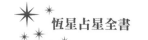

外屏是中國古代星官之一，屬於二十八宿中的奎宿，在奎宿的南方，拉起了一條直線擋住了南北兩邊，像是屏風或屏障一般。在它的南方的鯨魚座又稱為「天溷」星官，這是天界的豬圈或廁所，所以外屏意為「廁所的屏障」，用來阻擋髒臭穢物的屏障。

偕日升星：有天份去結合多元概念的環境，在現實中實現更偉大的理想，將理想做更實際的調整。

偕日降星：尊重多元的特質，懂得為了現實調整理想，也學會腳踏實地的實踐偉大的信念。

對準上升、下降、天頂、天底的黃道度數（或位在實際星空的軸點）：具備整合、連結不同事物的能力，在生活中可以將差距極大的的事物整合在一起。

與行星共軸或對準（合相）：

日：透過整合不同的事物，特別是那些極端不同的領域而功成名就。

月：在生活中充分應用自己的智慧，將不同的事物整合發揮新的功能。

水：在溝通中發揮重要的聯繫角色。

金：在不同的團體中扮演著聯繫的橋樑工作。

火：必須學會與他人合作而獲得成就。

木：有著多元的文化思想，可將其結合而提升自身的視野。

土：因為現實的考量，將不同的事物整併發揮最佳的功能。

天：能夠展現創意，將不同的領域整合在一起並帶來突破性的發展。

海：物質世界的變化能夠替精神世界帶來一些不同的啟發。

冥：透過隱密的行動而促成重大的結合。

凱龍：在療傷的過程中，需要同時考慮身體與心靈領域的整合。

月交：在人生的十字路口遇到許多不同的人，並將他們集合成為一個團隊。

Chapter 5

北半球的恆星

仙王座

星座詮釋

接下來我們將介紹屬於北半球星空的神仙家族，並從不同的社會文化角度來觀察這群星座。他們像是高高在上的統治階級（仙人），與平凡的人們（凡人）有著不一樣的想法與生活態度，特別是在絕大多數北半球的地區，這個位置的恆星都成為拱極星，且不會落入海平面之下。當恆星成為拱極星時，特別注意他們多半具有高度理想狀態，且對實際事務的考量與大多數人並不相同的特色。

在希臘神話故事中，衣索比亞的統治者賽佛斯國王（Cepheus）與他的妻子卡修比亞皇后（Cassiopeia）有一位美麗的女兒安德魯美達（Andromeda），因皇后宣稱自己（也有版本說宣稱她的女兒）比海神的妻子更美麗而惹怒了海神，海神派出海怪摧毀衣索比亞的沿海城鎮，國王與皇后請示宙斯的神諭後得知需要將自己的女兒獻給海神以平息他的憤怒，於是將女兒綁在海邊的岩石上等死。此時英雄波休斯（宙斯的私生子）完成了殺害蛇髮女妖的任務正騎著飛馬經過，看見被綁在海邊岩石上的安德魯美達公主，產生了愛慕之意，於是斬殺海妖救回了公主並與她結婚。

仙王座、仙后座、仙女座象徵著統治階層、菁英階級，都有著不平凡的特色。其中仙王座、仙后座就像是早期社會的男女性統治者，象徵著男性的統治力與陰性的統治能力。

曼尼留斯認為受到仙王座影響的人外表莊嚴，有著擔憂與重視傳統的性格，

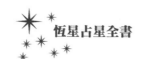
像是嚴厲的統治者和監護者角色，甚至可能扮演希臘神話與悲劇中的英雄，總會遭遇到犯罪與災難。托勒密認為仙王座具有土星與木星的性質，帶來權威與清醒的頭腦，使人成為法官與仲裁者。

中國三垣二十八宿：

　　仙王座的恆星大多位在古中國星圖中的天鉤星官，這個星官是北方玄武危宿的範圍，天鉤是廚房用的鉤子，由九顆星組成，又稱鉤星。《晉書・天文志》：「其西河中九星如鉤狀，曰鉤星，直則地動。」

仙王座的恆星

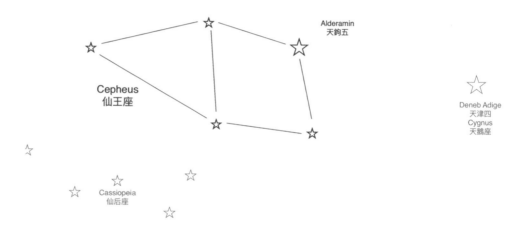

★ 天鉤五（Alderamin）

恆星名	α Cepheus / 天鉤五 Alderamin
亮度	2.44
回歸黃道位置	2020 牡羊座 13 度 02 分 2000 牡羊座 12 度 46 分 1980 牡羊座 12 度 29 分 1960 牡羊座 12 度 13 分
恆星位置	仙王的右肩。
恆星特質	管理、嚴厲、仲裁。

恆星詮釋

這個恆星在北緯 28 度以上的地區，如中國的南昌、溫州、美國的休士頓以北、日本鹿兒島縣奄美大島以北的地區，都會成為拱極星，而在南緯 28 度以上的地區則無法被觀察到。

賽佛斯是波休斯斬海怪故事中衣索比亞的國王，他的妻子卡修比亞自認美貌勝過海神之妻，所以招來神明的懲罰。如果去掉這一層神話，這個星座其實是天界之王的象徵，天界的統治者，基督教故事稱這個星座是所羅門王，或是古老部落的王者，負責審判、仲裁，帶有嚴格殘酷的特質。

在西元一萬九千年前，天鉤五曾經是北極座標星，在西元七千五百年前後才會再次成為北極的座標星。

天鉤五的國際天文名稱來自於阿拉伯文 Al Dhira al Yamin，是「右邊肩膀」的意思。托勒密認為整個仙王座都有木、土特質，羅伯森認為象徵清晰的頭腦，具有審判仲裁的能力，帶有嚴格殘酷的特質。

偕日升星：成長環境可能帶有嚴峻的特質，使人帶有強勢直接且有架構的處理事務的能力，有利於管理規範行政事務。

偕日降星：在獲得成功的之前，行政管理與規範能力是一門必須面對的課題，透過這樣的技能可幫助你完成使命。

對準上升、下降、天頂、天底的黃道度數（或位在實際星空的軸點）：規範、管理、制度與法律是生活的一部分，或是工作中的特色。

與行星共軸或對準（合相）：
日：有強烈的領導與管理能力，以嚴厲強勢的風格呈現。

月：日常生活中十分強調規矩，並以此影響身邊的人。

水：文筆嚴謹或是著重於社會現象，充分展現對社會的擔憂。

金：對服裝服飾有興趣，特別會在服裝、表演、身分的呈現上顯露不同。

火：在制度的約束下行動，若擔任領導者則可能展現強勢的一面。

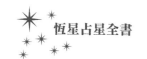

木：以寬廣的胸襟展現你的決斷力，可因此獲得尊重。

土：對於傳統、約束、制度相當重視，可能展現嚴格的一面。

天：權威是生命的挑戰主題，可能會在挑戰權威並且取代權威後，成為那個被挑戰的權威。

海：將個人特質展現在表演藝術上，注意宗教團體中的威權影響。

冥：過度嚴格的控制可能成為生活中的挑戰主題。

凱龍：家族處於嚴格的威權氛圍中，需要長時間的療癒。

月交：在成長過程中，權威與規律可能帶來生活的徹底轉變。

仙后座

星座詮釋

如同仙王座一樣，仙后座同樣屬於北半球星空的神仙家族。曼尼留斯認為仙后座與珠寶工藝有關，帶來金匠的技巧，賦予珍貴的物品更大的價值，並將仙后座的美感用於身體的裝飾，將黃金、寶石的美麗展現在在手、頸之上。它可能也跟找尋、挖掘這些珍貴的礦藏有關，或是有能力掏金、冶煉貴重金屬，或者從事貴金屬珠寶的交易。

仙王座、仙后座、仙女座都象徵著統治階層、菁英階級，有著不平凡的特色。托勒密認為這個星座的恆星具有土星與金星的特質，羅伯森認為帶來傲慢自豪。

中國三垣二十八宿：

在中國的星官中，仙后座的主要恆星分別屬於王良星官與閣道星官，這些星官位在西方白虎七宿的奎宿，而部分的仙后座恆星則屬於紫微垣。王良象徵著擅長駕車的人，而閣道則與道路橋樑有關。

仙后座的恆星

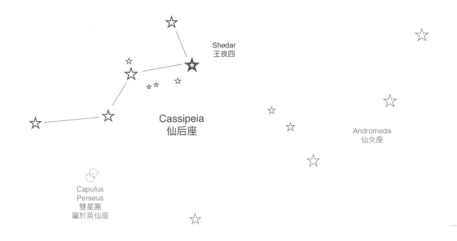

✯ 王良四（Schedar）

恆星名	α Cassiopeia / 仙后座 α / 王良四 Schedar / Shadir
亮度	2.23
回歸黃道位置	2020 金牛座 08 度 03 分 2000 金牛座 07 度 47 分 1980 金牛座 07 度 30 分 1960 金牛座 07 度 14 分
恆星位置	仙后的胸。
恆星特質	哺育、尊貴、手。

恆星詮釋

國際天文聯合會將王良四定名稱爲 Schedar，有時也寫作 Shadir 或 Shadar，來自於阿拉伯文的 Al Sadr，意即「胸部」的意思。這標示著天界女王的胸部，哺育的象徵。

希臘人認爲這個星座是賽佛斯的妻子卡修比亞皇后，她認爲自己（或自己的女兒）比海精靈（海神妻子的部族）更美麗而得罪了海神。這個星座象徵天界的女性統治者，在基督教文明中把這個星座與所羅門王的母親連結。

阿拉伯人對仙后座有三個詮釋，一是認為這個星座有弓箭手的意涵；在某個阿拉伯傳說中，這是女性領導者手上的刺青、有能力的手；而弓箭手的同一個字也有「駝峰」的意思。波斯的占星師，阿爾‧蘇菲（Al-Sufi）用女王的身分來描述這個星座，她的右手手持新月形月亮，頭戴皇冠。托勒密認為這個恆星具有金星與土星的特質，羅伯森認為帶來傲慢、誇張與自豪的感受，但也有能力贏得尊重。

在中國的古代星官系統中，這個區域的五顆星星稱為王良，天津或王濟。在《開元占經》中：「石氏曰：『王良五星，在奎北。』郗萌曰：『王良、一名天津；一名王濟。』巫咸曰：『王良，天子道橋之度水之官。』郗萌曰：『王良者，天子奉車。』郗萌曰：『王良策馬，前與馬等，後與馬等。』」這些文字都說明了這一帶的星空與橋樑道路乘車有關。

偕日升星：將生命貢獻在尋找或領導對大眾來說必須的重要事物，以尊貴的態度領導群體。

偕日降星：想要獲得成就，就必須學會與周遭一切共存共榮，而不是單只透過武力征服。

對準上升、下降、天頂、天底的黃道度數（或位在實際星空的軸點）：態度、舉止、行為合宜，在合乎身分權限的工作中獲得他人的敬重。

與行星共軸或對準（合相）：

日：獲得成就前必須先學會尊重自己，藉此展現領導能力。

月：以滋養周遭人的方式獲得尊敬，同時學會尊重自己也是很重要的。

水：可因為得體的言語和態度而受到尊敬。

金：在群體中受到人們的敬重，懂得呈現大自然的美感。

火：想要贏得戰役，必須先學會尊重自己。

木：透過對大自然的觀察來得到對人生的啟發。

土：尊重自我是一種對自身嚴格要求的展現。

天：因為獨特的身分而與周圍的人保持距離。

海：將自己的思想融入大自然中，並由此獲得啟發。

冥：因為害怕失去自尊而將自己隱藏起來。

凱龍：傷痛與尊嚴以及年長的女性有關。

月交：權威與尊重的議題，將帶來人生道路的重大轉變。

仙女座

星座詮釋

仙女座是秋冬星空非常值得注意的星座，當我們找到飛馬座的四邊形時，仙女座就像是延伸出來的後腿，在夜空中像是一條直線一樣，若在光害較小的地區用肉眼或用雙筒望遠鏡可以看到美麗的仙女座星系。

在希臘神話中，仙女座象徵著衣索比亞的安德魯美達公主，因為母親卡修比亞（仙后座）冒犯了海神之妻，認為自己比她還美麗，因而被要求除非將女兒獻祭給海怪（鯨魚座），否則整個國家都會受到懲罰。波休斯（英仙座）為此殺了海怪，拯救了公主，並且娶了公主為妻。

許多古老的星空圖都將仙女座畫成手腳綁著鍊子的少女，我們當然可以很簡單的從這個神話中解讀或定義仙女座，視為一種等待救援或者被犧牲的無助象徵。但是如果我們從更廣泛且更古老的角度來看，天空中的仙王、仙后、仙女與英仙座，描繪了天空中的王朝，國王皇后公主與王子，甚至對應著家庭中的父親、母親、女兒與女婿，或是兒子與媳婦。因為在天空中，少女橫躺著，而英仙座帶著禮物與刀來拜訪，有人將刀解釋為陽性生殖器的象徵，從繁衍的角度來看，這位年輕人正帶著禮物來拜訪情人並且向她求愛。

許多學者提出，在印度神話中也有一位被稱為安特拉瑪達（Antarmada）的女神被綁在岩石上，並指出兩個文化的相似性。阿拉伯人則分別把仙女座與英仙座的一部分恆星放入了雙魚座（al-Hut）中，這樣的區分似乎與巴比倫人對於雙魚座的劃分有著密切的關連。

曼尼留斯認為在仙女座升起時出生的人顯得無情，像是執行懲罰、捉捕囚犯

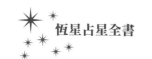
的人，或是地牢的看守者、執行死刑的劊子手，而且認為這個監獄的看守者有時也會加入犯罪。托勒密認為仙女座有著金星的特質，帶來純淨的思想、美德、榮譽、尊嚴，也可能容易感到灰心恐懼。

阿拉伯月宿（Manzil）：

Al Batn al Hut：這個月宿被稱為「魚肚」，主要的恆星是仙女座的「奎宿九」，有利於貿易、播種、用藥與婚姻，不利於託付事物給他人。

吠陀二十七宿：

Uttarabhadrapada（音譯：郁多羅跋陀羅鉢柁）：對應的神是深海的蛇神 Ahir Budhya，符號象徵是嬰兒床的後腳，或是兩個黏在一起的人。這是一個與雨水有關的星宿，象徵著學識豐富。

中國三垣二十八宿：

在中國的星圖中，仙女座頭的部分屬於壁宿，中間的一部分屬於奎宿，北部有天廄，西邊則是騰蛇。壁宿是北方玄武七宿的最後一個星宿，這個部分仍然與建築還有準備過多有關；而奎宿十六星分佈在仙女座與雙魚座往北方游的魚。古文中的紀錄是這樣的：奎，《說文》：「兩髀之間。」《廣雅》：「胯，奎也。」這告訴我們這個星宿象徵著老虎的後半身，從後腿到尾巴的部分。

仙女座的恆星

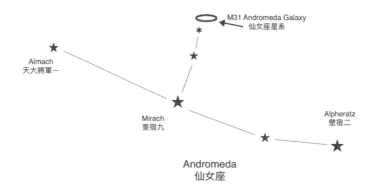

☆ 壁宿二（Alpheratz）

恆星名	α Andromedae / 仙女座 α / 壁宿二 Alpheratz / Alpherat / Sirrah
亮度	2.0
回歸黃道位置	2020 牡羊座 14 度 35 分 2000 牡羊座 14 度 18 分 1980 牡羊座 14 度 01 分 1960 牡羊座 13 度 45 分
黃緯	+25 度 41 分
恆星位置	公主的頭。
恆星特質	自由、釋放、創造力。

恆星詮釋

壁宿二（Alpheratz），是仙女安德魯美達的頭部，在某些阿拉伯文獻中稱為 Al Ras al Mar'ah al Musalsalah，意即「被綑綁女子的頭」，它也是飛馬與仙女連結的一部分，甚至有可能被視為是飛馬的一部分。從壁宿二的阿拉伯文稱呼中可以看出，Alpheratz 來自於阿拉伯文的 Al Surrat al Faras，意思是「母馬的肚臍」。

如果我們從這個角度來看，這顆行星象徵著馬的腹部與後腿，也有著奔馳與獲得自由的象徵。飛馬從梅杜莎的頭中誕生，奔向了天空，並且創造了與靈感有關的泉水。這部分的恆星與室宿（Scheat）相似，因為兩者都是飛馬的腿部，同時壁宿在中國也具有文學的意涵，所以我認為這裡可以加入創作的靈感與自由。

托勒密給予畢宿二金星與木星的象徵，羅伯森認為這個恆星有許多吉利的象徵，獨立、自由、榮譽、尊貴、愛情與敏銳的智慧。艾伯丁也有相似的看法，認為這顆星帶來好的人際關係且受人歡迎。

在中國，這裡是屬於北方七宿的壁宿，壁宿與相鄰的室宿（又稱營室），象徵著房屋的牆壁與房屋的主體架構。室宿與壁宿形成了飛馬座的秋季四邊形，而壁宿在軍南門之東，所以又稱東壁。《晉書・天文志上》：「東壁二星，主文

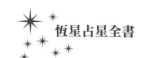

章，天下圖書之祕府也。」詩人張說的《恩制賜食於麗正殿書院宴賦得林字》中也提到了「東壁圖書府，西園翰墨林。」這些都說明了在中國古代的星官中，壁宿是天上的圖書館，也說明壁宿與書籍、學習、藝文創作有著密切的關連。

偕日升星：成長環境中帶來對自由的渴望，可能展現在不願受約束的天性與冒險行動上。

偕日降星：在生活中實現不受限制的主題，尊重他人天馬行空想法的自由，以此取得成就或克服挑戰。

對準上升、下降、天頂、天底的黃道度數（或位在實際星空的軸點）：不限制自己與他人，自由的探索這個世界，讓創造力不受限制的發揮。

與行星共軸或對準（合相）：

日：不想受到他人的限制，就必須做到不依靠他人，並藉此獲得自身的榮耀。

月：在生活中展現強烈的獨立、不受約束的態度。

水：擁有強烈的創作靈感，學會如何去將這些想法呈現。

金：雖有良好的人際關係，卻不願意因此而受到限制。

火：行為獨立自主，不願意受到他人約束。

木：自由的主題在此被強調，同時也象徵著豐富的思想。

土：在限制規範與自由中感到衝突，嘗試從過去的禁錮中獲得釋放是相當重要的主題。

天：毫不受約束的天性，面對限制時將強烈反抗。

海：具備天馬行空的創意，但你是否有能力呈現這些創意？

冥：強烈的禁錮與釋放主題在生命當中呈現。

凱龍：自由的另一面可能是孤寂，在療癒中將有深刻的體驗。

月交：渴望走出原有的生活限制，且因此徹底的改變生活。

★ 奎宿九（Mirach）

恆星名	β Andromedae／仙女座 β／Mirach Mirac／Mira／Mirak／奎宿九
亮度	2.0
回歸黃道位置	2020 金牛座 00 度 41 分 2000 金牛座 00 度 24 分 1980 金牛座 00 度 07 分 1960 牡羊座 29 度 51 分
恆星位置	公主的腹部。
恆星特質	友善、接納、陰性特質。

恆星詮釋

　　奎宿九（Mirach）的國際天文命名來自於阿拉伯文的 mi'zar，意即「腰帶」的意思。這個恆星落在仙女腰部附近，也被稱作「魚的肚子」。托勒密認爲這個恆星擁有強烈的金星特質，羅伯森認爲象徵著聰明、智慧、慈悲、寬容、愛、善良與美好的婚姻。艾伯丁則認爲帶來友好的態度與藝術特質，容易交朋友也容易被幫助。

　　在中國的星官系統中，奎宿是西方白虎七宿的第一個星官，象徵著老虎的足部。《說文解字》中對奎的說明是：「兩髀之閒。從大圭聲。苦圭切。奎與胯雙聲。奎宿十六星以像似得名。從大。兩體之間、人身寬闊處。故從大。首此篆者，蒙上人形言也。圭聲。苦圭切。十六部。」

　　以上說明了奎宿的命名，因爲它的十六顆星交錯的樣子與「圭」字相似，因而被命名爲「奎宿」，象徵著胯部，有趣的是，奎宿九也在西方仙女座相似的身體部位。《前漢・天文志》：「奎曰封豨，主溝瀆。」說明了這個恆星具有水道溝渠的意涵，而也有中國古代的紀錄認爲奎是倉庫或者大豬。

　　偕日升星： 重視萬物生長與和諧，對於生產、生育或者性愛、情愛抱持著重視的態度。

　　偕日降星： 必須重視陰性的力量，女性生育力量、情感關聯、人際關係等主

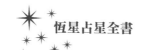

題，在人生挑戰中有著重要的影響。

　　對準上升、下降、天頂、天底的黃道度數（或位在實際星空的軸點）：人際關係與和善的態度將帶來成就，強調接納包容、生產與創造的陰性力量，並透過這樣的和諧方式取得成就與勝利。

　　與行星共軸或對準（合相）：

日：獲取成就的方式並非攻擊，而是對於接受與接納的認識。

月：接納與感激生活中所擁有的一切。

水：對大自然的觀察將帶來創作的靈感。

金：在人際關係中展現和諧的態度，強調陰性的力量。

火：展現自我或保護自我不一定需要張牙舞爪，也可談笑間強虜灰飛煙滅。

木：重視與人爲善與大自然共榮共存的生活哲學。

土：渴望維持和諧的態度可能帶來一些發展上的限制。

天：友善的保持與人之間若即若離的距離。

海：包容的思想與態度，將帶領你在精神上的成長。

冥：體驗接納與臣服的眞義，進而獲得力量。

凱龍：療癒的過程當中，接納過去是一個相當重要的主題。

月交：迎接新事物的到來，並徹底的轉變自己的生活。

英仙座

星座詮釋

　　在古希臘神話中，阿古斯國王阿克里修斯（Acrisius）在德爾菲的神諭中得知，有一天他會被女兒達娜（Danaë）的兒子殺死，所以他將女兒囚禁在一個通向天空的青銅房間中。宙斯在天上看見了公主達娜的美貌動心，便化成一陣金雨

與公主結合，公主因此生下了波休斯（Perseus）。

阿克里修斯看到自己努力防範卻仍無法阻止命運發生，於是將兩人裝入木箱扔進了海中，公主與波休斯漂流到海島，被漁夫迪柯提救起且收留。迪柯提的哥哥波利戴克特是島嶼國王，他覬覦達娜，卻討厭波休斯，因此在波休斯成年之後，波利戴克特國王設計要趕走波休斯。在某次宴會中，他要求每位賓客貢獻一匹馬，波休斯沒有馬，所以希望國王可以提出別的要求，國王因此要求他去取得蛇髮女妖梅杜莎（Medusa）的頭。

傳說中，戈爾貢蛇髮女妖（Gorgon）一共有三位，其中一位是由凡人梅杜莎變成的，也只有她是血肉之軀。梅杜莎原本是位美女，被海神波賽頓看上了而瘋狂的追求，梅杜莎逃到雅典娜的神廟中求助，卻在那裡被海神追上了發生關係。雅典娜對梅杜莎在神廟中與海神發生性關係感到憤怒，認為這樣的行為褻瀆了神廟，於是將梅杜莎變成了滿頭是蛇的蛇髮女妖，而當人們看見蛇髮女妖時，就會被變成石頭。

波休斯透過神的幫助得到了寶劍、盾牌、皮囊，信息之神赫米斯也將有翅膀的鞋子送給他，為了避開被梅杜莎變成石頭的危險，波休斯不直視梅杜莎，而是透過盾牌的反射，用寶劍砍下了她的頭。當梅杜莎的頭被砍下時，飛馬佩加索斯從她的脖子飛奔而出，

這個星座在過去又被稱為英雄、冠軍或者老人，在巴比倫的星空中，象徵著天神的牧羊人。托勒密認為英仙座的恆星具有木星與土星的特質，帶來聰明、強壯、大膽冒險的個性，有撒謊的傾象。

中國三垣二十八宿：

在中國的星空圖中，英仙座分成幾個不同的星官，上半身是天船星官，由於英仙座為在銀河經過之處，這象徵著銀河上的船隻；下方則有大陵星官，「陵」是「隆起的土堆」，例如山丘或是墳墓，而在大陵星官的中間，我們可以看見另一個星官積屍，顯示大陵是作為墳墓的象徵。

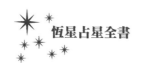
英仙座的恆星

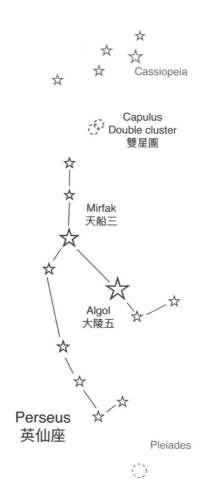

★ 雙星團（Capulus）

恆星名	NGC869 星團 / Double cluster / 雙星團 Capulus
亮度	5.3
回歸黃道位置	2020 金牛座 24 度 28 分 2000 金牛座 24 度 11 分 1980 金牛座 23 度 55 分 1960 金牛座 23 度 38 分
恆星位置	英雄高舉刀劍的手。
恆星特質	刺穿、攻擊、主動。

恆星詮釋

　　雙星團雖然屬於英仙座，但是在天空中相當靠近仙后座，早在西元前 130 年就被希臘天文學家喜帕恰斯（Hipparkhos）記錄，然而卻被許多占星師與天文學家忽略，一直到望遠鏡被發明之後，人們才再次觀測到雙星團，並且留下紀錄。

　　這個星團在過去的占星學上並沒有留下太多資料，直到在羅伯森的著作中才看到關於它的描述。他稱呼雙星團為 Capulus，認為具有火星和水星的特質，並且會帶來眼盲與視力的問題。

　　大多占星師認為雙星團被描述為英仙座高舉刀劍的手，象徵著攻擊特質。整個英仙座的恆星都具有陽性特質，象徵著積極、熱情、主動爭取的特色。不僅如此，由於這個恆星的位置象徵刀劍，亦是陽性性器的暗示，而整個英仙座又帶著追求伴侶的年輕男子的象徵，也因此雙星團在占星學上具有強烈的採取主動、攻擊、追求、刺穿、主動展現情慾等特色。

　　偕日升星：擁有積極熱情的天性，不願受到他人的約束，也不願意等待浪費時間。

　　偕日降星：想要達成目標，必須學會適當展現積極主動的陽性特質，不要害羞退縮。

　　對準上升、下降、天頂、天底的黃道度數（或位在實際星空的軸點）：如何適時的展現個人積極度，發揮在適切且必要的地方，這將會是重要的人生課題。

　　與行星共軸或對準（合相）：

日：展現強烈的陽性特質，積極主動以獲取成就。

月：生活中不退讓也不隱忍，敢於主動追求自己需要的事物。

水：不一定愛說話，但卻是有話直說的個性。

金：單刀直入的社交風格，常讓人見識你的率直。

火：在追求自己想要的事物時，直接且毫不退縮。

木：對於相信的事物毫不懷疑，必須學會尊重他人不同的信仰。

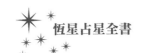

土：不一定擅長攻擊與追求，但可以將能力展現在保護上。

天：面對需要改革的事物時，展現毫不猶疑的批判態度。

海：對於藝術與精神成長有著強烈的熱誠，主動積極的追求。

冥：對想要攻擊的目標有著長久的觀察與準備，以確定能夠手到擒來。

凱龍：傷痛與攻擊、批判或侵害有關，可以透過行動、律動、運動來療癒。

月交：在人生的路途中毫不猶豫的主動追求改變。

✭ 大陵五（Algol）

恆星名	β Persei / 英仙座 β / 大陵五 Algol
亮度	2.12
回歸黃道位置	2020 金牛座 26 度 26 分 2000 金牛座 26 度 10 分 1980 金牛座 25 度 53 分 1960 金牛座 25 度 37 分
黃緯	+22 度 26 分
恆星位置	波休斯手上抓著梅杜莎的頭。
恆星特質	怪異、激烈、強勢的創造力。

恆星詮釋

或許是因為十七世紀的占星師威廉禮尼（William Lily）在他書中大肆宣揚的關係，大陵五這個恆星在今日的占星學界有著相當不好的名聲，幾乎與所有不吉利的事情都有關係。大陵五的國際天文名稱是 Algol，根源於兩種說法：一是來自於阿拉伯文 Ra's al Ghul，意指「食人魔的頭」；二則是一位二世紀的占星師奧古（Al Ghul）給予的不吉利象徵，因此以他的名字稱呼這個恆星。不過在托勒密的記載中，就已經將其視為蛇髮女妖梅杜莎的頭顱，基督教與猶太教也都將其視為惡魔的象徵，其拉丁文名稱 Caput Larvae 意即「幽靈的頭」。

古代占星師稱呼它為「惡魔的頭」或「惡魔眼睛」，因為這是一個特別的恆

星，在天空中異常的轉變光芒閃爍讓人稱為「惡魔眨眼」。天文學家認為這個恆星是三合星系統（三顆恆星組成的聚星系統），彼此旋繞（也有人認為比三個恆星更多），這個三合星系統是一對成對的食雙星：大陵五 A、大陵五 B、再加上第三顆星 C，因為不同的光芒所以形成閃爍。

威廉禮尼在他的《基督教占星學》中特別重視這個邪惡的恆星，而羅伯森認為這個恆星帶來不幸，吊死、電擊、暴力，離奇的死亡，也是最邪惡的恆星。托勒密認為整個英仙座都是木星與土星的特色。布雷迪博士認為這個恆星與強烈原始女性特質有著直接的關連，因為梅杜莎身為凡人時有著令人屏息的美，變成女妖之後也具有能將人變成石頭的魔力。綜合這些特質，我們知道這個恆星具有強烈的能量、古怪變異的特色，若應用在適當的地方，例如創造、摧毀、拆除不必要的老舊事物或許將相當合適。

在中國的恆星系統中，這屬於西方白虎七宿的範疇，又稱為大陵五。大陵五位在胃宿的上方，也屬於胃宿的範圍。許多國外占星師多認為大陵五應該是胃宿上方的積屍，事實上這是作家理查・艾倫（Richard Allen）在他書中舉證上的錯誤。根據資料顯示，積屍應該是英仙座 π，從星圖上看的確離大陵五非常近。《丹元子步天歌》在胃宿的段落中描述：「陵北九個天船名，陵中積屍一個星。」大陵是陵寢，皇帝的墳墓，積屍則是陵墓中的屍體。

偕日升星：富有創造力的天賦，生性熱情，對待情感的態度十分強烈，也具有自主的能力，生活環境充滿了緊張與戲劇性的變化。

偕日降星：學習在生活中展現自身的熱情，面對危機處理的態度不管是驚恐或鎮定，都足以對抗他人的控制。

對準上升、下降、天頂、天底的黃道度數（或位在實際星空的軸點）：若不知道自身擁有的強烈能量，可能誤以為自己總是活在危機與挑戰之中，不受約束的熱情天性，對抗不公平、不公義時可能採取激烈手段。

與行星共軸或對準（合相）：
日：不容易被認同是因為與眾不同，認清這一點後將可展現自身的光彩。

月：將旺盛的創造力發揮在生活的小驚喜中，別讓別人告訴你該怎麼做。

水：擁有與眾不同的觀點，可能是魔幻寫實，若運用在創作上將相當適合。

金：在社交環境中展現獨特的風采，或許帶有緊張的人際關係或伴侶關係。

火：認識自己所擁有的強烈能量是相當的重要的，並且應尋求適當的展現與釋放的方式。

木：與眾不同的思維可能引起人們與媒體的注意。

土：了解自己的獨立個性，不要讓別人約束控制自己。

天：可以是怪異與獨特的組合，具有強烈的叛逆特質。

海：若將這樣的能量展現在藝術上，那將形成一種魔幻的特質。

冥：認清來自於內心的恐懼，將它轉變成強烈的創造能力。

凱龍：療癒的第一步，是認清自己的強勢能力以及與眾不同的個性。

月交：獨特的人生旅程，充滿了激烈的變化。

☆ 天船三（Mirfak）

恆星名	α Persei／英仙座 α／天船三 Mirfak／Marfak
亮度	1.79
回歸黃道位置	2020 雙子座 02 度 21 分 2000 雙子座 02 度 05 分 1980 雙子座 01 度 48 分 1960 雙子座 01 度 31 分
恆星位置	英雄的右側。
恆星特質	勇氣、冒險、開創。

恆星詮釋

2016 年國際天文聯合會正式將天船三定義為 Mirfak，其阿拉伯文意為「手肘」的意思，有時也稱為 Marfak 或 Mirzac，同樣是手肘的意思。這個恆星還有一些其他的名字，例如 Algenib（與壁宿一重複）或 Chenib，這兩個名字都是描繪著側面，形容英雄的側身或者肋骨的部位。

儘管這是英仙座最亮的恆星，但過去占星師對這個恆星並沒有太多描述，或許是這一帶繁星眾多，而不像閃爍多變的大陵五一樣引人注目。布雷迪博士認為這裡代表著年輕男子的力量，羅伯森也以這樣的字詞描述大部分英仙座的恆星，聰明有力量、大膽、有冒險個性，托勒密則認為這裡的恆星多半具有木星與土星的性質。

　　夏威夷人稱天船三為 Hinali'i，與海嘯還有祖先如何從南太平洋遷居到夏威夷的過程有關，並認為在銀河創造的過程中，天與地從此分開的位置在此。在中國，這裡稱作「天船三」，這個區域靠近天空水域中的北河，而附近的星星組成了一隻船。《開元占經》中說：「天船九星，在大陵北河中。」這附近的星在銀河當中，如果不明亮的話，暗示著河道阻塞，以及在征戰中使用的水戰船隻的事宜。

　　偕日升星：與生俱來的積極主動天性，將主導個人生活的發展，面對挑戰毫不畏懼的勇往直前。

　　偕日降星：面對挑戰時必須採取主動，學習爭取自己想要的事物，而且事先做好規劃該如何進行以及保護自己。

　　對準上升、下降、天頂、天底的黃道度數（或位在實際星空的軸點）：展現強烈活潑積極主動的特質，或許顯得外放活潑，甚至在他人眼中帶有些直接與粗魯，但仍然知道該如何在靈活達成目標的過程中保護自己。

　　與行星共軸或對準（合相）：
　　日：具備積極冒險的勇氣，也有靈活的身段可達成目標。

　　月：可將膽識與智慧彈性結合，並發揮在生活的創意中。

　　水：思想靈活、身手矯捷，可利用這樣的特質獲得榮耀。

　　金：儘管個性率直，但手腕靈活人際關係良好。

　　火：獲得成就的方式不是橫衝直撞，需懂得巧妙閃躲危險。

　　木：總是受到人們的幫助，透過古老的智慧幫助自己成長。

　　土：勇氣十足且踏實靈活，與長輩、權威的關係不錯。

　　天：利用與眾不同的觀點來改變這個社會。

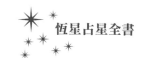

海：從不同的角度來觀察事物，將帶來超越目前狀態的契機。

冥：面對危機時不要橫衝直撞，保持樂觀、勇氣與靈活的手段。

凱龍：療癒的關鍵是那些你過去沒有注意到的旁枝末節。

月交：用積極且靈活的態度來面對生命的重大轉變。

飛馬座

星座詮釋

飛馬座是天空中相當重要的指標，他出現在北半球秋天的星空當中，我們可以看到明顯的四邊形，又稱為秋季四邊形，是重要的星空指標。

在希臘神話故事中，飛馬佩加索斯（Pegasus）是在波休斯砍下梅杜莎的頭時，從她的脖子飛奔而出的，據說飛馬的蹄在希波克里尼（Hippocrene）山丘上踏出的泉水，能夠帶來藝文的靈感。飛馬在英雄貝萊羅芬（Bellerophon）的故事中扮演著重要的角色，在他脫離貝萊羅芬的控制之後，來到天界成為飛馬座，並替宙斯運送雷電。

在巴比倫人眼中，飛馬座被描述成一塊田園，稱為 Mul As Gan，意即農田的意思，而且被形容成金星女神伊娜娜的田園，象徵著兩河流域豐富的生產力。而這個形象一直延伸到埃及時代，我們可以在埃及人的星空圖中，看見雙魚座中間的一塊四方的田地。

根據曼尼留斯的描述，飛馬座可帶來迅速且敏捷的行動，像是騎士一樣騎乘在馬背上，從高處發動攻擊。除此之外也懂得使用草藥，治療人類與動物的傷口。托勒密認為飛馬座的恆星具有火星與水星的特質。

阿拉伯月宿（Manzil）：

Al Fargh al Mukdim：在阿拉伯月宿中，絕大多數月宿都落在黃道上，但有兩個月宿落在飛馬座。這個月宿以室宿為主，稱為第一道噴流，有利於在一大早旅行，對建築有幫助，對於夥伴關係不利。

Al Fargh al Thani：這個星宿被稱爲第二道噴流，以壁宿爲主，有利於婚姻、播種，不要將東西借人。

吠陀二十七宿：

Purvabhadrapada（音譯：弗婆跋陀羅缽柁）：這個星宿的象徵是飛馬座的室宿一與室宿二，守護的神祇是 Aja Ekapada，被說成是濕婆、毘濕奴和梵天三位一體的結合，有著苦行僧的特質。符號象徵是床的兩隻前腳，帶來精神上的成長，言詞上的信心與賺錢的能力。

Uttarabhadrapada（音譯：郁多羅跋陀羅缽柁）：這個星宿象徵的恆星是飛馬座的壁宿一與仙女座的壁宿二，對應的神是深海的蛇神（Ahir Budhya），符號象徵是嬰兒床的後腳，或是兩個黏在一起的人。這是一個與雨水有關的星宿，象徵著學識豐富。

中國三垣二十八宿：

飛馬座在中國的星官中，分別屬於北方玄武七宿的最後兩個星宿，室宿與壁宿，古代稱營室。《周官・梓人》載：「龜蛇四游，以象營室也。」營室與東壁就是飛馬的四角型，在秋冬能被看見，也叫「秋季大四邊形」。室宿一（飛馬座 α）和室宿二（飛馬座 β）是西邊的營室，這兩組星宿更古老的名稱爲「定星」。

飛馬座的恆星

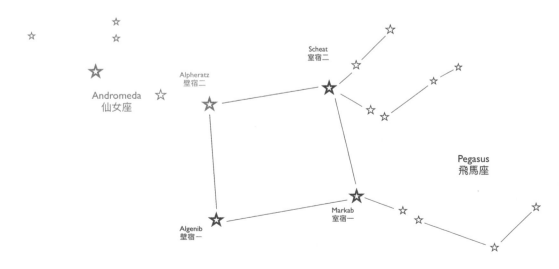

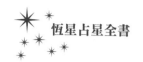

★ 室宿一（Markab）

恆星名	α Pegasi / 飛馬座 α / 室宿一 Markab
亮度	2.49
回歸黃道位置	2020 雙魚座 23 度 45 分 2000 雙魚座 23 度 29 分 1980 雙魚座 23 度 12 分 1960 雙魚座 22 度 56 分
恆星位置	飛馬身體靠近頭部的位置。
恆星特質	快速、自由、穩定。

恆星詮釋

室宿一是飛馬座中間象徵馬腹部的方塊四星之一，位在連結馬頭部那一端。Markab 這個名字的來源是阿拉伯文「馬鞍」的意思。托勒密認為這個恆星具有火星與水星的性質，羅伯森說這個恆星帶來雄心壯志、直覺熱情，但是也帶來虛榮與錯誤的判斷力，而艾伯丁也有同樣的描述，並且認為這個恆星與海洋航運還有天氣的變化有關。

這個恆星具有飛馬座思想創意飛奔而出的暗示，飛馬也象徵飛越、快速移動與自由的主題。另一方面，這個恆星的位置又暗示著馬鞍，更是騎乘時候的必備工具，放上馬鞍可讓騎乘者更舒適穩定，因此許多現代占星師認為這個恆星與穩定有關，即使在顛簸的狀況之下都能夠保持穩定的態度。

在吠陀占星學中，室宿一、室宿二都屬於星宿 Pūrva Bādrapadā，這個星宿被木星守護，秋季四邊形被印度占星師認為是一張床的四隻腳，而這裡是前面的腳，又被稱為「前面的幸運的腳」。

室宿在中國古代稱為營室，《周官・梓人》載：「龜蛇四游，以象營室也。」營室與東壁就是飛馬的四角型，在秋冬能被看見，這兩組星宿更古老的名稱為「定星」。靠近飛馬頭部的就是營室的部分，靠近仙女座的就是東壁星官的部分。有研究者指出，此時是農閒時節，多利用這段時間建造房屋為冬天作準備。

偕日升星：具有穩定的個性，不容易慌亂，即使在紛亂忙碌的狀態之下也能夠維持鎮定。

偕日降星：學會維持內在的穩定，也需要注意周遭環境以及人我之間的和諧穩定。

對準上升、下降、天頂、天底的黃道度數（或位在實際星空的軸點）：擁有創意、才華以及穩定的個性，安穩的性格也能夠給予他人幫助，安定眾人的心。

與行星共軸或對準（合相）：

日：不僅擁有豐富的想法與創意，也有穩定的性格，相當有助於完成工作。

月：日常生活中常有許多創造力，亦可穩定的執行。

水：熱情有活力，思想奔放，有著源源不絕的創意。

金：穩定的個性與豐富的創意可幫助你擴展人際。

火：儘管行動迅速，你仍能夠展現穩定性並且完成工作。

木：深厚的基礎帶來豐富的人生哲學。

土：這個組合特別強調穩定，但別忘記你可以將創意實用化。

天：在劇烈的變動環境中，你的審慎與穩定能夠帶來最大的幫助。

海：儘管許多事情都不確定，但你仍能安安穩穩的過日子。

冥：面對危機與挑戰時，善用你的創意來回應，並維持生活的穩定。

凱龍：一步一步慢慢的透過均衡的方法進行療癒。

月交：平穩的性格與創意，將讓你與周遭和諧共處。

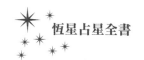

☆ 室宿二（Scheat）

恆星名	β Pegasi / 飛馬座 β / 室宿二 Scheat
亮度	2.4
回歸黃道位置	2020 雙魚座 29 度 39 分 2000 雙魚座 29 度 22 分 1980 雙魚座 29 度 05 分 1960 雙魚座 28 度 49 分
恆星位置	飛馬的前腿。
恆星特質	創意、動力、速度。

恆星詮釋

國際天文聯合會將室宿二命名爲 Scheat，這個名稱意味著「脛骨」，它也曾經用來命名位在水瓶座的羽林軍二十六。室宿二的阿拉伯名稱是 Al Sā'id，意思是「前臂」，暗示著馬的前肢。

室宿二在近代的占星學中也是一顆相當有名的災難之星，據信是因爲著名的船難鐵達尼號開航的星盤上火星正位在這個度數，也有人指出沉船當時的月亮也在這個度數上，因此我們不難像信許多占星師對這個恆星沒有好感。根據我個人的研究與觀察，室宿二的確在世俗占星學中扮演著與重大災害有關的角色。

托勒密認爲這個恆星具有火星與水星的特質，羅伯森認爲這個恆星帶來極端的不幸、謀殺、自殺與溺水；艾伯丁也認爲這個恆星具有土星特質，在洪水、沉船、礦災、飛機失事等混亂當中喪命，不過他也提到少數人能夠透過此星帶來精神思想上的創造力。布雷迪博士也從與飛馬座神話有關的速度、自由、創造力上來詮釋這個恆星的影響，在與本命盤的詮釋中我也傾向這樣的說法，特別是神話中飛馬的前腳踏出了帶來靈感泉源的主題，這一點相當值得注意。

偕日升星：有不受約束的自由天性，在生活中也能展現令人驚訝的創造力。

偕日降星（工具、達成使命前必要學會的技能、透過挑戰學會的事物）：急躁的個性與創意思維，是面對挑戰時需要先面對的議題。

對準上升、下降、天頂、天底的黃道度數（或位在實際星空的軸點）：自由奔放、不受約束、甚至可能擁有豐富的創造力與不斷去克服挑戰的精神。

與行星共軸或對準（合相）：

日：自由奔放的個性和無限的創意可帶來成就。

月：不僅行動快速，頭腦的反應也相當靈敏。

水：思想靈活，如果你願意將在藝文領域中發揮，將可獲得成就。

金：在人際關係中奔波往來且樂此不疲。

火：在展現速度的同時，不要忘記另有許多不同的方法可以解決問題。

木：寬闊的胸襟可帶來豐富的思維和多元的文化思想。

土：可能需要花上一點時間，來學習快速的對問題做出回應。

天：這個組合相當強調自由的天性，不願意受到任何約束。

海：你有天馬行空的創意，但是你是否能夠去實現？

冥：在面對危機時反應快速，並且用創意來回應。

凱龍：受到的傷痛中可能包含著快速與不受約束的特質，可用創意進行療癒。

月交：習慣在人群中自由的移動，成長過程相當不受約束。

★ 壁宿一（Algenib）

恆星名	γ Pegasi / **壁宿一** Algenib
亮度	2.8
回歸黃道位置	2020 牡羊座 09 度 26 分 2000 牡羊座 09 度 09 分 1980 牡羊座 08 度 52 分 1960 牡羊座 08 度 36 分
恆星位置	飛馬的翅膀。
恆星特質	提升、創意泉源。

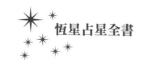

恆星詮釋

國際天文聯合會將壁宿一命名為 Algenib，意思是「飛馬的翅膀」，這個名字曾經也同時被用來稱呼天船三。波斯占星師比魯尼稱呼壁宿一、壁宿二為 Al Fargh al Thani，意指「下方的噴口」。

托勒密給予這個恆星水星和火星的性質，而羅伯森與諾曼都認為這個恆星象徵著暴力、不幸、羞辱，然而艾伯丁卻認為這個恆星帶來了堅強的意志與洞悉能力，以及優秀的口語表達能力。

我認為水星與火星可以強調犀利的思維，或者具有批判性的思維和語言。整個飛馬座都具有強調速度、自由奔放、不受約束的特質，特別是這裡，象徵著飛馬的翅膀，因此更強調加強的行動力和提昇的力量。

在中國的星官中，它與仙女座的壁宿二共同組成東壁，與學術、教育、文學、圖書有著密切的關聯。而在吠陀占星中，Uttara Bhādrapadā 是第二十六個星宿，秋季的四邊形被印度占星師認為是一張床（或椅子）的四隻腳，這裡是後面的兩隻腳，雖有著隨和的態度，卻象徵著高深莫測的個性。

偕日升星：擁有銳利的思維與眼光，成長環境帶來迅速的反應與洞悉能力。

偕日降星：生命的挑戰在於掙脫思想與視野的束縛，你是否能夠不受他人的限制與影響來做出判斷。

對準上升、下降、天頂、天底的黃道度數（或位在實際星空的軸點）：擁有批判性的思維，獨立的思考，可以用在思考分析與批判上，凸顯與眾不同的觀點。

與行星共軸或對準（合相）：
日：具有相當犀利的洞悉能力與批判性思考，藉此提升自我的成就。

月：能將敏銳的觀察力應用在日常生活與情緒層面。

水：具有鋒利的文筆與敏銳的觀察能力，可以從事相關的行業。

金：對於人際關係保持一種自由的態度，不願意受到約束。

火：具有強烈的批判力與堅強的意志力。

木：對於哲學與世事的觀察相當的敏銳，可替眾人帶來提升的機會。

土：對於權威採取一種批判的態度，可能與權威發生衝突。

天：在改革中保持著靈活的態度，並檢視發展過程的正當性。

海：對於藝術以及精神領域的發展有著強烈的洞悉能力。

冥：眼光相當敏銳，總是關注到他人沒有注意到的事物。

凱龍：所受到的傷痛可能跟鋒利的言語批判有關。

月交：在人生的道路上，敏銳的觀察力將帶來很大的幫助。

御夫座

星座詮釋

御夫座最常被描繪的形象是一位駕駛馬車的人，常聽到的版本是工神赫菲斯托斯（Hephaestus）的兒子埃里克托尼奧斯（Erichthonius），他一出生就不良於行，而雅典娜作為他的養母，教導埃里克托尼奧斯各技能，包括工藝技術、馴馬與駕車技術。因為他的聰明才智與創造力，他根據太陽神馬車的形象發明了四輪馬車（古戰車），在一場競賽中，他藉著戰車贏得了雅典的統治權，也因為他的腳有問題，所以他總是駕馭馬車，並有許多的發明，他被描述成一位勤政愛民的國王。

在巴比倫時代，這個區域的星空稱為 Mul GAM，GAM 的符號形狀像棍子與彎曲的拱頂，其意為彎曲的木杖，又常被稱為彎勾，就像今日我們所看到的牧羊杖。御夫座象徵著天空中一手持彎勾，另一手抱著小羊的神，而 Mul GAM 是整個星座的名稱，也可以是這個星座中最明亮的「五車二」的名稱。這個抱著羊的神被認為就是天神恩黎，除了彎勾的名稱之外，這個星座的名稱也被稱為皇冠、王座，因此也被認為是象徵國王權力的星座。文獻中提到：「如果彎勾變黑，整個王朝將會淪陷，而另一個王朝出現。」或「如果彎勾散發出光芒，王座的基石

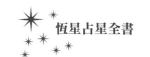
也將更爲穩固。」而在後期的巴比倫星空神話中，御夫座與木星都對應著天界的統治者馬杜克的神話。

對於許多早期民族來說，御夫座有著重要的象徵。在中美洲與北美原住民的傳說中，我們可以看到御夫座的圖案，其中有些部落將御夫座成爲偕日升星的日子作爲重要的標示。在馬紹爾群島的神話當中，五車二是眾星之母，並幫助昴星團贏得星空統治者的地位。

曼尼留斯描述被御夫座影響的人擅長駕駛馬車，擁有對馬匹與車子的控制能力。托勒密認爲這個星座的恆星具有火星與水星的特質，帶來自信，對社會與教育產生興趣，明顯的受到環境變化的影響，熱愛鄉村生活。占星師諾蘭則認爲，日食若發生在這個星座可能產生地震，其他時候象徵著軍事與政治的榮耀。

中國三垣二十八宿：

在古代中國的星空中，御夫座最主要包含了：五車、天潢、咸池、八穀、座旗、柱等星官，其中五車象徵著用車運送糧食，而天潢、咸池都作爲與水有關的區域，可能暗示爲銀河的渡口。

御夫座的恆星

☆ 五車二（Capella）

恆星名	α Aurigae / 御夫座 α / 五車二 / Capra / Capella
亮度	0.08
回歸黃道位置	2020 雙子座 22 度 08 分 2000 雙子座 21 度 51 分 1980 雙子座 21 度 35 分 1960 雙子座 21 度 18 分
恆星位置	國王胸前的小羊。
恆星特質	領導、創造發明、保護。

恆星詮釋

五車二是天空中第六大恆星，相當明亮的恆星，國際天文聯合會的命名是Capella，拉丁文意思是「小母羊」。五車二象徵著御夫胸前的小羊，是女山羊神阿馬樂希雅（Amalthea）的小羊，宙斯小時候曾接受過女山羊神的養育，女山羊神更在泰坦大戰時幫助宙斯。小山羊奇醜無比，當宙斯迎戰泰坦巨人時，女神替小山羊披上披肩裝扮，讓小羊似蛇髮女妖的頭，並因此嚇退泰坦巨人。

埃里克托尼奧斯除了發明戰車之外，他也教導人們如何耕作、控制馬匹、駕駛馬車以及冶煉白銀，被說成是具有相當成就的統治者。我想這個系列的故事延續著巴比倫人認為這個星座與國王統治的關聯，無獨有偶的，在印度占星學中，五車二也象徵著梵天的心臟，而在中國的星官名稱中，五車雖然常被認為是與車子有關，但《開元占經》說明了五車星官也是主管糧食的倉庫，也稱為天庫。

托勒密認為這個恆星有水星與火星的性質，羅伯森認為帶來榮譽、財富以及公眾名聲，善解人意、求知慾強，更熱愛追求新知。艾伯丁也認為這個恆星象徵著對於學習的熱愛與好奇心。

偕日升星：擁有無限的創造力，這些創造力將對群體帶來幫助，甚至帶來領導的地位。

偕日降星：若要獲得你所想要的事物或地位，必須先證明自己對這個社會的

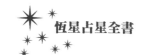
貢獻與價值。

對準上升、下降、天頂、天底的黃道度數（或位在實際星空的軸點）：擁有相當多的才華與創意能力，可能成為人們眼中的領袖人物，能盡情展現才華與對人的關懷。

與行星共軸或對準（合相）：

日：若能在發揮自身專長的同時也重視對人的關懷與保護，將有機會成為領導者。

月：發揮對他人的關愛與照顧，將可帶來重要的改變。

水：以言語、文筆描寫社會的議題，以及需要注意的發展。

金：對人們的關愛與保護，讓你在人群中受到歡迎。

火：出奇不意，甚至讓人驚訝的贏得你要的事物。

木：包容與關愛將讓你獲得尊重。

土：嚴肅看待社會中需要保護的人們。

天：用創新的科技領導群眾。

海：帶著慈悲的態度去滋養、照顧需要幫助的人們。

冥：在危機中帶來對他人的保護，避免他們受到傷害。

凱龍：傷痛的議題似乎與滋養和哺育有關，但不減對他人的關愛。

月交：有能力與機會領導群眾並受到矚目。

案例：飲食男女與平凡人的日常與傷痛

老實說我並不是什麼影評，我看電影多半都看喜劇或科幻片，除了年經時裝文青，很愛跟著人家看藝術電影之外，幾乎對電影沒什麼認識。不過今天我想要透過李安導演星盤上的恆星配置，來跟大家分享我的觀察（不過當年紅極一時的《囍宴》和《浩克》等幾部電影我倒是看過）。

李安出生於屏東潮州，按照網路上公布的資料繪制出的出生星盤，太陽在天秤座與海王星合相，天秤座描繪著人與人之間互動的關係，而海王星透過影像呈現。在李安的星盤中，太陽與雙子座的北河二（Castor）共軸，這個恆星象徵著希臘神話中雙子座的卡斯托，他是斯巴達國王的兒子，與他的兄弟宙斯之子波呂克斯一同出生，卻在打鬥中喪命，後來因為波呂克斯願意與兄弟共同分享不死的神性而復活。在恆星的描述中，托勒密認為北河二具有水星特質（北河三 Pollux 則是火星特質），也因此較為靈活矯捷，也與藝文敘事有關，同時和了解人生的挑戰和創造有關。這個恆星作為李安導演的太陽共軸，帶來了更強烈的敘事特色，並在細膩的海王與強調人與人互動的天秤座影響中，加入了一些幽默風趣的特色。

北河位在中國二十八宿位置中的井宿，北河一帶象徵著井宿北方的水域，在中國古代不但暗示著河道疏通的問題，也象徵著外族。或許這個地區暗示著強烈的異國色彩，也可能正因如此，讓李安導演的強烈異國風情、細膩的人物描述和人際互動，吸引著國際間的目光。

他的月亮與象徵自由行動、保護、哺育的五車二（Capella）有關，相當有趣的是，這個恆星有一個獨有的特色，那就是小兵立大功，小小的不起眼的事物、不引人注意的演員都能夠透過李安的影像，凸顯出驚人的效果。另一個值得觀察的恆星則是位於半人馬座的馬腹一（Agena），這是半人馬凱龍受傷卻需要每天照料的位置，也象徵著在每日平凡生活中的需求或痛楚。這個恆星在李安星盤中的特殊之處，在於它處於升起卻隱藏（Arising and lying hidden）的狀態，處於這樣狀態的恆星，像是一種內心被壓抑的強烈召喚，讓人們在生活中碰撞摸索，以學習了解這個恆星的意涵。

平凡人的傷痛，日常生活點點滴滴的特殊之處，就像在黑暗中催促等著他去認識與實現。這一點可以從最早的《推手》、《囍宴》與《飲食男女》三部曲中明顯的看出來。他的偕日升星是知名的吉星角宿一（Spica），象徵著女神手上的麥穗，是女神的祝福，更象徵著傑出的天賦，這代表對於藝文的天賦與巧思。

而偕日降星則告訴我們要如何去展現這樣的天賦。他出生這天的偕日降星是位在仙女座的壁宿二（Alpheratz），象徵著創作力的釋放與自由，更強調著人與人之間的關聯。「壁宿」在古代中國的星官中更象徵著學識、圖書與閱讀。偕日升降星的結合顯示著，他透過一種自由的態度去創作，展現文學詩意的細膩，來呈現自身的天賦。大家都知道，李安除了五座金馬獎之外，獲獎無數亦受到中外肯定，從《理性與感性》、《臥虎藏龍》到《斷背山》，他不止透過電影刻畫出同志的情感，也成功詮釋了珍奧斯汀，更把華人的武打風格帶入好萊塢中。

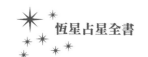

武仙座

星座詮釋

　　海克力士是宙斯與阿爾克墨涅（Alcmene）的兒子，知名的半神人希臘英雄。他最知名的是挑戰十二件任務的故事，而這些故事與星空中的星座有著相當直接的關聯。

　　海克力士的希臘文為 Ηρακλής（Hēraklēs），把這個名字拆開來就是 Hēra「希拉」和 kleos「榮耀」，海克力士意思是希拉的榮耀。因為身為宙斯妻子的希拉痛恨所有宙斯的私生子，因此海克力士的母親給予他這個名字，希望能夠平息希拉的怒火。然而天后希拉並不領情，正因為海克力士是宙斯的私生子而不斷的挑戰他，甚至讓他發狂殺了自己的家人，後來為了贖罪，神諭指示他接下十二件苦差事，包括了殺死涅墨亞獅子、九頭蛇與怪鳥等。海克力士的英雄事蹟廣為人知，並且還參加了知名的阿古斯號遠征。

　　海克力士一直是知名的神話英雄人物，作為強而有力的象徵，他的愛情故事卻是他死亡的主要原因。某次海克力士帶著他的妻子伊尼拉前往提林斯旅行的時候，為了渡過大河而苦惱，在一旁的半人馬內修斯提議海克力士自己游過河，她的妻子可以坐在人馬的背上渡河。海克力士接受了這個提議，在海克力士渡河的時候，人馬劫走了海克力士的妻子，海克力士為了救妻子，將他的劍丟向內修斯，由於海克力士的劍沾有九頭蛇的毒液，於是他殺死了內修斯，人馬死前將自己染了毒的血交給伊尼拉，並欺騙她說他的血是愛情靈藥，丈夫變心時可以將血塗在衣服上給他穿，就可讓丈夫回心轉意。伊尼拉便收下了這個有毒的禮物。

　　到了提林斯，提林斯國王欣賞海克力士的英勇，願意將自己的女兒嫁給他，海克力士有了新歡開心的結婚去，而伊尼拉想起了內修斯的話，就把人馬血液塗在衣服上送給海克力士當新衣，海克力士穿上這件衣服之後感到如烈焰燒灼皮膚般的痛苦，卻又無法將衣服脫下來。海克力士是半神人無法自殺解脫，在無路可走的情況下，生不如死的海克力士命令他的僕人用柴築起一座高塔，他躺在柴堆上向他的父親宙斯祈求結束他的痛苦，宙斯用他的雷電劈死了海克力士，他的身體被天界的大火燒盡，他的靈魂回到了天界，結束了人間苦難之後，海克力士也

與天后希拉和解，並從希拉的長裙底下鑽過，象徵著他是希拉所生的兒子。

武仙座象徵著人們在自然的挑戰中展現自信、創意以克服自然的挑戰。曼尼留斯告訴我們，在古希臘文中武仙座稱為「跪著的人」（Engonasin），他認為這個星座狡猾、欺騙與遺棄有關，但會帶來熱情回應天命的招喚，出賣自己的才藝，如同走鋼絲一樣的冒險前進。而托勒密認為武仙座的恆星帶有水星的特質，賦予強大的人格特質，堅韌不拔，堅定的性格但也具有危險的激情。

中國三垣二十八宿：

在中國的星空中，武仙座橫跨了紫微垣與天市垣，靠近牧夫座與北方的是紫微垣一帶，象徵著帝王居住的皇居，而武仙座朝向黃道的頭部，則位在天市垣當中，象徵著城市當中市場經濟活躍的區域，這當中也有祭祀的宗廟。

武仙座的恆星

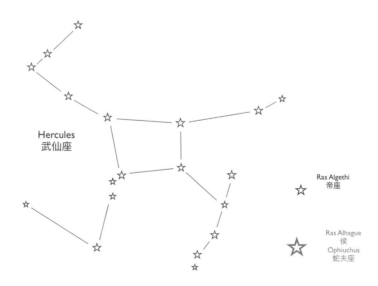

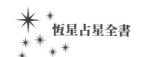

★ 帝座（Ras Algethi）

恆星名	α Hercules / 帝座 Ras Algethi
亮度	3.48
回歸黃道位置	2020 射手座 16 度 26 分 2000 射手座 16 度 09 分 1980 射手座 15 度 56 分 1960 射手座 15 度 36 分
恆星位置	海克力士的頭（接近蛇夫座的頭）。
恆星特質	追求、征服、自然律動。

恆星詮釋

帝座這顆星的國際天文命名為 Ras Algethi，這個名字源自於阿拉伯文 ra'is al-jāthī，意即「下跪者的頭部」。托勒密認為這個恆星有著火星與金星的特質，認為在好的相位時與女性有良好的關係，由於與火星的連結，帶來大膽與勇氣，對於追求力量有強烈的動機。現代占星師布雷迪博士認為這個恆星象徵著神的榮耀，強調人與神的關係，對於自然世界的運作秩序相當了解。

這個恆星在中國的星官系統中稱為「帝座」，天帝的座椅。《宋史・天文志》：「帝座一星在天市中，天皇大帝外座也。」《石氏贊》曰：「帝座一星，尊時行。」意味著順應時節自然變化的象徵。

偕日升星：了解自己的能力，了解世界的運作，從自然的規律中找到問題的處理方式。

偕日降星：生活中充滿著社會、道德、公正議題的挑戰，認清自身的能力與限制，是獲得成就之前必經的過程。

對準上升、下降、天頂、天底的黃道度數（或位在實際星空的軸點）：天生的優勢並不一定帶來幸福，卻可引發你去尋求生命的意義。

與行星共軸或對準（合相）：
日：了解自己的專長與特點，也了解自己的能力的限制。

月：透過對自然的觀察，找出能夠對生活有幫助的事物。

水：學習認識周遭環境與大自然的運作，並分享這些智慧

金：以一種服務的態度與人互動，可帶來良好的人際關係。

火：想要獲得成功，必須了解自己的弱點在哪。

木：懷抱著謙卑的心去認識自己，也是這個宇宙的一部分。

土：透過服務換得學習的經驗，並獲得成長的力量。

天：人生觀將在重大的生離死別中有著徹底的轉變。

海：了解犧牲不一定是沒有意義的，而是透過犧牲換取更有價值的事物發生。

冥：耐心與毅力是你的特長，臣服這個字具有特別的意義。

凱龍：要展開療癒，必須先接受曾經發生過的傷痛，而不是否認他們的存在。

月交：以一種謙卑服務的態度與人們互動。

天鵝座

星座詮釋

天鵝座最為人所知的神話，來自於天神宙斯愛上斯巴達皇后麗達，為了躲避希拉的監視，化成天鵝與麗達交歡生下了兩個蛋，其中一個蛋生下了兩個男生，雙子卡斯托與波呂克斯，另一個蛋生下兩位女生海倫與克呂泰涅斯特拉，他們都在國王的調教之下成長，而這個宙斯化身的天鵝就成為天鵝座。

這個星座在巴比倫的星空記載中一直是一隻鳥，一隻展翅高飛的鳥，被稱為鳳凰或大鵬鳥 Anzu Bird，因為在銀河之際，所以一直扮演著有能力飛躍大海的鳥類形象。阿拉伯人也記載一隻在天空中飛翔的母雞 Al Dajajah，在阿拉伯文獻中，這個星座有時會直接以此星座最明亮的恆星名字 Deneb 為名稱。埃及人則認為這是眾神之母、星空女神努特（Nut），並認為這是誕生眾神的產道。

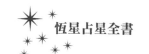
　　曼尼留斯認為受到天鵝座影響的人們擁有許多改善生活的技巧，但具有攻擊性，在他們的體內保持著神性；托勒密說天鵝座擁有金星與水星的特質，羅伯森認為天鵝座帶來夢幻、沉思、有文化的特質，但在情感上不受規範，對於藝術、水、游泳有著興趣。

中國三垣二十八宿：

　　位在銀河之中的天鵝座，因為牛郎織女的故事而廣為人知，在中國的二十八宿中，他橫跨了危宿、室宿、牛宿、女宿的星官。天鵝座的身體與翅膀所在的星空最主要的是天津，象徵著銀河的渡口，也是七夕傳說當中的鵲橋，而頭部的地方稱為輦道，是在銀河一旁的棧道。

天鵝座的恆星

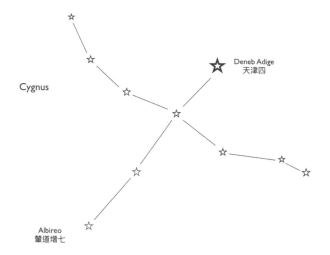

☆ 天津四（Deneb Adige）

恆星名	α Cygnus／天津四 Deneb Adige
亮度	1.25
回歸黃道位置	2020 雙魚座 05 度 36 分 2000 雙魚座 05 度 19 分 1980 雙魚座 05 度 03 分 1960 雙魚座 04 度 46 分
恆星位置	天鵝的尾。
恆星特質	藝文、溝通、穿越。

恆星詮釋

國際天文聯會將天津四命名為 Deneb，占星師仍習慣稱呼為 Deneb Adige，這個稱呼是由阿拉伯文 Al Dhanab al Dajajah 音譯而來的。占星師之所以堅持稱呼 Deneb Adige，是因為有太多恆星的名稱是由 Deneb 開頭，我們知道 Deneb 是阿拉伯文「尾巴」的意思，Dajajah 是「母雞」，意為「母雞的尾巴」。此星有另一個名字 Aridif、fromAl Ridf、the Hindmost，意即「深藏不露的」，十七世紀的德國天文家拜耳寫成 Arrioph 或 Arion，則是受到希臘神話故事中詩人阿里昂的影響。

天鵝或大鵬鳥有能力飛越海洋或銀河，象徵著強而有力，而且別小看了優雅天鵝，因為天鵝攻擊對手的時候也是非常凶猛的。羅伯森描述這個恆星具有水星與金星的特性，帶來了敏銳的天性、聰明才智與快速的學習能力。艾伯丁同樣描述了金星與水星的影響，認為此星帶來了對藝術與科學的追求。

天津是銀河的渡船頭，在中國民間故事中，牛郎織女七夕相會的故事與天上的織女星、牛郎星還有天津四有關。牛郎織女結合之後因為忘了自己的工作，而被玉帝要求分開，牛郎（牛郎星、河鼓二）及織女（織女星）這一對分隔兩地的戀人，只能在七夕這一天通過由喜鵲搭建的橋，跨過銀河來相會，而這座橋樑即被稱為天津。天津四之名稱，表示它是星官天津中的第四顆恆星。

偕日升星：天生的自信才智與跨越不同領域的能力，樂於助人卻不願意太過

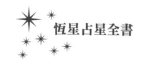

張揚。

偕日降星：透過成長的挑戰，發現自己強大的力量或才華，也在此過程中學習保持神祕低調。

對準上升、下降、天頂、天底的黃道度數（或位在實際星空的軸點）：擁有強大的能力與豐富的才華，特別是在言詞、音樂、藝文上，並以這些能力跨越阻礙與界限。

與行星共軸或對準（合相）：

日：提升視野，超越當前的限制，將可帶來成就。

月：有能力超越情緒與感受的牽絆與限制，也可能會被形容成冷漠。

水：透過不同的思維，穿梭於不同的空間與領域之中。

金：強調藝文薰陶對生活的啓發，以及帶來可能重要改變的特質。

火：從不同的角度來看待競爭、贏得競爭。

木：保持謙卑的態度將提升我們的視野與人生觀。

土：力量需要累積而成，提升視野必須從小地方做起。

天：思想上自由奔放不受限制，怪異的方式或許可帶來解決的辦法。

海：沉浸在文學、音樂、藝術的薰陶中，替這世界帶來許多不同的見解。

冥：面對危機與挑戰時，記得提升自己的視野以取得解決的方法。

凱龍：從各種不同的角度來檢視過去的傷痛，尋找與自身和解的方式。

月交：生活的重大挑戰，與你對提升自我的強烈渴望有關。

☆ 輦道增七（Albireo）

恆星名	β Cygnus / 輦道增七 Albireo
亮度	3.18
回歸黃道位置	2020 水瓶座 01 度 31 分 2000 水瓶座 01 度 15 分 1980 水瓶座 00 度 58 分 1960 水瓶座 00 度 42 分
恆星位置	天鵝的嘴。
恆星特質	穿越、世代交替。

恆星詮釋

原本的名稱是 minqār al-dajāja，意即「母雞的嘴」。因為輦道增七就位於天鵝的頭部，所以有時也稱為「鳥嘴」。據信 Al bireo 這個名字是一連串錯誤翻譯的成果，先是在阿拉伯世界中，將希臘文的天鵝 ornis 這個字音譯成為阿拉伯文 urnis，然後在中世紀時，將阿拉伯文翻譯回拉丁文時錯誤翻譯成某種植物的名稱，而稱為 ab ireo，最後才又變成了 Al bireo。

輦道增七也與天津四（天鵝座 α）、天津二（天鵝座 δ）、天津九（天鵝座 ε）、和、天鵝座 η 共同構成「北天大十字」（北十字）。這個恆星或許在占星學界上不受重視，但是在天文學界的觀察上卻相當受到歡迎，只用肉眼看時，這是一個三等星，但是使用望遠鏡觀察時，會發現輦道增七是雙星，一個為琥珀色的輦道增七 A，另一顆是藍綠色的輦道增七 B，透過望遠鏡時能夠看到鮮明的色彩對比，因此成為相當受到歡迎的觀測對象。

羅伯森認為這個恆星具有金星和水星的性質，它給人以英俊的外表，簡潔、可愛的性格和在絕望中的仁慈。我認為除此之外，其雙星的特性相當值得考慮，在天文學上，恆星的色彩象徵著恆星的歲月，琥珀色為古老的恆星，而藍綠色象徵著年輕的恆星，因此這個恆星有著新舊事物共存，或新舊交替過程的意涵。

偕日升星：除了天鵝座所擁有的穿越、跨越特質之外，此恆星象徵著有能力處理新舊交替的過程。

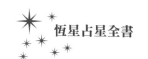

偕日降星：整個天鵝座的重大挑戰，是如何提升高度並且跨越鴻溝；而此恆星面對的重大人生挑戰，是在新舊交替過程中學會如何讓新舊事物共處。

對準上升、下降、天頂、天底的黃道度數（或位在實際星空的軸點）：有能力在新舊時代跨越時處理相關的議題，帶領自己與周遭的人穿越彼此的鴻溝。

與行星共軸或對準（合相）：

日：在世代交替與時代變化中，你的領導力能夠發揮其影響力。

月：對於世代的差異相當敏感，能夠以體恤的態度面對。

水：文筆言語犀利，在批判、描述不同族群或不同世代的議題上特別有力。

金：用你的魅力帶動不同族群之間的互動。

火：擁有犀利批判的能力，也能將力量用於帶動族群融合之上。

木：謙虛的態度與寬闊的胸襟，足以處理世代之間的差異

土：可以是保守的改變，也能夠實際的面對時代的轉變。

天：新的想法從過去的禁忌中被釋放出來，且可能帶來驚嚇。

海：用包容的心態面對轉變，用藝術與精神成長幫助人們度過挑戰。

冥：能看見衝突可能帶來的的危機，並有能力處理這些議題。

凱龍：不同時代的觀念造成的傷痛，需要時間慢慢療癒。

月交：能夠扮演交流溝通的角色，促進族群的融合。

天琴座

星座詮釋

希臘人賦予天琴座浪漫的神話，水星之神赫米斯用烏龜的殼做出了七弦琴，後來為了平息太陽神阿波羅的怒火於是把七弦琴送給了他，阿波羅又把琴送給了詩人奧菲歐，在某些版本的神話中，認為奧菲歐也是阿波羅的兒子。奧菲歐是知

名的詩人，七絃琴演奏得很棒，就在他與新婚妻子尤李狄切在草原上散步時，尤李狄切被毒蛇咬了一口而死，心碎的奧菲歐無法接受妻子死亡的事實，想要前往地府要求冥王把妻子還給他。

最後他優美的琴聲打動了天神，指引了前往地府的入口，他的琴聲也感動了看守地府的神，讓他見到冥王黑帝斯。黑帝斯與他的妻子波賽鳳都被奧菲歐的琴聲感動，答應將他妻子還給他，但是必須遵守一個條件，在回到地面之前不能回頭。

奧菲歐帶著妻子走回人間，但就在路口看到光亮時，他懷疑妻子是否真的在身後，因此不顧冥王的要求而回頭查看，瞬時他的妻子變成了石柱，他只能空手而返。回到人間的奧菲歐傷心地四處遊蕩，演奏悲傷的音樂。來到樹林時。他的傷心故事與音樂感動了附近的女子，她們前來安慰奧菲歐卻被拒絕，憤怒的她們將奧菲歐撕成碎片，據說當地的鳥吃了奧菲歐之後，變成了聲音悅耳的夜鶯。阿波羅與繆思對於失去這樣的藝術家感到心痛，要求宙斯將奧菲歐與他的琴放在天空中。

埃及人與巴比倫人都認為天琴座和織女星與守護婦女、孩童的女神有關。巴比倫人認為它是守護懷孕婦女的母羊女神古拉（Gula）；而埃及人認為禿鷹女神奈赫貝特（Nekhbet）還有正義女神瑪阿特（Maat）與這個星座還有織女星有關。塞爾特文明認為天琴座為亞瑟王的豎琴；在阿拉伯的傳說中，這是一隻禿鷹叨著琴，稱之為 Vultur cadens，意即「降落的禿鷹」。

曼尼留斯認為受到天琴座影響的人有著音樂演奏的能力，徹夜演唱迷人的歌曲；即使有困擾，也會在心中哼著曲調，似乎描述著對於音樂的著迷與熱愛。托勒密認為天琴座具有金星與水星的特質，而羅伯森進一步解釋具有詩意，喜歡音樂、科學、藝術，但有竊盜的傾向。

中國三垣二十八宿：

在中國的星空中，天琴座最有名就是織女星，相對應的星官包括了織女與漸台，這兩個星座都在今日二十八宿中的牛宿。漸台有一說是靠近水的平台，不過《開元占經》這麼解釋：「甘氏曰：『漸台四星，屬織女東足。』四方高曰台，下有水曰漸，主晷律呂之事。」似乎與氣候、季節變遷的觀測有關。

天琴座的恆星

✦ 織女（Vega）

恆星名	α Lyrae / 織女 Wega Vega
亮度	0.0
回歸黃道位置	2020 摩羯座 15 度 35 分 2000 摩羯座 15 度 19 分 1980 摩羯座 15 度 02 分 1960 摩羯座 14 度 45 分
恆星位置	天琴座的頂端。
恆星特質	藝文、表達、溝通能力。

恆星詮釋

織女星是北半球第二明亮的恆星，也是全天空中第五明亮的恆星，它的國際天文聯合會名稱為 Vega，早期也稱為 Wega，來自於阿拉伯文的 Waqi，意思為「降落」，或 an-nasr al-wāqi’，意為「降落的老鷹」。也就是說，整個天琴座的古老名稱，最後演變成織女星的名稱，而其他的名稱還包括了 Waki、Lura、Allore。

無論是奧菲歐的七絃琴或是亞瑟王的豎琴，織女星在西方的傳說中都象徵著擁有魔力的樂器，具有讓凶猛怪獸平靜下來，或是讓鐵石心腸的冥王感動的魔

力。這顆星的象徵或許代表著美妙具有魔力的音樂或聲音，能夠使人平靜或者舒適，甚至具有說服他人的神奇的效果。一方面暗示著對於神奇的創造力、精湛的言語或演出技巧，催眠的效果，也可能暗示著與藝文演出有關的能力。

織女星在一萬多年前曾經是北極星，巴比倫人稱為「天堂的審判」，埃及人將它視為正義與維繫星辰規律運作的女神瑪阿特，這也可能象徵著古老的律則，良心與良知的審判。從巴比倫、埃及到古老的中國，都不約而同的認為這顆星與孩童的健康有關。

在東方的中國與日本，這顆星象徵著天帝的女兒織女，擅長女工織布，與牛郎結婚之後便怠惰了下來，天帝下令將他們分開在銀河的兩端，每年的七月七日才能夠見面。而與織女星有關的最早紀錄出現在《詩經‧小雅‧大東》：「維天有漢，監亦有光。跂彼織女，終日七襄。雖則七襄，不成報章。睆彼牽牛，不以服箱。」

在這裡我們知道這顆星與中國的情人節七夕有關。人們在七夕會祭拜織女，又稱乞巧、七巧。種種的七夕風俗說明了人們對這顆星的期待，大多環繞著與女性有關的主題，包括了祈求愛情美好，祈求手工藝精進。在台灣風俗中，也會在這天拜床母祈求小孩身體健康。也因此我們不難把織女星與對愛情的美好期盼，對於創作技術的期盼，以及生兒育女、孩童健康有著關聯。

托勒密認為織女星擁有金星與水星的特質，羅伯森認為織女星帶來了吉利的影響，仁慈具有理想化，充滿希望，讓人莊重、清醒，但也可能帶來自大外向的態度。艾伯丁也持相同的看法，他認為織女星能帶來在音樂與表演上的藝術天份，也能帶來美好的生活，但他非常強調需要搭配星盤中的良好配置。

偕日升星：具有創造力，擁有令人陶醉的言詞藝文技能，利用美好的事物改變自身、他人或社會。

偕日降星：在遭遇挑戰的時候，可以運用說服他人或使他人平靜的能力來達成目的。

對準上升、下降、天頂、天底的黃道度數（或位在實際星空的軸點）：透過藝術與語言的能力，說服他人或者使他人陶醉，擁有藝文技巧的天份或興趣。

與行星共軸或對準（合相）：

日：發揮天賦專長，以高標準要求自己而達成目標。

月：藝術、音樂、文學不是用來表演給人看的，必須融入生活之中。

水：發揮自身的藝文天賦，也可能具有談判與說服的能力。

金：將自身的天賦發揮，並與周圍的人產生共鳴。

火：在行動時發揮同理心，並記得提升自己的視野。

木：這個組合可能暗示著高度的理想特質，也可能用高標準來看待周圍。

土：從古老的智慧、規律、曆法中找尋生活的智慧，並應用在專業上。

天：對於社會議題帶有一種與眾不同的觀點，卻相當具有說服力。

海：享受音樂藝術、文學對生命的陶冶。

冥：在處理危機時也要記得發揮同理心，並了解和遵守自然的法則。

凱龍：透過藝術文學帶來對傷痛的療癒。

月交：因為本身具有的天賦，可以吸引周圍的人向你靠近。

天鷹座

星座詮釋

　　這個星座在巴比倫時代就已經是老鷹的象徵，星座名稱 Mul Ti Musen，意思是「強壯的鳥」。星座名稱 Aquila 則是阿拉伯文的老鷹，拉丁文則稱之為 Vultur volans，飛行的禿鷹。天鷹座與天琴座在阿拉伯人眼中是兩隻禿鷹，天琴座象徵著降落的禿鷹，而天鷹座象徵著飛行的禿鷹。

　　天鷹座在希臘神話中出現在宙斯劫走特洛伊王子甘尼梅德的故事，宙斯因為看上英俊的特洛伊王子，於是變成老鷹將他帶走，並讓他在天神的宴會上負責倒酒。甘尼梅德變成了水瓶座，而化身老鷹的宙斯則被放到水瓶座旁邊成為天鷹，

老鷹也是宙斯的象徵，負責攜帶雷電。

在巴比倫時代，天鷹座出現在天空中的時刻大約是進入冬季的時候，也是巴比倫星曆表中最後幾個星座，也與祖先亡者的靈魂升上天空中的銀河安息有關。在巴比倫星圖中，老鷹抓著靈魂飛向天空，而這樣的觀點在希臘變成了甘尼梅德如何飛上天的故事，但是在羅馬時代，羅馬人仍然保持著這樣的信仰，相信老鷹會將死去的靈魂帶往天上。

吠陀二十七宿：

Shravan（音譯：沙羅波那）：這個星宿對應著印度教中負責維繫世界的毗濕奴天神（Vishnu），天鷹座尾巴的三顆恆星象徵著毗濕奴三步走遍世界的傳說，這個星宿與連結有關，帶來宇宙的訊息，傑出尊貴的特質。

中國三垣二十八宿：

天鷹座的一部分屬於牛宿、一部分屬於天市左垣，在這部分的星官最主要以河鼓為主，不但象徵著警示敵軍入侵的鼓，也象徵著天空中的將軍。河鼓下方的天桴星官則是鼓槌，此外還包括了右旗、天弁、離珠等星官。

天鷹座的恆星

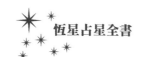

★ 河鼓二（Altair）

恆星名	α Aquila／牛郎、河鼓二 Altair
亮度	0.77
回歸黃道位置	2020 水瓶座 02 度 03 分 2000 水瓶座 01 度 46 分 1980 水瓶座 01 度 29 分 1960 水瓶座 01 度 13 分
恆星位置	老鷹的頭。
恆星特質	毅力、提升、行動。

恆星詮釋

河鼓二（牛郎星）的國際天文聯合會命名為 Altair，這個字的根源來自於阿拉伯文，原本天鷹座的阿拉伯文稱呼 Al Nasr al Tair，去掉了前面的 Al Nasr 只剩下 Al Tair，意思是「飛行中的」，但後來成為河鼓二的專有名字，這個恆星白色且明亮，與天狼星相似，都是非常年輕的恆星。

這個恆星與它的名字代表了天鷹座的主要特色，飛行的、提昇的、強而有力，具有飛躍困難的特性。托勒密給予這個恆星火星與木星的特質，羅伯森說這個恆星有著主導的地位，具有自信、勇氣、不怕困難與挫折，並且熱愛自由，有可能帶來巨大但是短暫的財富。艾伯丁也認為河鼓二如果與吉星產生關聯，會帶來堅強的勇氣、慷慨大方，在天頂附近則提升了榮譽。

在中國的星空中，河鼓二與牛郎織女的傳說有關，天帝的女兒與牛郎結婚之後怠惰了下來，天帝下令將他們分開在銀河的兩端，每年的七月七日才能夠見面，這是華人文化中耳熟能詳的神話。而在星官系統當中，這是天上的將軍，《史記・天官書》記載著：「牽牛為犧牲。其北河鼓，河鼓大星，上將；左右，左右將。」《爾雅》曰：「『河鼓謂之牽牛。』今荊人呼牽牛星為檐鼓，檐者荷也。」有傳說指出，這裡不僅象徵著肩挑扁擔的牛郎，同時也是天上的大將軍。

偕日升星：有著堅定的毅力，不斷行動與提升自我的個性，也願意幫助別人度過困難。

偕日降星：在困難的環境中仍需要堅持下去，必須以更寬廣的視野去看待自身的困難。

對準上升、下降、天頂、天底的黃道度數（或位在實際星空的軸點）：帶來積極主動的個性，相當有活力，有堅持達成自身目標的毅力與責任感。

與行星共軸或對準（合相）：

日：毅力與公義是獲得成功的重要條件。

月：面對生活的挑戰不輕言放棄，將公義實現在生活當中。

水：以言語文字展現勇氣與公義，並獲得成就。

金：對於自己喜歡的事物會展現堅持到底的毅力。

火：你最大的武器就是勇氣與毅力。

木：提高自身的視野將帶來不同的生命觀點。

土：這個組合可以在毅力與堅持上做最大的發揮。

天：生命的重大轉變，在於用更高的視野來看待人生。

海：一旦對某件事情展現熱誠之後將堅持到底。

冥：遇到危機與威脅時，請記得不能以沉淪卑鄙的態度回應。

凱龍：傷痛的主題可能與勇氣公義有關。

月交：對他人熱情的提供幫助。

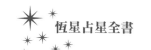

案例：老鷹著陸了！The Eagle has landed.

我們經常在許多美國的動作影劇中聽到「老鷹著陸了」（The Eagle has landed）這句話，這句話意味著一個順利抵達目的地與行動完成的意涵。而這句話究竟是從哪裡來的呢？網路上的資訊告訴我們，這是第一位登月的阿姆斯壯在登月艙著陸時對休斯頓發布的訊息，對阿姆斯壯來說，這隻著陸的老鷹顯然無比重要，有趣的是，他出生的時候天鷹座正位於他出生地天空的最高處。

根據正確的出生資料，他出生的那一刻，天鷹座的河鼓二（Altair，大家所熟知的牛郎星）正高掛在中天，這個星座在巴比倫時代就已經是大鳥的象徵，它的巴比倫名稱 Mul Ti Musen，意思是「強壯的鳥」。在巴比倫傳說中，大鳥抓著人的靈魂，而這個原型延伸到希臘神話的天鷹座，化作老鷹的宙斯抓住王子甘尼梅德上天。

托勒密給予這個恆星火星與木星的特質。羅伯森說這個恆星有著主導的地位，具有自信勇氣不怕困難與挫折，並且熱愛自由。在中國的星空中，河鼓是作戰警示的大鼓，河鼓的三顆星更是三位將軍，與軍事行動提出警訊有關。阿姆斯壯可能從來沒有想過，他的這句話會成為日後人們描述成功抵達目的地的用語。

在阿波羅 11 號的登月行動中，阿姆斯壯說了一句名言：「這是個人的一小步，卻是人類的一大步。」他星盤上有著金牛座上升，金星作為上升守護，與參宿七（Rigel）共軸，當金星運行經過天底時，參宿七正從東方升起，成為他個人顯著的標注。但這並非參宿七與阿姆斯壯唯一的關聯，他的火星位在雙子座 14 度，這正是參宿七投影在黃道上的度數，他的火星「對準」了參宿七，在此我刻意使用「對準」，也就是許多人用的「合相」，由於恆星位置並不在黃道上，要說這是合相總讓我覺得用字不夠準確。這顆恆星不但是獵戶座最明亮的恆星，也是天空中亮度排行第七的恆星，象徵獵戶座的大腳，踏出了獵人征服的步伐，但過程並不容易，過程中總會經過一些考驗與攻擊。這顆恆星在中國也相當有名，參宿是西方白虎七宿中的一個，而參宿七象徵著老虎踏在井中的的腳。有一個特殊的傳說，這個井限制了老虎的行動，如果老虎的腳離開了井，將是天下動盪的象徵。

阿姆斯壯有許多恆星都與具有強烈攻擊性的恆星共軸。阿姆斯壯在成為太空人之前擔任軍機的試飛員，當他離開這個職位時，已經試飛超過五十種不同的飛機。若我們從恆星共軸的角度來看，在他出生的那一天，當位在雙子座 14 度的火星從東方升起時，金牛座的 α 星畢宿五（Aldebaran）也在同一時間在他的出生地的東方升起，於是火星與畢宿五產生了共軸。許多占星師說這個恆星是波斯的皇家之星（此恆星在巴比倫時代的確有著重要地位，因為它是當時春分點的定位星），這個恆星被巴比倫人視為與巴比倫戰爭與榮耀之神密斯拉（Mithra）有關。巴比倫人將牛獻祭給祂，而祂也負責懲罰不誠實的人，這個恆星被賦予了榮耀、成就與正直的意涵。這個恆星在天空中位於金牛座的眼睛，於是有著專注與緊盯的特質，透過專注與正直取得榮耀。從某個角度來看，阿姆斯壯在登月的行動中需要展現極大的勇氣與注意力，金牛座的畢宿五將正直、榮耀與勇氣，更將專注之力帶到了象徵行動的火星之上。

北極星與小熊座

星座詮釋

　　無論對占星師、天文學家以及觀測者來說，北極星或南極星都是最重要的座標。然而無論是北極星或南極星，極星並非固定，所有在天球極北中心的恆星，也都會在數千年後成為北極星，北極星在北極的時候是在天空的最高處。同時我們必須知道的是，北極星只是一個概略的位置，並不是每個年代都會有星星如此準確的落在北極的正上空附近。目前的北極星是小熊座的 α 星，中文名稱是「勾陳一」，而且目前就落在北極的正上空，在兩千五百年前，是天龍座 α 星紫微右垣一（Thuban），而天琴座的織女星（Vega）也會在未來成為北極星。

　　關於小熊座，最常聽到的星座故事就是宙斯讓月神的隨從卡莉斯妥（Kallisto）懷孕生下阿爾卡斯，而希拉盛怒之下將卡莉斯妥變成熊。某日，長大後的阿爾卡斯出去打獵，遇見了卡莉斯妥，卻不認得變成熊的母親而要獵殺這隻熊，宙斯立即將阿爾卡斯變成了小熊，並把母子倆放在天上。希拉又安排他們在最北端，一年四季都得繞著天空打轉無法下海休息洗澡。這是因為從希臘的緯度來觀察大熊座與小熊座都是拱極星，都不會沉入海平面底下，如同我們今天在南台灣或香港的緯度來觀察，我們只會看到北極星不會沉入海平面以下，但是大熊座與北斗七星則會在某些時候沉入海平面以下，例如在南台灣冬天的傍晚，我們可以觀察北斗七星從海平面逐漸升起。

　　有的版本說阿爾卡斯變成了牧夫座，在這個版本中，小熊座則變成了牧夫的獵犬。這兩個星座熊的形象似乎是從希臘時代才開始的，在更古老的時候，北極星的名稱是 Cynosura，意即「狗的尾巴」，但是我們並沒有在這裡發現狗的星座，所以這個名稱仍需要更多的研究。

　　巴比倫人稱呼北極的星空為恩黎之星或天堂馬車，象徵著眾神之母寧胡爾薩格（Ninhursag），她是最古老的蘇美女神，被稱為是眾神的主宰天神恩奇的妻子。埃及人則認為北極星是塞特的獵犬，或許這與早期希臘人又稱呼北極星是狗尾巴的原因有關。許多故事中都將天空的極北視為一座大山，隱藏著仙境，並將這塊區域視為仙境的入口，也是靈魂歸天的地方。小熊星座的星光與範圍則比大

熊來得小且黯淡。

　　曼尼留斯說小熊座引導水手們穿越深淵、尋求獲利；托勒密說小熊像是土星，而某種程度是金星，帶來冷漠或者不思考的態度，且帶來許多麻煩。

中國三垣二十八宿：

　　在此處有兩個主要的星官，分別是北極與勾陳。《宋史・天文志》：「勾陳六星，五帝之後宮也，大帝之正妃也。」《樂緯》曰：「主後宮。」巫咸曰：「主天子護軍。」古人解釋勾陳象徵著天子的後宮或是護軍。

北極星與小熊座的恆星

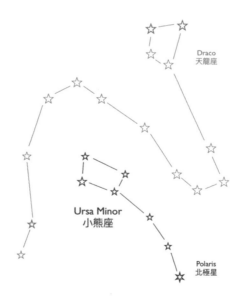

✭ 北極星（Polaris）

恆星名	α Ursae Minoris / 小熊座 α / 勾陳一 / 北極星
亮度	2.02
回歸黃道位置	2020 雙子座 28 度 51 分 2000 雙子座 28 度 34 分 1980 雙子座 28 度 17 分 1960 雙子座 28 度 01 分
恆星位置	小熊的尾巴。
恆星特質	神聖、指引、中心。

恆星詮釋

　　北極星座落於極北的天頂，所有的恆星圍繞著它打轉，對於占星師、天文學家以及觀測者來說，它是最重要的座標。北極星並非固定，所有在天球極北中心的恆星，也都會在數千年後成為北極星，例如兩千五百年前是天龍座 α 星紫微右垣一，天琴座的織女星未來也會成為北極星（目前在 61N）。北極星在北極的時候是在正頭頂，水手們利用北極星指引方向則已經有著相當長的一段時間。

　　這顆恆星作為極星的時間相當悠久，數百年來，海洋的水手與沙漠中的商隊一直將其作為指標。在赤道以南或南緯的地方看不到北極星，或者只能在海平面上觀察到北極星，但是越往北移動，北極星的位置就會越高，這也是為什麼一直到今天，我們都可以簡單的找到北極星的位置，並且根據北極星在天空的高度來判斷我們所在位置的緯度。

　　此外當我們進行文獻考古時，我們會發現在天空的這個區域散佈著許多女神神話，當我們將其與北極星的焦點和尋路潛力相結合時，我們會遇到情感上或培育上的使命。但是在共軸法中，我們很少用到這顆恆星，因為它不會升起下降（除非在赤道附近出生），在北半球的星盤中，它只可能在軌道高處與行星共軸，帶來一種給予指引的特質。

　　此恆星最重要的意涵就是指路，指出方向、找出各種途徑、找出生命的道路，指引方向給予人們方向感。同時北極星也是成為中心的暗示，成為某個群體

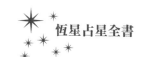

的中心，或者尋找中心是生命中重要的事。

對準上升、下降、天頂、天底的黃道度數（或位在實際星空的軸點）：北極星除了在赤道上會有些微的升起降落的移動之外，並不會成為偕日升星或降星，而北極星落入軸點時，象徵帶來了中心與指引者的象徵，可能在某個群體或某個領域中成為核心人士，也可能在生活中扮演著指導者。

與行星共軸或對準（合相）：

日：成為中心的領導者，並且透過指引方向而獲得成就。

月：可能以客觀的態度面對情緒，或許會被人說疏離。

水：以言語、文字引導人們尋找目標。

金：在人群中保持客觀的態度，可能成為關注的中心。

火：在行動上明確的瞄準目標，獲得想要追尋的事物。

木：有明確的人生態度與世界觀，成為他人的指引者。

土：這個組合凸顯了客觀、冷靜的特質，成為中心與權威。

天：客觀的態度可能被視為疏離，或是因為相左的意見而被重視。

海：即使眾人在迷惘的時刻，你也能夠因為愛而找到方向。

冥：在危機與混亂的黑暗時刻，可以透過堅定的人生方向前進。

凱龍：傷痛與療癒的事件將成為生命當中的重要歷程。

月交：在他人的生活中扮演著引導者的關鍵角色。

大熊座

星座詮釋

北斗七星是大熊座最明亮的七顆星，在英文中又叫做大勺子（big dipper）或是牛犁（Ploug），通常我們將整個勺子分成兩個部分，一個是斗勺，為四方

形，其他三顆星爲斗柄。斗勺的部分又稱爲斗魁，包括了天樞（北斗一），也是大熊座最明亮的 α 星，國際天文聯合會的名稱是 Dubhe；其他北斗的名字是天璇（Merak，大熊座 β 星，位在天樞下方）、天權（Megrez，大熊座 δ 星，位於斗勺與斗柄中間）、天璣（Phecda，大熊座 γ 星，位在天權下方），斗柄最靠近斗勺的第一顆星稱爲玉衡（Alioth，大熊座 ε 星），斗柄中間的轉折是開陽（Mizar，大熊座 ζ 星），斗柄最末端是瑤光（Alkaid，大熊座的 η 星）。

北斗七星在印度被視爲是七個智慧老者（Sapta Rishi），又有人說帶來生命，也被視爲是古老史前的女神象徵、天界的統治者，掌管季節變化的規律以及生命力。

希臘神話中，阿卡迪亞國王的女兒卡莉斯妥因爲喜歡打獵，而成爲月神阿特密斯的隨從，這些侍女必須是處女，但是卡莉斯妥被宙斯看上了，並且與宙斯發生關係生下了私生子阿爾卡斯。這個祕密被希拉發現，她將卡莉斯妥變成了大熊，而當她的兒子長大成爲獵人之後，差點誤殺了被變成熊的母親，於是宙斯將阿爾卡斯也變成小熊，把母子倆一起放在天上。但是希拉下令大熊和小熊永遠不能沉下天空去洗澡，因此這個地區才會有大熊座與小熊座是拱極，永不會沉入海平面下的描述。

有趣的是，不只在印歐文化中這個星座被視爲熊的象徵，在北美的原住民眼中，這個位置的星空也經常被描述成狼或熊，在芬蘭，這裡也被視爲是一頭熊。在埃及的版本中，北斗七星被描述成牛腿，而巴比倫人則稱將大熊星座與小熊星座分別視爲兩輛馬車，小熊星座爲天堂馬車，而大熊星座則沒有加上天堂的稱呼。特殊的是，馬車的形象在不同的文化中也出現，例如早期的希臘文獻對這兩個星座的描述，以及德國對大熊與小熊也稱之爲大車。

曼尼留斯描繪大熊星座與小熊星座像是旋轉地球的軸心一樣控制著宇宙，並且替水手們引導方向。而托勒密認爲大熊星座具有火星的特質，羅伯森則指出大熊座帶來安靜、審愼、多疑與耐心，也與不安的態度、憤怒、復仇有關。

在本書中，雖然我們列出了北斗七星的每一個恆星和些微的解釋，但是大熊座所有恆星都可以根據大熊座與天樞（北斗一）的意涵來詮釋，而在偕日升星與偕日降星的部分，我們暫時以天樞（北斗一）爲主，而不考慮其他。

中國三垣二十八宿：

　　大熊星座位在極北的天空中，在中國古代的星空圖則屬於紫微垣，包括了北斗七星與文昌等星官。北斗七星作為時辰與季節的指引，也用來比對做為行星運行的參考，在古代的天文觀測中佔有重要的地位。

　　《史記・天官書》：「北斗七星，所謂『旋、璣、玉衡以齊七政。』杓攜龍角，衡殷南斗，魁枕參首。……斗為帝車，運于中央，臨制四海。分陰陽，建四時，均五行，移節度，定諸紀，皆系於斗。」這裡一方面說明了北斗七星在根據季節判定方位上的用處，甚至也用它來判定行星的移動方向；另一方面也將它視為皇帝的馬車，這一點與巴比倫的象徵相同。中國民間認為南斗（位在射手座）主生，北斗（大熊座）主死，或者北斗主宰著天子或人的性命，在後來的道教傳統或者占卜中，也都有著與北斗七星的連結，例如紫微斗數的幾顆星都與北斗七星的道教名稱有關：天樞是貪狼，天璇是巨門，天璣為祿存，天權對應文曲，玉衡對應廉貞，開陽對應武曲，瑤光則是破軍。

大熊座的恆星

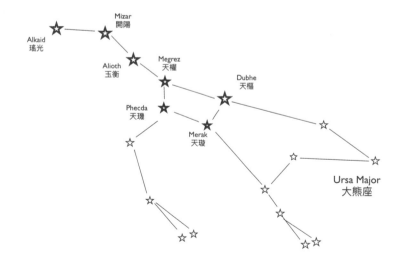

☆ 天樞（Dubhe）

恆星名	α Ursae / Majoris / 大熊座 α / 北斗一 / 天樞
亮度	1.79
回歸黃道位置	2020 獅子座 15 度 29 分 2000 獅子座 15 度 12 分 1980 獅子座 14 度 55 分 1960 獅子座 14 度 39 分
恆星位置	北勺對準北極星的位置。
恆星特質	方向、生意盎然、大自然的力量。

恆星詮釋

　　國際天文聯合會將天樞（北斗一）命名為 Dubhe，名稱源自於阿拉伯文 Thahr al Dubb al Akbar，即「熊背」的意思。通過北斗七星，我們可以找到許多知名天體，最重要的是，沿天璇、天樞方向，可以找到北極星，這是透過星體判斷方位最重要的一個步驟，也因此，所有的北斗七星都帶有指引的意思，而天璇、天樞則可以幫助你找到重要的標示方位——北方。

　　熊被視為有力量、有耐力、有警覺性和洞察力，卻是一種安靜的守護力量。例如我們常稱具有保護特質的女性是熊媽媽（Mother Bear），她們在子女受到危險時奮不顧身挺身而出，這同樣屬於女性的力量。大多數寒帶與溫帶的熊會在春天時從冬眠中甦醒，並且開始養育下一代，所以他們也被視為是北半球春天到來，春意盎然或生命成長茁壯的象徵。

　　羅伯森告訴我們，整個大熊座都是火星特質，帶來安靜、謹慎、多疑、不信任、自我控制和耐心，被喚醒時可能會有不安的精神，憤怒與報仇的態度。艾伯丁也認為因為其火星的特性而帶來破壞性，然而曼寧則描述有能力理解動物，並能夠與動物相處。

　　偕日升星：具有敏銳判斷力，知道什麼時候該做什麼事，也對於周遭的人事物展現保護特質。

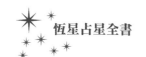
偕日降星：必須學會保持敏銳的態度，對於環境季節時間的變化保持觀察，並且學會尋找方向的重要性。

對準上升、下降、天頂、天底的黃道度數（或位在實際星空的軸點）：對於時間、空間、環境變化有著敏銳的觀察力與判斷能力。

與行星共軸或對準（合相）：

日：替自己與周圍的人帶來生意盎然的活力，具有保護特質的領導者。

月：強烈的保護特性，對周遭人提供關懷與照顧。

水：讓你的思維隨著時間、季節的流動，關注著自然界的變化而獲得智慧。

金：透過向大自然學習，替周圍的朋友帶來生命力與活力

火：具有高度的警戒心，對於他人的侵犯感到不悅。

木：觀察自然界的變化，帶來智慧提升人生的視野。

土：對於自身的領域有著強烈的警戒態度。

天：能夠透過周遭的環境感知劇烈變化的到來。

海：與自然環境合而為一，在其中獲得靈感滋養。

冥：在遭遇困境時懂得臣服、休養，並獲取力量。

凱龍：了解大自然的運作是療癒傷痛的重要過程。

月交：生活的重大變化與自然界的變化有關。

✭ 天璇（Merak）

恆星名	β Ursae / Majoris / 天璇 / Merak
亮度	2.37
回歸黃道位置	2020 獅子座 19 度 43 分 2000 獅子座 19 度 26 分 1980 獅子座 19 度 10 分 1960 獅子座 18 度 53 分
恆星位置	北斗的斗勺，天樞的下方。
恆星特質	動力。

恆星詮釋

天璇（Merak，大熊座 β 星）位在天樞下方，名稱為 Merak 或 Mirak，源自於阿拉伯文的 Al Marakk，意即「熊的腰部」。艾伯丁認為這顆恆星具有火星特質，增加了生活的動力，尤其是與太陽，火星或冥王星結合時更為顯著。

不列入偕日升星。

不列入偕日降星。

對準上升、下降、天頂、天底的黃道度數（或位在實際星空的軸點）：強調個人的動力與活力，追求與自然和諧的生活。

與行星共軸或對準（合相）：

日：具有保護特質的領導者，幫助人們找到生活的方向。

月：對於周遭的人提供關懷與照顧，帶來活力。

水：透過討論與溝通，找到生命的方向。

金：在愛與友誼上展現熱誠，替周圍的朋友帶來生命力與活力。

火：積極的展現生命的活力與熱情。

木：觀察自然界的變化，帶來智慧，提升人生的視野。

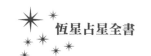

土：對於自身的領域有著強烈的警戒態度。

天：意外與分離的事件，可引導找到人生的方向。

海：可能帶來高度的熱誠，甚至狂熱的追求某件事物。

冥：在遭遇困境時懂得臣服、休養，並獲取力量。

凱龍：了解大自然的運作是療癒傷痛的重要過程。

月交：在生活中積極的展現活力與熱情。

✷ 天權（Megrez）

恆星名	δ Ursae Majoris / 天權 / Megrez
亮度	3.3
回歸黃道位置	2020 處女座 01 度 21 分 2000 處女座 01 度 04 分 1980 處女座 00 度 47 分 1960 處女座 00 度 31 分
恆星位置	北斗七星中斗勺與斗柄交界。
恆星特質	指引方向、大自然的力量。

恆星詮釋

天權（Megrez，大熊座 δ 星）位於斗勺與斗柄中間，Mergrez 源自於阿拉伯文的 Al Maghrez，尾巴的根部。儘管沒有其他的詮釋，但我們可以使用天樞與大熊座的詮釋。

不列入偕日升星。

不列入偕日降星。

對準上升、下降、天頂、天底的黃道度數（或位在實際星空的軸點）：儘管不受矚目，但仍會是關鍵性的角色，在重要的時刻指引方向或者提供保護。

與行星共軸或對準（合相）：

日：雖然不起眼但具有關鍵性的影響，具有保護特質的領導者。

月：對於周遭的人提供關懷與照顧，可帶來關鍵性的轉變。

水：帶來關鍵性的意見以扭轉局勢。

金：在愛與友誼上展現熱誠，在社交生活中扮演關鍵角色。

火：樂於助人，找到人生方向，積極的展現生命的活力。

木：帶著一種「成功不必在我」的樂觀特質與人結善緣。

土：與人分享經驗並指引方向。

天：當面臨不同選擇時，可以保持客觀的態度觀察。

海：人生有許多的可能性，你選擇與誰一起同行？

冥：在眾人的困境中，扮演著不被注意卻具有關鍵性的重要角色。

凱龍：了解大自然的運作是療癒傷痛的重要過程。

月交：像是一個絕佳的搭檔，能與不同的人發揮出不同的功效。

★ 天璣（Phecda）

恆星名	γ Ursae Majoris / 天璣 / Phecda
亮度	2.4
回歸黃道位置	2020 處女座 00 度 46 分 2000 處女座 00 度 29 分 1980 處女座 00 度 12 分 1960 獅子座 29 度 55 分
恆星位置	斗勺左下方的恆星。
恆星特質	前進的力量、大災難。

恆星詮釋

天璣 Phecda（大熊座 γ 星），位在天權下方，天璣的名稱 Phecda 來自於 Al Falidh，爲熊的大腿的意思。暗示著動力，是支撐世界前進的力量，根據艾伯丁表示，若此星與凶星在一起，將帶來血流成河的狀態。

不列入偕日升星。

不列入偕日降星。

對準上升、下降、天頂、天底的黃道度數（或位在實際星空的軸點）： 充滿旺盛的活力，積極活潑且相當的靈活，帶著積極的色彩前進。

與行星共軸或對準（合相）：

日：強烈旺盛的動能與前進的力量，或許可獲得成就。

月：對周遭的人提供關懷與照顧，在生活中勇往直前。

水：讓你的思維隨著時間、季節的流動，關注著自然界的變化而獲得智慧。

金：熱情積極，你的活力能感染周圍的朋友。

火：活力十足，對於想要的事物態度十分積極。

木：對於自己所相信的事情，總是抱持著一種高度推廣的熱誠。

土：謹慎的面對未來的每一步，踏實而有力。

天：積極活躍的參與許多改變未來的社會運動。

海：對於心中的夢想有著高度的熱誠，毫不後悔的踏出每一步。

冥：就算是遇到危機也不會輕易認輸放棄。

凱龍：過去的傷痛帶來了積極面對與毫不在乎的極端態度。

月交：帶著自信，大步的迎接人生的改變。

☆ 玉衡（Alioth）

恆星名	ε Ursae Majoris / 玉衡 / Alioth
亮度	1.77
回歸黃道位置	2020 處女座 09 度 13 分 2000 處女座 08 度 56 分 1980 處女座 08 度 40 分 1960 處女座 08 度 23 分
恆星位置	斗柄中最靠近斗勺的第一顆星。
恆星特質	力量、積極、破壞、丈量。

恆星詮釋

玉衡（Alioth，大熊座 ε 星）是斗柄中最靠近斗勺的第一顆星，Alioth 這個名字並不是古老的名稱，而且目前尚不清楚真正的意涵。它又被稱為 Alyat，意即「肥尾巴」的意思，或者白楊樹（Al Hawar）。

艾伯丁認為玉衡與火星一樣帶有破壞性、不幸與失敗，與月亮有關，象徵懷孕的危險。然而其中文名稱玉衡則是古代丈量天空的工具。

不列入偕日升星。

不列入偕日降星。

對準上升、下降、天頂、天底的黃道度數（或位在實際星空的軸點）：用特殊的觀察角度來看世界，積極有活力，且樂於給予他人指引幫助。

與行星共軸或對準（合相）：

日：具備細膩的想法與靈活實際態度，可藉此獲得成就。

月：以靈活、細緻的態度對待周遭的人，提供關懷與照顧。

水：思維清晰有條理，且可能具有鋒利的洞悉能力與言詞。

金：替周圍的朋友帶來生命力與活力，卻仍可保持謙卑。

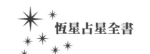

火：行動力旺盛，且強調效率。

木：透過實踐信念，積極的追求更豐富的人生。

土：對於事物的精確性有著極高的要求。

天：擁有仔細分析、考量事物變化的能力。

海：即使是那些他人難以理解的事物，透過你的努力也能夠稍微被釐清。

冥：在遭遇困境時，必須精確了解自身所面對的狀況與周遭的條件。

凱龍：審慎辨別是療癒過程當中相當重要的關鍵。

月交：在人生的路途上，仔細衡量每一個變化所帶來的影響。

★ 開陽（Mizar）

恆星名	ζ Ursae Majoris / 開陽 / Mizar
亮度	2.04
回歸黃道位置	2020 處女座 16 度 00 分 2000 處女座 15 度 43 分 1980 處女座 15 度 26 分 1960 處女座 15 度 09 分
恆星位置	斗柄的中間轉折。
恆星特質	引導、連結、幫助、藝文特質。

恆星詮釋

開陽（Mizar，大熊座 ζ 星）是斗柄的中間轉折，這個名稱據信是阿拉伯文的「圍裙、包覆、腰帶」的意思。艾伯丁認為在世俗事件中與大火的災害有關，在個人盤中則可能帶來藝術氣息，但如果是跟凶星一起則無效。中國的道教曾說北斗一共有九星，這個說法在中國的天文考古中是相當值得討論的議題。在此處還有輔星（又稱為天衝、左輔、洞明）與弼星（天芮、右弼、隱元），有人推測輔星應當是開陽一旁的恆星開陽增一（Alcor）。

不列入偕日升星。

不列入偕日降星。

對準上升、下降、天頂、天底的黃道度數（或位在實際星空的軸點）：具有顯著的藝文特質或才藝，同時具有活力，樂於與人合作共同創造事物。

與行星共軸或對準（合相）：

日：活躍樂觀的態度，在與人合作時可帶來很大的幫助。

月：重視人與人之間的連結，擅長與人搭檔。

水：重視言語、溝通對人際關係所帶來的影響，擅長與人合作。

金：與周圍的朋友帶來更多的利益。

火：即使能力十足，在某些時刻也可以考慮與人合作所可能帶來的好處。

木：自身的才能不應受到限制，搭檔與夥伴可以帶來幫助。

土：透過自身的經驗去幫助他人成就大事。

天：才華洋溢，不會因為他人的參與而失色。

海：展現你豐富的創造力，並以慈悲的態度幫助他人。

冥：你與他人之間重要的聯繫，將成為克服挑戰的關鍵。

凱龍：合作與信任可能帶來傷痛，卻也是療傷的工具。

月交：生活因為夥伴的加入而有著重大的變化。

★ 瑤光（Alkaid）

恆星名	η Ursae Majoris / 瑤光 / Alkaid
亮度	1.86
回歸黃道位置	2020 處女座 27 度 13 分 2000 處女座 26 度 56 分 1980 處女座 26 度 40 分 1960 處女座 26 度 23 分
恆星位置	斗柄的最末端。
恆星特質	劇烈改變、指引改變的方向。

恆星詮釋

瑤光（Alkaid，大熊座的 η 星）是斗柄的最末端，名稱由來是 Ka'id Banat al Na'ash，意爲「酋長的哀悼與孤女的監護者」，阿拉伯詩人認爲玉衡、開陽、瑤光就是這三位女兒。這個恆星被認爲與大規模的死亡哀悼有關，當外行星對準這個恆星時，可能有重大的傷亡，如地震、土石流。

1969 年天王星經過這裡，捷克斯洛伐克發生了知名的民主化進程「布拉格之春」，捷克共黨渴望擺脫俄羅斯的領導而獨立，但在 8 月 20 日深夜開始，二十萬華約成員國軍隊和五千輛坦克的武裝入侵後宣告失敗。事實上，在入侵前不久，捷克斯洛伐克共產黨大會已經準備支持改革派，並削弱史達林主義者的力量。在一個工廠裡，捷共通過了改革方案，但是入侵者將這一切的努力都付之東流。

不列入偕日升星。

不列入偕日降星。

對準上升、下降、天頂、天底的黃道度數（或位在實際星空的軸點）： 可以扮演未來的先驅角色，注意人生中的重大改變，引導自己與周圍的人走向未來。

與行星共軸或對準（合相）：
日：想要獲得成就，必須找到未來的發展方向。

月：可能是生活時尚的先驅，對未來的發展敏銳。

水：思維先進，具有先知般的視野。

金：具有前衛的審美觀，能夠藉此獲得重視和注目。

火：行動上的先知，能夠預測他人攻擊的方向。

木：人生觀與世界觀相當前衛，了解未來的趨勢。

土：擺脫束縛，用你的遠見成為權威。

天：擁有徹底改變周遭世界的能力，也可能因此被人排擠。

海：你的夢想是去引領人們走向未來。

冥：了解一個故事的結束，是幫助另一個故事的開始。

凱龍：有可能成為傷痛療癒的先驅。

月交：人生可能遭遇重大的改變，卻因此走向全新的世界。

天龍座

星座詮釋

在埃及，天龍座的右樞是相當重要的，因為在西元前四千年到西元前一千七百年間，右樞擔任著北極星的角色，當時有金字塔對準北方的這顆星，但今天因為歲差的緣故，右樞已不再擔任北極星的角色。而在巴比倫時代，有些證據顯示天龍座象徵著天神恩黎手上所拿的牛犁，恩黎的形象則為今日的牧夫座。但是部分研究者認為天龍座也象徵著巴比倫文明的創世女神提阿瑪特（Tiamat），因為她也是龍形狀。

天龍座對應著希臘神話中的龍蛇拉頓，拉頓跟許多希臘怪獸一樣，被說成是怪獸泰豐（颱風）與艾迪納的子女。在神話中，拉頓與黃昏女神赫斯珀里得斯（Hesperides）共同看管金蘋果，金蘋果是宙斯送給希拉的結婚禮物，被種植在世界最西端的黃昏花園中。巨龍不只看守金蘋果，同時也負責看管被處罰背負

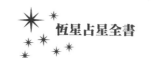

天空的泰坦巨人阿特拉斯（Atlas），這頭龍會殺死所有靠近的生物，只有阿特拉斯與黃昏女神們可以靠近。因爲黃昏女神拒絕幫助海克力士，海克力士用計誘騙撐著天空的阿特拉斯幫他取得金蘋果。但在某些版本的神話中，則是海克力士殺了巨龍以取得金蘋果。羅馬神話中這頭巨龍則成爲米奈娃女神殺掉的龍。

在阿拉伯的版本中，天空的極北之處並沒有巨龍，而是四隻母駱駝（以天龍座 β 星爲主，靠近南邊與武仙座的四方形）保護著一隻小駱駝（β 星旁的小恆星），以阻擋鬣狗（北方的天龍座 α 星、δ 星與 ε 星）的攻擊。有些研究者指出，阿拉伯版本的星空圖非常接近巴比倫人對星空的看法，這一帶象徵著具有攻擊性的狼，以及耕田的牛犁。

托勒密認爲天龍座的恆星具有土星與火星的特質，而羅伯森認爲天龍座象徵著銳利的分析能力，帶有藝術性與感受性，熱愛交友與旅行。

中國三垣二十八宿：

在古代中國的星圖中，天龍座在北極區域，屬於紫微垣的範圍。《宋史·天文志》：「紫微垣在北斗北，左右環列，翊衛之象也。」這個領域是天上的皇宮內院，天龍座包括了紫微左垣、紫微右垣、天廚、柱史、御女、天乙、太乙等星官。

天龍座的恆星

★ 右樞（Thuban）

恆星名	α Draconis / 天龍座 α / 右樞 Thuban / 紫微右垣一
亮度	3.6
回歸黃道位置	2020 處女座 07 度 45 分 2000 處女座 07 度 28 分 1980 處女座 07 度 11 分 1960 處女座 06 度 54 分
恆星位置	龍的中間後端，介於小熊與北斗的斗炳之間。
恆星特質	守護、警戒、蒐集。

恆星詮釋

　　天龍座 α 星在西元前四千年到西元前一千七百年間是天空北極星，當時有金字塔對準北方的這顆星，但因為歲差的關係，現在已經偏移到小熊座。右樞的國際天文名稱為 Thuban，源自 Al Tinni，意思為龍。前面提到過，天龍座在阿拉伯人的星圖中一部分被稱為鬣犬，而天龍座 α 星則被稱為公鬣犬（Al Dhih）。

　　托勒密認為所有天龍座都有火星與土星的特質，羅伯森指出天龍座的恆星帶來了感性與藝術特質，具有洞悉能力與分析的思維，熱愛旅行與交友，但也指出了意外與中毒的影響，他根據古代的傳說，認為當彗星經過此處時，毒素會在世界蔓延。占星師諾曼則認為天龍座與金錢財富的搜集管理有關。

　　由於天龍座象徵著保護金蘋果的巨龍，暗示著保護、防衛的特質，可能與財富或者農作這一類辛苦得來的成果的保護有關，對於外界的入侵抱著一種警戒的心態。其中文名稱為右樞，因位在紫微垣當中，象徵天空中天帝的居所，也象徵著地上的皇城，右樞除了暗示在天帝宮廷中右側的重要關鍵之外，也象徵著重要軍事大臣。

　　偕日升星：安靜低調，但擁有強烈的保護與守護特質，對於他人侵犯領域或隱私感到相當的敏感。

　　偕日降星：學會以靜制動、保持警覺，在乎自己所擁有的事物，並學會保存看管這些事物。

　　對準上升、下降、天頂、天底的黃道度數（或位在實際星空的軸點）：具有

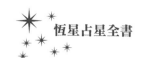

收集、保管事物的習性與能力，對於周圍發生的事情保持警覺，防止外人入侵。

與行星共軸或對準（合相）：

日：透過搜集而獲得成就，無論是物品或是資訊。

月：對於家人與周遭的人有著強烈的保護態度。

水：對於文學、知識、學術有著豐富的好奇心，博學多聞。

金：蒐集美麗的事物，對朋友相當忠誠。

火：強烈的保護心態，對於陌生人採取警戒。

木：對異國文化很有興趣，也可能學習相當多的語言。

土：生活經驗豐富，對他人的威脅相當敏感。

天：對於新的科技或奇怪的事物感到好奇，相關領域的學識豐富。

海：可能對藝術或精神領域感到好奇，願意進一步探索。

冥：用謹慎與防衛的心態面對那些自己不了解的事物。

凱龍：傷痛的主題可能與過度的保護或掌控有關。

月交：豐富的人生旅程，在人生路上遇到形形色色的人。

✴ 天棓三（Rastaban）

恆星名	β Draconis / 天棓三 / Alwaid / Rastaban
亮度	2.7
回歸黃道位置	2020 射手座 12 度 15 分 2000 射手座 11 度 58 分 1980 射手座 11 度 42 分 1960 射手座 11 度 25 分
恆星位置	龍的頭部眼睛的部位。
恆星特質	收穫、守護、警戒。

恆星詮釋

天棓三是天龍座的 β 星，它的阿拉伯文名稱是 Al waid，意思是「被摧毀的」，而國際天文聯合會所命名的 Rastaban 也是來自於阿拉伯文 ra's ath-thu'ban。ras 是頭的意思，thuban 則是龍的意思，這個名字為「龍的頭部」。事實上這個名字也被用來稱呼天龍座的另一個恆星天棓四（投影在回歸黃道上的射手座 28 度），這是天龍座最明亮的恆星，不過今日天棓四已定名為 Eltanin。儘管我在這裡只介紹天棓三，但如有需要，同樣的詮釋也可以用在天棓四上。

在 2001 年的時候，冥王星經過射手座的 12 度，以 1 度的距離對準了天棓三，而又因為天棓三的阿拉伯文名稱有著「被摧毀」的意思，於是有占星師認為發生在 2001 年的 911 恐怖攻擊行動與此恆星有關。根據我進一步的研究，此星確實可能有這樣的特質，在 1983 年 12 月到 1984 年 11 月之間，天王星對準射手座 11 度時，北愛爾蘭共和軍發動了一系列的恐怖攻擊，包括著名的英國布萊頓爆炸案，當時的首相柴契爾夫人逃過此次的暗殺行動。不過我們在針對個人詮釋的時候，可以優先考慮天龍座的整體特質，守護與警戒。

羅伯森認為這個恆星具有火星與土星的特質，並且帶來了暴力、犯罪、財物損失。在中國古代，北極星空是天帝的居所，天棓則是拿著大棍子的先鋒武官。《開元占經》：「郗萌曰：『天棓者，先驅也。』石氏曰：『天棓五星，天之武備也；棓者，大杖；所以打賊也；皆所以禁暴橫，備不虞也。』」

偕日升星：對於危險的事物有著敏銳的觀察力，能夠提出預警並且保護自己與他人。

偕日降星：追求成就的過程中，必須對危險的事物提高警覺，找出避開危險的方法。

對準上升、下降、天頂、天底的黃道度數（或位在實際星空的軸點）：與天龍座的其他恆星一樣具有守護與收集的優勢，同時也對危險的事物相當敏感，能夠提出預警，或者必要時放棄某些事物保全大局。

與行星共軸或對準（合相）：
日：對於危險與威脅有著敏銳的洞悉能力，能夠保護自己與他人。

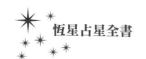

月：有著強烈的保護特質，在日常生活中留意可能帶來的威脅。

水：有能力對於即將發生的危險事物提出警訊。

金：對於保護珍貴事物有著相當豐富的經驗。

火：將破壞力妥善的應用在適當的地方，例如那些老舊需要拆除的事物上。

木：對於學問與智慧相當重視，博學多聞。

土：能夠破壞權威，也可能成為權威的打手。

天：對於獨立與自由有著高度的熱誠，並以實際的行動支持。

海：在精神領域上有著豐富的體驗，可以用來幫助他人。

冥：有能力拆除陳腐老舊的事物或規範，讓眾人得以釋放。

凱龍：傷痛的主題可能與迫害或驚嚇有關。

月交：人生歷程的改變相當劇烈，甚至讓人難受。

牧夫座

星座詮釋

對於巴比倫人來說，這個星座稱為 SUPA，意思是「至高無上的神」。根據巴比倫的文獻記載，SUPA 星座所描述的神就是恩黎（Enlil），他是農業之神、生產之神、降雨之神也是水神，北斗七星則是他手上拿的牛犁。在古希臘，牧夫座被視為牧牛的人，這位巨大的牧神發明了耕作用的犁而受到獎勵，被放在天空成為牧夫座，據信這是受到巴比倫人對這個星座與農業有關的看法。他在星圖中經常呈現的是右手拿著棒子，左手抓著繫獵犬繩子的樣子。他也被稱為耕田的人（Ploughman），因為他是第一個發明農具的人，也是農業女神狄蜜特（Demetra）的兒子菲爾摩勒絲（Philomoles）。

牧夫座的英文名稱是 Bootes，來自於古希臘文 Βοητής，意思就是農人，也被認為與趕羊或駕馭牛隻有關，而後搭配神話，也被說成是牽著獵狗追趕大熊

的獵人。托勒密認為除了大角星（Arcturus）之外，其他恆星在這個星座都有著水星與土星的特質，象徵著辛勤的工作，強烈的野心，豐盛繁盛，有時過多的事物。

曼尼留斯認為牧夫座受到命運女神的眷顧，往往能夠擔任重要的管理職位，管理、守護國家，或者管理其他人的家庭。這暗示著這個星座與行政管理、財務管理有著相當大的關聯。

中國三垣二十八宿：

牧夫座的主要恆星「大角星」象徵著龍頭上的角，在中國古代的占星與天文中，牧夫與北斗七星有著相似的重要性。牧夫像是抓住或提起北斗的支撐，也因此，在大角星官的下方有著攝提星官，左攝提與右攝提像是支撐大角與北斗的支柱，當攝提星官與大角出現在東北方的星空時，就是農曆新年的季節，也因此格外重要。除了這些星官之外，還包括了招搖、天槍、梗河、七公等星官。牧夫座的上方屬於紫微垣，而下方則是分屬於東方蒼龍七宿的亢宿與氐宿。

牧夫座的恆星

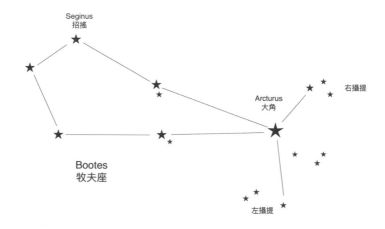

☆ 大角（Arcturus）

恆星名	α Boötis / 牧夫 α / 大角 Arcturus
亮度	-0.04
回歸黃道位置	2020 天秤座 24 度 31 分 2000 天秤座 24 度 14 分 1980 天秤座 23 度 58 分 1960 天秤座 23 度 41 分
恆星位置	牧夫的大腿。
恆星特質	制度、名聲、領導、創新。

恆星詮釋

　　無論中外，大角這顆恆星都十分被重視，在天空中，大角是第三亮的恆星，甚至可能是人類文明中第一個被命名的恆星。它被國際天文聯合會命名為 Arcturus，來自於希臘文 Αρκτονρος，意思為「熊的看守者」，這個名稱甚至被用來稱呼整個星座。在古埃及與早期的地中海地區，大角被視為是女神梅納特（Menat），亦是愛與生產女神哈托（Hathor）的古埃及稱呼，而阿拉伯人稱呼它為天堂守護者（Al Simakal Ramih）或是持矛者（Al Ramec）。

　　在天文觀測時，我們可以找到北斗七星的斗柄三顆星，自此往前跨過天空可以找到大角，是重要的指標星。在太平洋上的南島民族玻里尼西亞一帶出發前往東方與北方時，利用大角的方位指引和貿易風的推進，可前往至夏威夷，從夏威夷返回玻里尼西亞則可利用天狼星。在農業社會中，大角的升起日期有重要的意義，從巴比倫、埃及到希臘的星空，都將這顆星和這個星座與農業耕作做連結。

　　在中國，這個星有著重要的地位，大角又被稱為「棟星」，除了象徵皇帝的治理之外，也與農耕有關。一方面大角與處女座的角宿一、角宿二共同組成了龍的頭角，象徵著四個星宿當中蒼龍七宿的龍的頭頂上的最粗壯的頭角。根據明朝易經學家黃宗羲的研究，推測易經中乾卦所描述的卦象，就是四季黃昏之後蒼龍七宿在天空中移動的描述。而當大角與角宿出現在地平線上的時刻，也是中國民間農曆二月龍抬頭與龍頭節，象徵著乾卦中的「見龍在田，利見大人」的意涵。

托勒密認為這顆星具有火星與木星的特質，羅伯森則認為帶來好運，榮耀富裕，堅定自信，透過旅行帶來的豐盛。而艾伯丁則認為這顆星與法律的公正有關，不過也因此帶來好爭辯的特質。但我們不要忘記這個星座與這個恆星象徵著巴比倫時期的農神與最高統治神恩黎，他帶來了牛犁與耕作的技巧，也帶來了文明制度。

偕日升星：關注眾人的每日生活方式，可能帶來創新的思維引導潮流的改變，具有時代領導者的特質。

偕日降星：如果舊的思維無法解決問題，那麼或許必須放棄舊思維，從完全不同的角度重新看待問題。

對準上升、下降、天頂、天底的黃道度數（或位在實際星空的軸點）：去執行創新的任務，或者引導重大的改變，成為團隊群體中的重要人物。

與行星共軸或對準（合相）：

日：具有強烈的領袖特質，也因為創新的態度而受到人們的尊敬。

月：將智慧與創意應用在每天的生活當中而受到矚目。

水：擁有創新以及具有領導能力的思維。

金：對人們真誠的關懷可贏得友誼。

火：將你的能力展現在領導群體之上，以身作則。

木：以仁慈關愛得到人們的敬重。

土：對於創新改革以及領導者的任務，採取謹慎的態度。

天：勇於創新改革，帶來新的發展方向。

海：以慈愛包容領導眾人，並且展現同理心。

冥：在危機時刻能夠帶領眾人走出一條全新的道路。

凱龍：以不同於過往的觀念來檢視傷痛，且帶來療癒的方式。

月交：可能因為新的觀點而成為群體中的意見領袖。

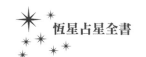

★ 招搖（Seginus）

恆星名	γ Boötis / 牧夫 γ / 招搖 Seginus
亮度	3.03
回歸黃道位置	2020 天秤座 17 度 57 分 2000 天秤座 17 度 40 分 1980 天秤座 17 度 23 分 1960 天秤座 17 度 07 分
恆星位置	牧夫的左手。
恆星特質	保護、創造、領導。

恆星詮釋

國際天文聯合會將招搖命名稱爲 Seginus，這個名稱很有可能是牧夫座的阿拉伯文 Theguius 的直接音譯，最後變成 Seginus。同時這個恆星還有不同的阿拉伯文名稱，包括了 Al-Haris Al-Sama，意思是「北方的守護者」，或者招呼者（Menkib al Aoua al Aisr）。

托勒密認爲除了大角之外，牧夫座的恆星都具有水星與土星的性質，羅伯森認爲這個恆星帶來微妙難懂的思維，無恥，透過朋友夥伴帶來損失。莫爾斯博士則進一步詮釋土星與水星的意涵，符合牧夫座的保護特質以及此星的阿拉伯名稱守護者，也認爲此星因爲有時象徵著手持鐮刀，而有著收割的意涵。我認爲守護者與幫助者的意涵相當顯著，卻也不要忘記將此星座的創新、發明、領導的特質套用在這個恆星上。

《禮記・曲禮上》：「招搖在上，急繕其怒。」招搖星在上方，讓一切強勁有力。招搖星在這裡被解釋爲北斗七星，這是有可能的，因爲招搖星相當接近北斗七星的位置，且象徵著兵器。招搖不是今天所謂的招搖撞騙或招搖過市的意思，招搖是兵器的名稱，或是明確指引的另一種說法。《開元占經》的《黃帝占》中提到：「招搖爲矛，攝提大楯。相當，兵大起，大戰。」直接認爲招搖與兵器作戰有關，所以有著攻擊的意思。

偕日升星：具有遠見、創新的思維與樂於助人的天性，也展現對周遭人事物

的保護特質。

偕日降星：想要達成你的目標必須先珍惜你手邊所擁有的一切，很多重要的指引在手邊唾手可得。

對準上升、下降、天頂、天底的黃道度數（或位在實際星空的軸點）：樂於助人的個性、輕鬆樂觀，你知道如何輕鬆的引導人們，幫助他們、保護他們，卻不替人們帶來壓力。

與行星共軸或對準（合相）：

日：非常具有親和力的助人者，但也懂得怎麼保護人們。

月：在生活中相當具有親和力與實踐工作的能力。

水：可用輕鬆幽默的話語，指引人們走向正確的方向。

金：親和力強且願意幫助別人，讓你相當受到歡迎。

火：保護與攻擊是行動上的重要主題，盡全力爭取你想要的事物。

木：仁慈的心與幽默風趣的思維，可幫助人們成長。

土：展現強烈的保護個性，並以此受到人們的敬重。

天：為某些重要的目的而選擇改變生活模式或環境，以達到保護人們的目的。

海：透過藝術影像替人們帶來啟發與引導。

冥：在危機時刻將重要的人事物隱藏起來，並保護他們。

凱龍：受到的傷痛可能跟保護的主題有關。

月交：在生活中展現你的智慧，領導人們走向新的生活。

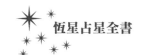

北冕座

星座詮釋

北冕是天空中的皇冠之一，這個星座是比較晚期才命名的，在某一段時間裡被當作是牧夫座的一部分。

在希臘神話中，這是酒神妻子亞莉安德尼（Ariadnea）的皇冠。亞莉安德尼是米諾斯王國的公主，當鐵修斯（Theseus）前來挑戰關在迷宮中的牛頭人身怪獸米諾陶時，亞莉安德尼用她的智慧給予鐵修斯一團絲線，幫助鐵修斯進入迷宮殺死怪物，並且順利走出迷宮。鐵修斯本答應娶她，但後來卻將亞莉安德尼拋棄在荒島上，酒神戴奧尼修斯經過這裡時看見美麗的公主並要求娶她，亞莉安德尼因此成為酒神的妻子。這一頂皇冠據說是酒神（或是維納斯）送給她的結婚禮物，並且放置於天空中，也有人認為這是酒神的皇冠，在神話中酒神是宙斯的兒子，也是半神半人，因為天后希拉的嫉妒不斷的攻擊他，卻也讓他擁有不斷重生與變換身形的經驗，最後因為擁有釀酒與主持祭典的知識，從人變成為奧林帕斯的十二位主神之一。

阿拉伯人給這個星座的名字是 al-Fakkah，後來成為北冕座 α 星的名字，al-Fakkah 的意思是破掉的，象徵著一串四處散落的珠寶；也有另一支阿拉伯人認為這是窮人的碗，因為這個星座只有半圓。在波羅的海一帶則認為這是天空中的花園，在澳洲的原住民則將這個星座稱為迴力鏢，因為星座的形狀像是尖角朝下的迴力鏢。

威爾斯人認為這是銀色的城堡，是女神阿利安羅德（Arianrhod）的城堡，阿利安羅德在神話故事中因為魔法的關係生下了倆孩子，她因此感到羞辱，並且不停的與兒子作對。

曼尼留斯認為受北冕座影響的人擁有的技能是「溫和」，同時也描述著這些人可能具備園藝的技能，以及製造香水、香膏，並擅長時尚與裝飾藝術，優雅的享受生活。托勒密認為這個星座具有金星與水星的特質，羅伯森認為這個星座的影響具有藝術本能，熱愛花卉園藝。

這個區域位於天市垣中，天市垣有許多買賣與衡量的器具，在中國古代占星師眼中，北冕座的半圓形像是一串銅錢，因此被稱為貫索。而將事物串在一起，也像是犯人被綁在一起一樣，所以這裡也被描述成天空的監獄。

北冕座的恆星

Corona Borealis
北冕座

Alphecca
貫索四

☆ 貫索四（Alphecca）

恆星名	α Coronae Borealis / 北冕 α / 貫索四 Alphecca
亮度	2.23
回歸黃道位置	2020 天蠍座 12 度 35 分 2000 天蠍座 12 度 18 分 1980 天蠍座 12 度 01 分 1960 天蠍座 11 度 44 分
恆星位置	北冕座碗狀下方最明亮的恆星。
恆星特質	藝文創作、園藝農業、付出與犧牲。

恆星詮釋

　　許多占星師對這個星座有著不同的解釋，例如托勒密認為這個恆星擁有金星與水星的特質，象徵著藝文能力以及對花草自然的喜好；喬治諾曼認為帶來對農業有幫助的氣候；艾伯丁延續著羅伯森與托勒密的解釋，認為帶來藝文能力以及商業上的成就。布雷迪博士則認為北冕象徵透過陰性的力量去達成目的。

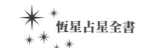

在中國的星空中，這個星座位在天市垣中的貫索星官。天市，顧名思義是天界的商業區，相對於紫微垣皇宮，太微垣的政治文教區，這裡是市場商店的象徵，這一帶的星官包括了斗、帛度等買賣度量衡的工具，貫索星官則在天市的外圍，共有九顆星。貫索這個字有著綑綁的意思，《晉書·天文志》：「貫索九星在其前，賤人之牢也。一曰連索，一曰連營，一曰天牢，主法律，禁暴強也。牢口一星爲門，欲其開也。九星皆明，天下獄煩；七星見，小赦；六星、五星，大赦。動則斧鑕用，中空則更元。」《春秋緯》曰：「貫索，賊人之牢。中星實，則囚多，虛，則開脫。」這些都說明了與牢獄犯罪有關，或是因爲牽絆而有阻塞、阻礙的意涵。

偕日升星：可能具有天生的商業技能與文藝特質，但更重要的是，在成長過程中了解到付出與回報之間不一定對等。

偕日降星：最大的挑戰在於能否接受爲了達成目的而必須付出的代價，或者那些稱爲附帶條款的事件。

對準上升、下降、天頂、天底的黃道度數（或位在實際星空的軸點）：得到的結果不一定是自己期盼的，命運給了你一份一開始並不期待的禮物，但它卻是珍貴且重要的。

與行星共軸或對準（合相）：

日：運用自己的天賦去爭取榮耀或自身想要的事物，在過程中可能付出辛苦的代價。

月：可能擁有天賦才華與商業能力，在生活中不計較的付出。

水：你在藝文方面特別才華洋溢，但必須嘗試理解生活中的獲得與付出不一定成正比。

金：發揮你的天賦與才華，因爲你熱愛，而不是因爲目標能帶來什麼好處。

火：你想要追求的事物可能得付出非常高的代價，但卻可以得到意外收穫。

木：透過付出奉獻與預期之外的回饋，因而得到智慧。

土：用實際的眼光看待所追求的事物，你得到的將會是你需要的。

天：學會不對事物抱持期待，因此更容易滿足。

海：強烈的藝術特質與精神啓發，能夠幫助自己在生活中獲得滿足。

冥：塞翁失馬焉知非福，儘管感嘆失去的事物，但且珍惜手邊所擁有的。

凱龍：在得到與失去之間獲得生命的智慧。

月交：人生就像是驚奇的旅程，如果你不抱著期盼，那麼將更容易滿足。

后髮座

星座詮釋

　　巴比倫人稱后髮座爲 Hegala，意思是「在某事物之前」，也有埃及學者懷疑在埃及傾斜曆中的「sb3w ⸗š3w」翻譯爲「許多星星」的星座指的就是后髮座。太平洋上的東加人稱之爲 Fatana-lua（雙平台），並將后髮座分成兩部分，一部分是 Fata-'olalo（下層平臺）與 Fata-'olunga（上層平台），據信他們是根據后髮座的方位前往斐濟。

　　在早期的希臘占星學中，這個星座並沒有被明確的定義，有時候甚至會被歸類到獅子座或處女座當中。托勒密認爲這是獅子座的一部分，稱爲 Plokamos，頭髮或編織的意思。一直到 1603 年這顆星才出現在拜耳命名法中，亦有人說是知名的占星師泰谷‧布洛赫給予的命名。

　　后髮座的拉丁文名稱是 Coma Berenices，Coma 是頭髮的意思，Coma Beremcices 可以直接翻譯成「貝倫尼斯的頭髮」。這個星座的名字充分說明了它的由來，埃及法老托勒密三世的皇后貝倫尼斯（Berenice）向金星女神維納斯祈禱保佑丈夫平安歸來，並把頭髮剪下來奉獻在維納斯的神廟。第二天，她的頭髮不見了，人們傳說皇后的奉獻與祈禱感動了維納斯，女神接受了她的犧牲，並把皇后的頭髮放到天上，成爲后髮座。同時 Berenice 來自於希臘文 Φερενίκη（Pherenikē），意思是帶來勝利。φέρω 是帶來或乘載的意思，νίκη 則是勝利（勝利女神 Nike），這個字就如同英文 Victoria 一樣，有著勝利的意涵。

中國三垣二十八宿：

在中國古代的星空圖中，這一帶的天空屬於太微垣的區域，太微垣像是文武百官的辦公區域，這一帶有許多官職稱呼，例如接下來要介紹的恆星東上將，后髮座的星空還包括了郎位、周鼎、五諸侯，其中郎位也是武官的名稱。

后髮座的恆星

☆ 東上將（Diadem）

恆星名	α Comae Berenices / 后髮座 α / Diadem / 東上將、太微左垣五
亮度	4.32
回歸黃道位置	2020 天秤座 09 度 14 分 2000 天秤座 08 度 57 分 1980 天秤座 08 度 41 分 1960 天秤座 08 度 24 分
恆星位置	后髮座對準處女座東次將的恆星。
恆星特質	奉獻、靜態的特質、勝利。

恆星詮釋

羅伯森說這個星座的恆星象徵著美好的儀態以及個人魅力，對於藝術、戲劇的喜愛或擁有表演能力，但是也可能帶來生活懶散。

由於這個星座在星空中一直象徵著毛髮、頭髮，東上將這個恆星的英文名字是 Diadem，意即皇冠的意思，是皇室女性所戴的比較小的冠冕。這個恆星象徵皇后頭上的冠冕，一方面象徵高貴的身分，皇后也象徵著女性的生產力，以及社會中傳統定義的女性角色。如同故事中的皇后並沒有出征，處於被動的狀態待在宮殿中，以犧牲的方式祈求帶來丈夫的勝利。在今日或許可以不必是女性的角色，但卻描述著靜態或被動的特質。

在這裡可以延伸幾個不同的可能性，第一可能象徵著陰性的處事態度，被動、以靜制動，或是女性的能力與生產力所帶來的榮耀，再來也可能象徵著透過自己的犧牲以換取他人的成就。最後我不排除有可能暗示著帶來勝利的這個直接意涵，因為這個字就直接出現在這個星座上。

偕日升星：被動、安靜的天性或擁有生產力，替他人著想，並且甚至願意犧牲自己換取他人的成就與幸福。

偕日降星：在生活挑戰中了解到被動與安靜也是一種力量，最大的挑戰是去接受某些時候犧牲是必須的。

對準上升、下降、天頂、天底的黃道度數（或位在實際星空的軸點）：擁有安靜、沉穩、以靜制動的能力，擁有豐富的生產力與關愛他人的心，願意犧牲自己去幫助他人，但也因此受到尊重且獲得榮耀。

與行星共軸或對準（合相）：

日：了解成功不必在我，為了共同的成就或整個社會的利益而付出。

月：在生活中為了所愛的親人而盡心盡力的付出。

水：溫和的言語帶來改變的力量，為了兄弟姊妹與好友付出而不求回報。

金：儘管簡樸不張揚，也能夠擁有強烈的個人魅力。

火：你的行動與成就必須是為了眾人的福祉，而不是個人的利益。

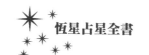
木：替眾人著想，為了國家社會而付出自身的才華。

土：儘管這裡強調犧牲的特質，但卻因此受到尊重。

天：為了整體的利益而選擇離開某個環境。

海：為了他人的福祉而選擇做出犧牲與奉獻。

冥：在面對危機與挑戰時，犧牲自身的利益去換取他人的平安。

凱龍：所受到的傷痛與家族中的犧牲奉獻有關。

月交：因為奉獻與付出而走向不同的人生道路。

海豚座

星座詮釋

海豚座出現在托勒密的星座表中，是一個從希臘時代就存在的星座。在早期希臘時代，海豚座的名字是 Ιεορς’Ιχθύς，意味神聖的魚。在早期的米諾安遺址的壁畫中，我們得知地中海一帶的希臘人對海豚的熟識，認為海豚帶來吉利的象徵。他們將海豚視為是海神波賽頓、太陽神阿波羅還有金星女神阿芙蘿黛蒂的聖物。

關於海豚座的神話有兩個，第一是海神波賽頓想要娶海精靈安菲翠蒂（Amphitrite）為妻，但是安菲翠蒂躲起來了，海神要求魚群們幫忙尋找，海豚是第一個找到安菲翠蒂的魚，並且說服了安菲翠蒂嫁給海神，波賽頓因為感謝海豚成全了這樁好事，就把海豚放在星空當中。

曼尼留斯認為受到海豚座影響的人有著強健的體能，無論是不是擅長水中的運動，他都能夠擁有適合於運動的體格，強健的身體與快速的動力，像是體能特技一般的專長，且特別擅長與水有關的運動與行業，例如在海中尋找戰利品。托勒密認為海豚座具有土星與火星的特質，簡單的外表卻表裡不一，開朗的個性，熱愛運動，喜歡娛樂與旅行。

吠陀二十七宿：

Dhanishta（音譯：但你瑟陀吠陀）：在二十七宿中位在摩羯座與水瓶座之間的星宿，守護神是八位帶來光明的伐蘇斯（Vasus），象徵著豐盛與名望，擁有財富與勇氣幸福。

中國三垣二十八宿：

在中國星圖中，海豚座的位置為瓠瓜與敗瓜，兩個星官都在女宿當中。瓠瓜是中國古代星官之一，屬於二十八宿的女宿，含有五星，位在天鷹座河鼓東方的銀河邊，瓠瓜也就是葫蘆，這一帶象徵著豐富的瓜田，瓠瓜的下方則是敗瓜，意思是腐壞的葫蘆。

海豚座的恆星

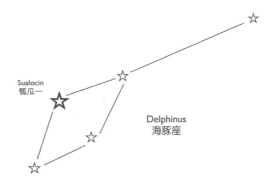

✭ 瓠瓜一（Sualocin）

恆星名	α Delphinus / 瓠瓜一 Sualocin
亮度	3.9
回歸黃道位置	2020 水瓶座 17 度 39 分 2000 水瓶座 17 度 22 分 1980 水瓶座 17 度 06 分 1960 水瓶座 16 度 49 分
恆星位置	海豚的頭部。
恆星特質	敏捷、機靈、嬉戲。

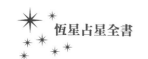

恆星詮釋

　　基本上海豚座並沒有明亮的恆星，在過去也沒有替這個星座的恆星命名，海豚座 α 星的國際名稱是 Sualocin，海豚座的 β 星是 Rotanev，這兩個名字都在 1814 年後才出現在星曆表上，卻沒有人能夠解釋這兩個奇怪名字的由來，一直到十九世紀的英國天文學家湯瑪斯（Thomas Webb）考據才找出了原因。原來命名這兩個恆星的人是一位義大利天文學家尼可洛·卡奇亞特羅（Niccolo Cacciatore），他在早期幫助他的上司皮亞齊（Giuseppe Piazzi）整理星曆表，在當中加入了這兩顆恆星，並在 1817 年接替了皮亞齊成為巴勒摩天文台的主管。卡奇亞特羅的拉丁文名字是 Nicolaus Venator，他將名字 Nicolaus 倒過來拼寫，Sualocin 便成為海豚座 α 星的名稱，而同樣的將 Venator 反寫，便成 Rotanev，這便是海豚座 β 星的名稱。

　　托勒密賦予海豚座的恆星土星與火星的象徵，羅伯森則說海豚座 α 星與海豚座 β 星帶來了快樂、好動，喜愛狩獵，拆解謎團與事物，並充滿二元性；但另一位占星師南農卻認為這兩顆星是水星與木星的象徵。從神話故事的角度來看，海豚座的詮釋可以是歡樂愉悅且輕鬆的，同時我認為曼尼留斯所強調的好動與體能，以及與海洋有關的特質可以納入考量。

　　偕日升星：帶來輕鬆愉快、直爽簡單的個性，同時以一種輕鬆嬉戲的態度面對許多事情。

　　偕日降星：了解幫助別人時對自己也有幫助，在困境時體會到娛樂幽默在人生中的重要性。

　　對準上升、下降、天頂、天底的黃道度數（或位在實際星空的軸點）：在頭腦或體能上展現靈活的特性，遇到他人有困難時願意伸手相助。

　　與行星共軸或對準（合相）：

日：活潑樂觀開朗的個性將帶來成就。

月：靈活巧思能夠帶來生活中的許多創意。

水：言詞、文字的巧妙變化與應用，可帶來成就。

金：樂於助人的天性將得到許多朋友。

火：能在體能上展現靈活與敏捷。

木：在幽默風趣中展現大智慧。

土：儘管是別人認爲無聊的事，你都能夠讓它變得有趣。

天：以獨特的角度看待周遭的事物並帶來創意。

海：適合去了解海洋，以及在與海洋有關的事物上發展。

冥：儘管面對恐懼與挑戰，都能以幽默風趣的方式應對。

凱龍：以一種輕鬆的方式去面對傷痛的療癒。

月交：用靈活的態度面對生活的改變。

Chapter 6

南半球的恆星

　　在這個章節中，我們列出了那些位於南方星空的恆星，這些恆星多半在黃道與赤道以南的區域，有些恆星與星座因為在過去沒有被托勒密觀察到，以及在北半球無法被觀察到而被忽略了，甚至有許多南半球的星座與恆星，直到十六世紀的大航海時代才被觀察與命名，這或許是現代占星師可以展開研究的領域。特別是對於台灣、香港或者位在赤道附近的東南亞區域，這些恆星都能夠被看見，對我們可能有著更為緊密的影響。特別值得觀察的，是那些未曾被占星師們討論的星座與天體，例如孔雀座、杜鵑座、天鶴座、大小麥哲倫星雲等，我個人也將這些南半球領域的恆星列為研究的主題，並在教學中與學生們討論，希望這些研究能夠在日後有機會發表。

鯨魚座

星座詮釋

　　鯨魚座在希臘神話故事中與英仙座、仙女座有關，因為衣索比亞的皇后卡修比亞（仙后座）認為自己比海神之妻還要美麗，為此冒犯了海神之妻，而被要求除非將女兒安德魯美達（仙女座）獻祭給海怪（鯨魚座），否則整個國家都會受到懲罰，而波休斯（英仙座）為了拯救公主殺了海怪，並且娶了公主為妻。

　　故事中被海神派出摧毀沿岸村莊的海怪，最後被波休斯殺死而被放到天上，位於雙魚座與牡羊座的下方，與英仙座隔著黃道遙遙相望，它在現代又稱為鯨魚座。由於鯨魚座位在黃道附近，許多時候月亮與行星也會經過鯨魚座。

　　在巴比倫的星空圖中，我們並沒有明確對應鯨魚座位置的星座，有研究者認

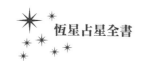

為可能跟魚神大貢有關，但是也有人認為魚神大貢對應南魚座而非鯨魚座。另外也有占星師根據文獻推測，這一區的星空對應著高舉武器的獅頭人身的戰鬥之神盧拉（Lulal），基督教認為這是吞下約拿的鯨魚。

曼尼留斯認為在鯨魚座影響下出生的人與捕獵海洋生物有關，懂得控制海洋與海洋的生物，並與將海水曬乾、製鹽有關。托勒密認為這個星座具有土星的特質，羅伯森認為帶來懶散，但同時帶來情緒化與慈善的特質，在戰爭中具有指揮的能力。審慎、樂觀，在海洋與陸地上都感到快樂，有助於尋回失物。儘管我們在這裡只介紹土司空與天囷一兩個恆星，但如果有需要使用其他鯨魚座的恆星，都可以參考這兩個恆星的詮釋。

中國三垣二十八宿：

在中國古代的星空概念當中，這一帶似乎象徵著天空的糧倉，所以有著天囷、天倉儲藏糧食的位置，芻蒿、天苑則與飼養牛羊以及所需的糧草有關，此外還包括了土司空與象徵污穢場所的天溷。

鯨魚座的恆星

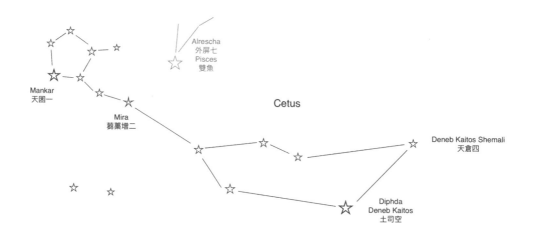

✭ 土司空（Deneb Kaitos）

恆星名	β Ceti / 鯨魚座 β / Deneb Kaitos / Diphda / Difda / Difda al Thani / 土司空
亮度	2.04
回歸黃道位置	2020 牡羊座 02 度 51 分 2000 牡羊座 02 度 35 分 1980 牡羊座 02 度 18 分 1960 牡羊座 02 度 01 分
恆星位置	海怪的尾巴。
恆星特質	強烈的感受，深層的無意識。

恆星詮釋

托勒密認為鯨魚座的恆星都有土星的特質，羅伯森認為象徵著暴力、疾病、恥辱、不幸、強迫性的改變與自我毀滅的特質。

國際天文聯合會將之命名為 Diphda，來自於阿拉伯文 ḍifdaʿat-ṯānī，意思是「第二隻青蛙」。而在占星學界，我們更常用古老的稱呼 Deneb Kaitos，我們知道 Deneb 往往出現在星座的尾巴，而 Kaitos 則是鯨魚座的阿拉伯文名稱，這個名字指出這裡是海怪的尾巴。由於這是鯨魚座最明亮的星，同樣具有鯨魚座的相似特質，所以可以套用鯨魚座的詮釋，與神祕的事物、深層無意識、恐懼驚慌有關，當然也可能相當直接的暗示著與海洋生物有關的事務。

偕日升星：因為家族或自身承受過強烈的衝擊，對於神祕的事有深刻的體認。

偕日降星：達成人生的重要目標之前，最大的挑戰在於戰勝自身的驚嚇恐懼。

對準上升、下降、天頂、天底的黃道度數（或位在實際星空的軸點）：深入無意識的探索，了解無意識的影響是這個星座所有恆星的特質，也可能與生活中或情感中的危機或危機處理有關。

與行星共軸或對準（合相）：
日：在驚濤駭浪中成就自我，可能是海洋活動，或是生活中的劇烈挑戰。

月：情緒、情感或者水，在生活中扮演重要的角色，可幫助你更深入自我。

水：透過文字言語與眾人的情感產生連結，特別是面對衝擊的時刻更顯重要。

金：具有情感與人際關係的特質，可能與強烈的情緒有關。

火：可能因為重大的社會事件而感到驚慌，並刺激發展求生本能。

木：生活中的信念在激烈的變化與情感的衝擊中養成。

土：因為生活中受到的衝擊，而培養出實際與保守的態度。

天：對情緒的衝突抱持著客觀或冷漠的態度，但這不保證你不會受到情緒的影響。

海：對於周遭的強烈情緒衝擊感到同理，容易對神祕學產生興趣。

冥：對於神祕事物的認知，對於生存中的掙扎有著深刻的體驗。

凱龍：需要面對的傷痛療癒，與強烈的情感衝擊、同理心還有生存主題有關。

月交：在人生歷程中，強烈的情緒與神祕事物主題相當明顯。

☆ 天囷一（Menkar）

恆星名	α Ceti / 天囷一 / Menkar
亮度	2.53
回歸黃道位置	2020 金牛座 14 度 36 分 2000 金牛座 14 度 19 分 1980 金牛座 14 度 02 分 1960 金牛座 13 度 46 分
恆星位置	海怪的頭部。
恆星特質	擔憂、堆積、深層的無意識。

恆星詮釋

國際天文聯合會將天囷一定名爲 Menkar，源於這個恆星原本的阿拉伯文名稱 Al Minhar（Minhar），意思是鼻子，或是海怪的鼻子。

托勒密認爲此星座的恆星與土星有關，羅伯森認爲這個恆星會導致疾病、恥辱與財物的損失；艾伯丁認爲這個恆星帶來了阻礙、擔憂與耐力的考驗；布雷迪博士認爲此星象徵著與人類共同無意識中深層的感受有關。

在中國的古代星官中，這一帶區域是天空中的糧倉，也因此有著天囷與天倉等星。《開元占經》與《隋書・天文志》提到：「天囷十三星，在胃南，倉廩之屬也，主給御糧也。」

偕日升星：具有強烈的同理心，或被賦予神祕的力量，因而學習如何面對處理相關的影響。

偕日降星：人生的挑戰可能是去克服自身的擔憂，並展現同理心，也可能是去面對人們所投射的恐懼。

對準上升、下降、天頂、天底的黃道度數（或位在實際星空的軸點）：對神祕事物、神祕學有興趣，或有深入研究那些常理無法理解的事物的機會，也可能暗示著在日常中與海洋有關事務的接觸。

與行星共軸或對準（合相）：

日：去戰勝自身或眾人的憂慮，即使被吞噬進去，也有能力與之共榮共存。

月：在每日生活中面對情緒感受的挑戰，並接受其滋養，因而更豐富生命。

水：能以言語文筆描繪出眾人內心的擔憂。

金：在人際關係中如何展現同理卻又不受影響，將會是一個挑戰。

火：在衝動時或許需要釐清這是你的感受？還是受到環境的刺激？

木：在重大的生活挑戰中找尋信念與成長的力量。

土：或許經常面對擔憂，但也能夠培養踏實的態度以面對挑戰。

天：在面對擔憂時可以用客觀的態度看待。

海：融入眾人的感受之中，或許能藉由藝術與精神成長的方式幫助自己。

冥：對驚慌、驚恐有深刻的體驗，能夠以過來人的姿態幫助自己與他人。

凱龍：藉由自身的體驗去幫助人們處理與驚嚇有關的傷痛。

月交：在成長的道路上，處理情緒的課題顯得相當重要。

天鴿座

星座詮釋

天鴿座原本是大犬座南邊的一部分，在古代典籍中都沒有被認為是一個單獨的星座，托勒密也沒有提到這個星座。在 1592 年，天文學家普蘭西烏斯將大犬座附近的一部分從星圖中獨立出來，並稱之為「諾亞的鴿子」（拉丁文 Columba Nohae），後來的天文學家也慢慢的接受這樣的區分。或許是與基督教將原本的南船座（今日分割成船底座、船帆座）視為是諾亞方舟的原因，所以將大犬座南方，靠近今日船底座的一小部分星空描述為諾亞的鴿子。這是近代命名的南方星空的鳥類星座，其中還包括鳳凰、天鴿、杜鵑（巨嘴鳥）、鶴（火鶴）、孔雀等。

羅伯森認為這個星座的恆星帶來柔和、友善、天真、自我犧牲的特質，且帶來好消息。

中國三垣二十八宿：

在中國南方的星空中，這一帶的命名相當有趣，以家庭結構的男性稱呼作為星官的名稱，包括了老人、丈人、子、孫等星官。

天鴿座的恆星

✮ 丈人一（Phact）

恆星名	α Columba / 天鴿座 α / 丈人一 / Phact / Phaet / Phad
亮度	4.27
回歸黃道位置	2020 雙子座 22 度 27 分 2000 雙子座 22 度 10 分 1980 雙子座 21 度 53 分 1960 雙子座 21 度 37 分
恆星位置	鴿子的頭部。
恆星特質	希望、先鋒。

恆星詮釋

在基督教傳說中，諾亞帶領著家人還有動物上了方舟避難，在洪水中漂流，一直無法看到陸地，他放出白鴿去搜尋查看洪水的狀況，某天白鴿帶回了一枝橄欖樹枝，象徵著找到了陸地，並引導大家前往。這個傳說也可以被視為是所有天鴿座恆星的重要意涵，意味著帶來好消息。

丈人一的外文名稱是 Phact，我們並不是很清楚這個名稱從何而來，它與鴿

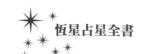

子無關，有人根據阿拉伯人的稱呼 Hadar 轉變而來，且認為這個字的本意是大地的意思；也有人說這個名字來自於鴿子的古阿拉伯文名稱 fakhitah。古代的占星師稱呼丈人一與一旁的恆星「子二」為傳訊者。羅伯森描述這一恆星有著水星與金星的特質，帶來好消息與好運；艾伯丁則認為有水星、金星與天王星的特質，帶來科學上的興趣與天賦，可以讓天份被發現，同時認為這個恆星將在水瓶時代顯得越來越重要。

偕日升星：擁有先行者與探索者的天性，一些專有的技能將在重要的時刻派上用場，發現新的事物與新的領域，替眾人帶來重大的好消息。

偕日降星：勇敢且毫不遲疑，靠著自身的才華和技能來面對難關，將有可能發現新的事物。

對準上升、下降、天頂、天底的黃道度數（或位在實際星空的軸點）：在生活中不斷的找尋，或許所學或所從事的事物看似了無新意，但都是為了重要時刻而鋪陳。

與行星共軸或對準（合相）：

日：在眾人絕望時帶來了充滿希望的訊息，並因此成為英雄。

月：在生活中傳遞著重要的訊息以聯繫情感。

水：透過文筆與口語表達，替人們帶來希望。

金：總是充滿希望的態度，讓你贏得眾人的喜愛。

火：看似平凡的特質，卻具有不畏懼的先鋒挑戰個性。

木：永遠懷抱著希望與夢想在人生中前進。

土：就算再怎麼悲觀的態度，也能夠憑著經驗好好的活下去。

天：突如其來的驚訝訊息，徹底的轉變了原本的悲觀態度。

海：透過藝術與心靈成長，替生活帶來希望。

冥：儘管受到了重大的威脅，仍能抱持著希望通過難關。

凱龍：在新的領域中嘗試帶來療癒的方式。

月交：在人生的路途上不斷的面臨挑戰，但仍可懷抱希望。

大犬座

星座詮釋

大犬與小犬在獵戶座的身後，位在南半球但接近赤道地區，所以即使在北半球的大部分地區都仍能被看見。這兩個星座被說成是獵戶座的兩隻獵犬，而兩隻獵犬看著一旁在獵戶腳下的天兔座的動靜。

在希臘，大犬座被認為是伊卡魯斯與女兒艾利冀的獵犬，伊卡魯斯因為擁有酒神的釀酒祕密而熱情的與眾人分享，但是喝了酒的人因為酒醉而胡思亂想，認為伊卡魯斯毒害他們，所以殺死了他。伊卡魯斯的女兒艾利冀牽了家中的狗去找他，卻在樹林中發現死去的伊卡魯斯，於是悲憤的在樹上上吊，而忠心的狗因為同時失去兩位主人，所以跳到水中。酒神戴奧尼修斯（巴庫斯）得知這件傷心的事情，便把伊卡魯斯變成天上的牧夫座，把艾利冀變成處女座，而狗變成大犬。

在埃及，大犬座則是女神伊西斯的象徵，在巴比倫則與化身為戰神的伊娜娜以及她的忠心隨從尼努塔，我們會在解釋恆星時有更多的著墨。托勒密認為除了天狼星之外，此星座的其他行星有金星忠誠善良的特色；曼尼留斯認為受到大犬座影響的人相當衝動，許多話常因為內心的衝動而無法順利表達，甚至也會容易受到酒精的影響，帶來狂野的特質，他們對大自然不感到懼怕，不斷的移動，且勇敢的撲向他們的獵物。

中國三垣二十八宿：

在中國的星官系統中，位在大犬座的星官包括了天狼、弧矢、軍市與野雞。除了天狼星之外，獵犬頭部附近的恆星為軍市，南邊的恆星們與船尾座一起組成天界的大弓，稱為弧矢，而天狼星是箭頭。

大犬座的恆星

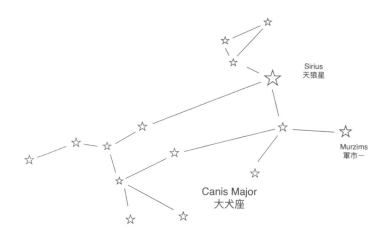

★ 天狼星（Sirius）

恆星名	α Canis Major / 天狼星 Sirius
亮度	-1.46
回歸黃道位置	2020 巨蟹座 14 度 21 分 2000 巨蟹座 14 度 05 分 1980 巨蟹座 13 度 48 分 1960 巨蟹座 13 度 32 分
恆星位置	大獵犬的腳。
恆星特質	激昂、燃燒、快速、保護。

恆星詮釋

　　天狼星閃耀在天空的時刻是八、九月，又被稱作犬星 Dog Star，是天空中除了太陽之外最亮的恆星。天狼星的國際天文名稱來自於拉丁語 Sīrius，後來延伸成 seir、seiros、seirios，也意味著明亮的、閃耀的星體。也有人認為其名稱來自於古希臘語 Σείριος，意思為炎熱的天氣，希臘人認為天狼星的光芒對狗有不良的影響，可能帶來令狗不適的炙熱以及狂犬病。在阿拉伯語中則稱為 'al-shi'ra，意為首領；在巴比倫後期的文化中被稱為 Mul Kak Sisa，意思是箭頭，它被描繪

成伊娜娜的弓箭，且以天狼星作爲夏至正式到來的象徵。

埃及人稱天狼星爲「閃耀之星」，當天狼星以偕日升星的角色出現在天空中時，象徵著尼羅河水泛濫的週期到來，所以又被稱爲「尼羅河之星」，這也間接的與埃及人像是新年的節慶，還有現代身心靈界在七月底到八月中所說的「獅子星門」的週期有關。

在最早的天文記錄中已經有對天狼星的記載，它被古埃及人視爲伊西斯、早期尼羅河的洪水女神薩提或索普代特，而索普代特的象形文字是一顆星星和一個三角形。在埃及的星空圖中，有時天狼星單獨的被繪製成爲一頭聖牛，象徵著魔法女神伊西斯，她是冥府之神奧西里斯的妻子與太陽神荷魯斯的母親，擁有強大的魔法能量，聰明機智有時甚至到了相當狡猾的地步，是孩童與病人的保護神，受到埃及人的崇敬。在埃及登德拉的哈索爾神廟壁畫上，不但提到了弓箭，而聖牛則是女神哈托的象徵。

天狼星的梵語是 Mrgavyadha（意爲獵鹿人）或 Lubdhaka（意思是獵人），天狼星被稱作獵鹿人時，代表樓陀羅，被視爲破壞神濕婆的早期型態或別稱。他在暴怒時會濫傷人畜。許多北美洲的原住民也將天狼星與狗連結在一起。

明亮星對古玻里尼西亞人來說十分重要，因爲他們透過偕日升星來判定季節，並根據星體的位置導航，往來於太平洋上的島嶼之間。

在過去，天狼星的偕日升星標誌著北半球夏天的開始，今日因爲歲差的緣故已不再擔任這個任務，但在南半球，仍標誌著毛利人冰冷冬天的開始。毛利人稱呼天狼星 Takurua，這個字不僅是天狼星的名字，也是毛利人曆表第二個月的名稱。他們也稱呼天狼星爲 Hine Takurua，是太陽冬季的夫人，在冬季時比太陽還要早升起。

前面提到過，在巴比倫，天狼星被稱爲伊娜娜的弓箭，無獨有偶的，在中國古代，天狼星也是以箭頭的形象呈現。古代的中國人將船尾座和大犬座結合，想像成一把橫跨在南天的大弓，箭頭則爲天狼星，稱爲「射天狼」。屈原在《九歌‧東君》中寫到：「舉長矢兮射天狼」，以天狼星比擬位於楚國西北的秦國，而蘇東坡《江城子》中的「會挽雕弓如滿月，西北望，射天狼」，則以天狼星比擬威脅北宋西北邊境的西夏。

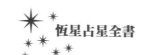

托勒密認爲天狼星擁有木星與火星的特質，曼尼留斯認爲天狼星帶來不羈的精神與浮躁的態度，帶來憤怒的巨浪，讓人們對他們感到畏懼。羅伯森認爲帶來了榮耀、忠誠、誠心、付出，包含了熱情與憎恨，也有監護人與保護人的意味，同時認爲獵犬與小犬都與被動物咬傷有關。艾伯丁則認爲天狼星和榮耀、名聲、財富有關，但在上升與火星產生關連時，可能帶來危險、野心，同時可能與受傷有關。

偕日升星：爲了強烈的使命感而付出，熱情忠誠並展現強烈的保護天性，並對即將出現的災難帶來預警，擁有能力且在困境中願意協助他人。

偕日降星：在生活中體驗到忠誠的重要性，明白面對事物變化時的快速，了解爲了達成目標得不惜一切的付出，對於家人朋友以及雇主展現忠誠。

對準上升、下降、天頂、天底的黃道度數（或位在實際星空的軸點）：有能力並能透過燃燒自己取得榮耀與成就，對家人朋友以及所屬的團體展現忠誠的態度。

與行星共軸或對準（合相）：

日：展現自我的熱情，以熱情積極的態度成爲領袖與霸主。

月：生活中的每一個片段都相當精彩，具有強烈的保護性。

水：激烈的言詞與文筆引人注意，想要以此取得成就，必須考慮付出的代價。

金：在與人互動中展現無法抵擋的熱情，對於所愛的人事物付出一切。

火：不願意受到任何約束，以激烈的態度追逐自身的渴望。

木：爲了偉大的理想付出，沒有人能夠阻礙你成就絢爛的終局。

土：面對熱情時採取謹慎的態度，或許對權威及安全感有著強烈的渴求。

天：你的放蕩不羈與叛逆，讓人無法預測你的下一步。

海：突如其來的熱情，讓你願意爲了某個目標奉獻出一切。

冥：一旦你挖掘出自己的勇敢與無懼，將令周圍的人感到恐懼。

凱龍：你有極大的能力，但你是否願犧牲一切？或者讓平凡成爲你的傷痛？

月交：在人生路上逐漸學會熱情積極的面對挑戰。

★ 軍市一（Mirzam）

恆星名	β Canis Majoris / **大犬座 β** / 軍市一 / Mirzam / Murzims
亮度	1.98
回歸黃道位置	2020 巨蟹座 07 度 28 分 2000 巨蟹座 07 度 11 分 1980 巨蟹座 06 度 55 分 1960 巨蟹座 06 度 38 分
恆星位置	大犬的嘴。
恆星特質	表達、警告。

恆星詮釋

軍市一的國際天文聯合會的命名是 Mirzam，但仍有許多占星師稱它為 Murzims。因為這顆恆星位於大犬的嘴，被視為是發布警訊者，或者是宣布者，同時也象徵著有重要的話要說的特質。雖然不像是天狼星一樣的重要，但是發布警訊者、宣布者、宣告者，亦是吹哨人，是相當重要的角色。Murzim 被阿拉伯人稱為宣布者，他們在天狼星升起之前出現，提前宣告天狼星的到來。

托勒密指出，除天狼星外，這個星座的星星都像金星。據說它具有良好的品質，仁慈和忠實的心，但充滿暴力和危險的熱情。在黑暗和黑夜中可能會帶來某種危險，而且狗咬人也應承擔責任。

在中國的星官中，這個區域稱為軍市，位在井宿，作為服務軍隊的市場，以補給配備和武裝準備。

偕日升星：成長的環境中鼓勵直接表達自身的想法，擁有預告或警示的能力。

偕日降星：人生的挑戰是學著表達自己的想法，找到消息需要被傳達的地方，宣傳、表達、傳遞訊息是完成人生使命的重要工具。

對準上升、下降、天頂、天底的黃道度數（或位在實際星空的軸點）：強調表達意見，把心中的話說出口，與說話為主有關的職業。

與行星共軸或對準（合相）：

日：熱情的自我表達可帶來成就感。

月：情緒的抒發對你來說相當重要，有任何的感受你都無法保持緘默。

水：大聲的表達自己，傳遞訊息是你重要的使命。

金：可能透過訊息傳播來獲取利益，在人際關係中，表達是一件重要的事。

火：當想要表達意見時，你有一種迫切與炙熱的感受。

木：當你找到你所相信的事物時，你願意成為這件事物的傳道者。

土：成為權威的傳聲筒，或者成為權威的吹哨者。

天：積極表達不同的意見與想法而受人矚目，是引人注意的反對者。

海：運用藝術來代替你的言語發出警訊或表達自我。

冥：儘管有話要說，但你會先做好一些自我保護的安排。

凱龍：說出你的傷痛，或許是展開療癒之旅的起點。

月交：熱情的分享訊息，讓周圍的人都願意與你互動。

案例：天狼星永恆與不朽的傳說

在身心靈學界中，我們經常將 7 月 26 日到 8 月 12 日之間視為獅子門戶敞開的重要日子，再深入一些研究，我們會發現這個日子與天狼星（Sirus）有著密切的關連（天狼星投影〔對準〕在黃道巨蟹座 14 度），但卻不是許多人認為的太陽、天狼星、地球成一直線，或者什麼地球與天狼星最近的距離，事實上，這是天狼星成為偕日升星的日子。

在人類的文明中，星星（恆星）與靈魂的關連一直存在著，埃及人相信獵戶座與天神奧西里斯有關，而法老則是祂的人間代理，天狼星象徵著奧西里斯的妻子魔法女神伊西斯，許多埃及天神也有屬於祂們自己的恆星。當某個特定的恆星與地平線接觸時，則象徵著神靈來到了人間。熟讀中國神話或文學的人也應該經常聽到某個人物是某某星轉世，像是水滸傳、西遊記甚至許多野史都有著這樣的描述，更不用說托勒密與希臘羅馬的哲人或占星師認為人的靈魂來自於恆星，原本沒有形體的靈來到地球與肉身結合（incarnation）。

如同傳統的占星學觀念一樣，恆星也總被分成吉星與凶星，但我想要從另一個角度來思考，恆星的確描繪出一些特質，某種特質或許有利於人們當下的生活發展，帶來舒適或物質利益，於是就被稱為吉星，當他們的特質有違舒適或利益的特質時，便被稱為凶星。若從身心靈的能量觀點來論，我更喜歡這樣的說法：每個行星都象徵著具有某種特質的能量，例如惡名昭彰的英仙座大陵五（Algol，金牛座 26 度），帶來的是劇烈強大的創造力，就如同強大的電流，可以用在創造偉大的事物上，但如果我們不會使用，就像是被電擊一樣，可能造成驚嚇、痲痺與傷害。

　　在每日的生活中，恆星或許可以說明一些小事，例如天狼星與炎熱天氣或狗的議題有關，但每一個恆星都是自己小小星系的太陽，它們有自己的宇宙，而我們從遙遠的地球窺視它們時，是用自己的視角來詮釋的，說是象徵被狗咬，卻忽略了恆星象徵著「靈魂」這麼一個更廣大的視野，對恆星來說，它的存在不是要讓你發大財或受苦，它只是存在著，甚至可以毫不在乎「你」的生活或你的存在，而我們卻認為因為這顆恆星的存在影響我，所以我被狗咬了，或者我的一生是個悲劇。

　　在學習恆星這麼長的一段時間裡，我慢慢看見了恆星更能在星盤解讀中，幫助我們站到宇宙的空間，俯視自己在物質界的生命，這麼做可以給予靈魂更寬廣的詮釋與發展可能性。大陵五可以是驚嚇、驚訝、斷頭，但檢視其背後的神話，卻是劇烈的陰性生命創造力，對於男性沙文主義主導社會造成的威脅而被醜化的結果。善用大陵五的能量可以創造出「驚人」和「令人屏息」的成就，英國足球明星貝克漢，或者影星強尼戴普都善用了他們的金星與大陵五的連結，創造出讓人讚嘆的成就。

　　史蒂芬‧霍金博士的許多行星共軸都與戰鬥有關，例如火星與天狼星共軸，但他並沒有因此而變成殺人犯或軍人，但這是否描述著他的人生主題一直在與自己被困住的肉身奮戰？著名的墨西哥畫家芙烈達‧卡蘿出生這天的太陽對準了天狼星，甚至每個 7 月 5 日到 7 日出生的人都有太陽對準天狼星，但並不是每個這一天出生的人都會跟芙烈達或霍金一樣有成就或是被身體困住而掙扎，這些人的生活揭示了靈魂的使命，是熱情的活著，竭盡一切的發揮生命力與創造力，對某件事物展現其忠誠並奉獻，去從被人忽視的每日生活瑣碎事務中，拼湊出偉大驚人的結果。他們將自身的特質對準了某些極為重要的人生事物，去爭取，也付出了相當的代價。或者從另一個角度來看，他們都被賦予行動上的不便，卻無法限制他們靈魂的無限可能，他們所創造的永恆與不朽，是否與肉身的傷痛有關？

　　大陵五或許與厄運有關，天狼星或許與榮耀財富或者被狗咬有關，但是我們卻遺忘了我們的恆星靈魂來自於星空，在來到地球的長途旅行當中，不可能攜帶這麼多的瑣碎細節，只帶了精要的靈魂課題，也是我們這一生的課題。你星盤中的恆星揭示了無論發生什麼事，你的靈魂所要學習的是什麼？所要展現、要貢獻給這世界的又是什麼？你的靈魂為了展現或學習什麼主題而來到這個世界？

小犬座

星座詮釋

獵戶座與船尾座附近有兩隻狗，大犬與小犬，希臘人視爲奧列翁的獵犬緊盯著獵物。而早在希臘人之前，大犬就已經被人們描繪成在天空中警戒的狗，例如阿努比斯，埃及狗頭人身的死神，負責看護死者與木乃伊，希臘人也將他與看守地獄大門的三頭犬賽博魯斯連結，也有人將他與看守天堂大門的聖彼得做連結。除此之外，也被說成是阿特密斯的獵犬。

曼尼留斯認爲小犬座不是象徵著狩獵的能力，而是武器的使用，認爲在這個星座影響下出生的人懂得如何製造武器，或者透過與打獵、狩獵有關的事物而獲利。托勒密認爲這個星座的恆星具有水星與火星的特質，羅伯森提到這個星座與狗或者被狗咬傷有關，並相信這個星座與水有關。這當中與水有關的名稱也被德國占星師艾伯丁重複提及，說這個星座在巴比倫時代就稱爲跨越水域的狗。

中國三垣二十八宿：

在中國，小犬座的位置是天河的南方水域，稱爲南河，羅伯森提到，這個名稱與其他文明一樣皆描述著與水的關連。

小犬座的恆星

★ 南河三（Procyon）

恆星名	α Canis Minoris / **小犬 α 星** / 南河三 / Procyon / Antecanis
亮度	0.38
回歸黃道位置	2020 巨蟹座 26 度 04 分 2000 巨蟹座 25 度 47 分 1980 巨蟹座 25 度 31 分 1960 巨蟹座 25 度 14 分
恆星位置	小犬的頭部。
恆星特質	渡過、快速、療癒。

恆星詮釋

南河三（Procyon）的拉丁文名稱來自於希臘文的翻譯 Προκύων，意思是「在前面的狗」，這是因為南河三在北半球時，大多在天狼星之前升起。阿拉伯人稱這個恆星為 aš-ši'ra aš-šamiyah，意為「敘利亞之星」，敘利亞的名稱可能跟天狼星有關。

在巴比倫時代，它與療癒之神古拉（Gula）有關，在巴比倫人的星空中，小犬座與麒麟座附近的恆星組成了小雙子，其性質與大雙子一樣具有戰士特質，守護這附近長蛇座與巨蟹座所象徵的冥府出口，防止惡靈進入人間。亞述人說這個星星是狗的形象，但到了巴比倫後期，被說成是馬杜克建構世界的另一個面向。到了希臘，則成了神話故事當中奧列翁的第二隻獵犬，在天狼星（大犬）升起之前升起。

托勒密認為它具有水星與火星的特質，羅伯森認為這個恆星帶來活力、暴躁、狡猾、輕浮、暴力、突然和猛烈的惡意，帶來高升卻在災難中結束，狗咬和與水有關的危險。艾伯丁則認為這是一位非常幸運的恆星，帶來財富與名望，恆久的權利與好的影響，但也可能帶來草率、急躁與嫉妒。

太平洋島嶼上的夏威夷人特別重視南河三，並且在太平洋上航向夏威夷時扮演重要的指引，夏威夷人稱它為 Puana，意思是「開花」，這也與毛利人稱呼夏威夷為 Puangahori 有關。

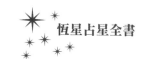

偕日升星：先天的環境中帶來療傷與療癒的特質，具有跨越過渡時期的能力，卻同時有些急躁草率。

偕日降星：在人生的挑戰中，必須學會掌握時機以及迅速的動作，並了解沒有任何事物可永恆存在，須考慮事物可能的變化。

對準上升、下降、天頂、天底的黃道度數（或位在實際星空的軸點）：了解自身的特色在於快速、優先、具有一種先鋒的特質，但搶得先機並不代表榮耀的延續，重點是如何在變化與過渡時期中取得適應。

與行星共軸或對準（合相）：

日：療癒傷痛的領導者，帶領人們在變動中適應環境。

月：照顧、守護心靈的傷痛，在慌亂不穩定的時刻安穩人心。

水：來去匆匆，不會在某個地方久留，總是處於一種過渡的狀態。

金：人際關係保持新鮮感，在不同的團體中流轉。

火：激烈的火花將在生命當中綻放。

木：可以浮誇，也可以用輕鬆的態度帶來歡笑和療癒。

土：必須重視時機的掌握或者行動的速度。

天：以迅雷不及掩耳的角度去改變。

海：有帶來輕鬆、歡笑的能力，可幫著別人獲得療癒。

冥：將所有堆積沉澱的一切在最終耀眼的綻放。

凱龍：從自身的傷痛中，學會幫助自己與他人療癒傷痛的能力。

月交：在人群之中來去匆匆，卻總是令人印象深刻。

船底座

星座詮釋

在過去，南方天空的區域被稱爲南船座（Argo Navis），象徵著伊阿宋號召眾多英雄前往取得金羊毛的冒險船隻。從北緯度來看，阿古斯號會浮現在地平線上，由東向西移動，像是跨越大海的船隻，而明亮的老人星就在船前方，引導著航向未知的國度。但在十八世紀時，南船座因爲船體過於龐大，所以被切割成許多部分，包括了船帆座、船底座和船尾座。

在希臘神話中，伊阿宋王子決定出發取得金羊毛以證實自己的勇敢時，他號召了眾多英雄一同前往，包括了雙子當中的卡斯托與波呂克斯、大英雄海克力士等。當船隻經過海妖辛普勒加德斯（Symplegades）所居住的地方的時候，遭受重大的挑戰，海妖是夾擊的巨岩化身，所幸英雄們先放出白鴿快速飛躍過夾擊的巨岩，在巨岩再次打開時，英雄們快速奮力的划過了海峽，但阿古斯號被海妖的巨岩撞擊傷及船尾。白鴿成爲天上的天鴿座，而這艘有名的冒險船被獻給海神波賽頓，並被放置在南方的星空中。在埃及，這個星座被視爲奧西里斯（Osiris）所使用的船隻；希臘人則認爲這是阿古斯號載滿英雄的船體；印度人視爲濕婆神的船；在基督教文明當中，整個南船座也被視爲諾亞的方舟。

托勒密認爲船底座明亮的恆星具有土星與木星的特質，根據羅伯森的記載，南船座促進貿易與航海的繁榮，並帶來身體與精神上的強壯，但也與溺水有關。由於這個區域相當南方，除了南極老人星之外，在中國的星官中還包括了南船、海石、海山等星官，這些南極區域的星官都是在明朝崇禎年間，根據西方傳教士所傳入的曆書重新參考所編著加入的，也就是說，這些星官在古代的中國並不存在。

船底座的恆星

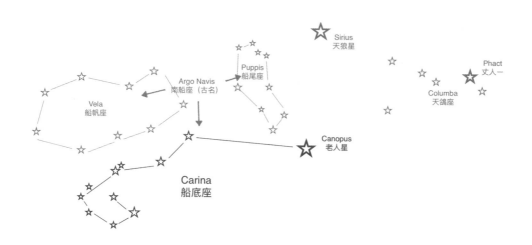

✭ 南極老人星（Canopus）

恆星名	α Canrinae / 船底座 α / Canopus / 南極老人星
亮度	-0.74
回歸黃道位置	2020 巨蟹座 15 度 14 分 2000 巨蟹座 14 度 58 分 1980 巨蟹座 14 度 41 分 1960 巨蟹座 14 度 25 分
恆星位置	在南方星空的大船底部明亮的恆星。
恆星特質	指引、引導、航行。

恆星詮釋

這顆星是天空中第二明亮的星星，僅次於天狼星，老人星的慣用英文名稱是 Canopus，來自於特洛伊戰爭中斯巴達的將領干諾普斯，他也是斯巴達曼尼勞斯國王所乘坐船隻的船長。特洛伊戰爭之後，他在回程中於埃及死去，於是國王將這個地區以他命名，並且將船底座最明亮的星星（與航行有關）用他的名字來命名。這顆恆星在埃及也被稱為金色大地，或許因為埃及的緯度，我們只能看到這顆星出現在地平線附近遊走。埃及人認為這是太陽神的蘆葦船，由太陽神荷魯斯

駕駛著，在日出時浮現在地平線上並跨越天空，而此星負責引導。

巴比倫人稱南極老人星爲 Nun-ki，用它來象徵美索不達米亞平原上南方的重要大城市埃里都，阿拉伯人稱爲「智慧之星」與「明亮之星」，這顆明亮的恆星在阿拉伯沙漠中頗受重視，具有指引方向的功用，同時也被用來判斷水果收成，小駱駝斷奶，甚至被視爲能夠免除疾病的象徵。

中國稱呼南極老人星是福祿壽三星中的壽星老人，在《史記索隱》中：「壽星，蓋南極老人星也，見則天下現安，故祠之以祈福壽。」皇帝必須每年祭拜南極老人祈求國家安定。紐西蘭的毛利人稱這顆星爲 Autahi，意思是「獨自發光的」或者「第一道光」，認爲它是天空與大地共同生下的長子，掌管夜空的神聖性，遠離銀河獨自在遠方發光，在收成之前，毛利人會向天狼星與老人星祈禱避免收成遇上寒害。

托勒密認爲這是木星與土星的組合，羅伯森認爲與航行船隻有關，還能將壞的事情變成好事。

偕日升星：透過克服挑戰或尋找新的途徑，證實自己的力量與聰明才智。

偕日降星：在人生路上要了解方向與指標的重要性，或者尋求他人給予指引。

對準上升、下降、天頂、天底的黃道度數（或位在實際星空的軸點）：在接受挑戰時必須拋棄過去的思維，展現自身的勇氣、力量、創造力與才智，可能在某些時刻扮演引導者的角色。

與行星共軸或對準（合相）：

日：透過開創新的領域或是給予他人指引而獲得榮耀。

月：在日常生活中幫助人們尋找方向。

水：透過書寫、言語、溝通，帶領人們發現新的契機。

金：有許多結交新朋友的機會，並透過他們檢視人生的方向。

火：有前瞻性的勇氣突破現況，並開拓新的領域。

木：在精神思想的領域上扮演引導者。

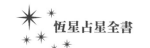
土：與人們分享你的實際經驗，將可以成就重要事情。

天：不要害怕嘗試新鮮事物，新的領域將帶來好運。

海：在迷惘的人生中扮演指引者的角色，你必須先知道自己的位置與能力。

冥：在恐懼與黑暗中，你需要獨自發光，並扮演重要的指引。

凱龍：在不斷尋找唯一的正確方向中，了解不同的人適合不同的療癒方式。

月交：交友廣闊，總是不斷遇到能夠對你帶來啓發的人。

南十字座

星座詮釋

　　南十字是天空中最小的星座，原本是半人馬的一部分，在半人馬的前後腳之中，到十六世紀才被命名爲南十字。因爲歲差的關係，這個主要在南半球的星座，在西元 400 年之後就從歐洲人的眼中消失了。儘管緯度高的北半球看不到這個星座，但這個星座總是在春夏交界時刻出現在南台灣、香港的南方地平線上，顯得相當的壯麗。

　　這個星座直到十五世紀才再次出現在歐洲人眼中，首先是威尼斯的航海家記錄的南方的戰車（carro dell'ostro）可能是南十字，但眞正確信的資料顯示，葡萄牙天文學家法拉斯（João Faras）才是近代描繪出南十字星的第一位歐洲人。

　　在北半球的人有明確的北極星指引北方，但是在南半球卻沒有明亮的北極星，也因此，是透過南十字座與半人馬座的南門二、馬腹一或波江座的水委一，共同找出南極所在的位置。南十字座對南半球的人來說是相當強烈的身分認同標示，在巴西、澳洲、紐西蘭、薩摩亞的國旗上都出現南十字星，日治時代的台灣，也因爲日本人只有來到這裡才看得到南十字星，而使得南十字成爲日治台灣時期的識別符號之一。

　　澳洲的原住民認爲這一帶的星空爲天空中的鴯鶓的頭部，對於毛利人來說，不同的部落對南十字座有不同的稱呼，有的稱呼爲 Te Punga，意爲「錨」，或是

Te waka o Tamarereti，意思是 Tamarereti（南方海洋守護神塔馬雷雷蒂）的獨木舟，或是天空中的破洞，而暴風從這裡冒出來，但都共同認爲是南十字星將毛利人的祖先引導來到紐西蘭。

　　古代占星師對這個南方的星座沒有詮釋，而近代的占星師羅伯森認爲南十字座帶來毅力，但有許多艱辛、苦難、負擔、考驗與責任。我相信這是根據耶穌被釘在十字架上的詮釋而來的。雖然本書只介紹十字架二（Acrux），但仍可以用這個星的意涵去解釋其他南十字座的其他恆星，例如十字架三（Mimosa）。

南十字座的恆星

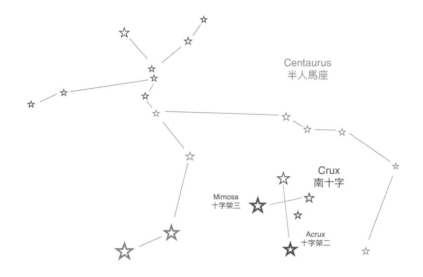

★ 十字架二（Acrux）

恆星名	α Crucis / 十字架座 α / 十字架二 / Acrux
亮度	1.33
回歸黃道位置	2020 天蠍座 12 度 09 分 2000 天蠍座 11 度 53 分 1980 天蠍座 11 度 36 分 1960 天蠍座 11 度 20 分
恆星位置	十字中指向南方的端點。
恆星特質	形體、精神與肉體。

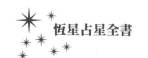

恆星詮釋

談論十字這個符號時，許多人最先想到的是基督教的十字架，這也是這個星座命名的由來。然而作為一個符號，十字成為重要符號的時間比起基督教的應用更早，例如將十字的四個端點與四種元素的結合，埃及人的安卡（Ankh），或者在占星學中十字作為地平線和子午線交會的符號，都比起基督教的應用更早。

托勒密並沒有無解釋這顆恆星，羅伯森認為十字架二具有宗教意涵，並帶來商業、正義、以及魔法神祕的影響。德國占星師艾伯丁則認為十字架二與十字架三都帶來靈敏的思維、智慧與直覺，象徵著神祕學與宗教的深奧性質，能夠探查事物隱藏一面的意涵。

神祕學中的十字是物質世界的代表，象徵著形體的出現，具體成形的能力，讓意義與精神擁有具體的存在，肉體即是人類生活中最具有物質世界的象徵。在占星學中，十字作為地平線和子午線的交會，象徵著每日生活的重要性，星辰符號與每天生活周遭事物的連結，也提醒著我們提升精神可帶來生活的美好、靈性的成長，不過別忘了我們也需要物質的滋養，而物質與精神的均衡才能帶來美好的生活。

偕日升星：因家族背景而影響對物質世界的探索，並將物質的重要性展現在眾人之前。

偕日降星：學習如何正確的看待物質（身體、金錢、物品），了解其重要性，並透過對物質世界的認知而獲得成就。

對準上升、下降、天頂、天底的黃道度數（或位在實際星空的軸點）：人生發展中，無可避免的與物質世界產生連結，並透過對物質世界的認識而成長。

與行星共軸或對準（合相）：

日：透過對物質的態度、對生活的熱愛而獲得榮耀。

月：了解人們在生活中對物質的需求，並願意透過物質去滋養他人。

水：了解可透過不同的思維比對來認識研究的議題。

金：從物質與舒適的觀點來看待關係與人的互動，或者說，物質是關係的重要考量。

火：將物質與生命、生存緊密連結，對於物質的擁有和取得相當在意。

木：具有物質帶來的好運，對物質世界的探討可帶來獨特的哲學觀。

土：用實際的態度面對生活，成為日常生活中的權威。

天：對物質世界看法的改觀，延伸為對物質世界進行革命。

海：對物質世界有著強烈的熱情，透過藝術與精神展現。

冥：為這世界的物質金錢系統帶來劇烈變化。

凱龍：因為身體與生活的傷痛而帶來療癒的方式。

北交：強調物質的交匯，在精神世界與世俗的物質觀點中取得平衡。

半人馬座

星座詮釋

半人馬座與南十字星是南半球星空中相當重要的星座，在台灣、香港、中國的南方以及靠近赤道緯度附近的地區，半人馬座與南十字星是在春天的夜空中相當耀眼的星座。由於在類似的緯度上，半人馬座與南十字都只會出現在地平線附近，十分容易被觀察。

許多人會將半人馬與射手座的形象搞混，它們在黃道附近的位置相當靠近，只是半人馬更為南邊，它們在神話故事中都同時具有半人半馬的形象，但是有著不同的名稱，射手座的英文名稱是 Sagittarius，其名稱來自於拉丁文的弓箭手，而半人馬星座則稱為 Centaurus，是希臘神話中半人馬的名稱，也因此，這兩個星座有著不同的神話與符號意涵。

半人馬星座象徵著希臘神話故事中的凱龍，他是許多英雄的導師，在神話故事中，凱龍的父親是土星之神科諾斯，他迷戀水寧芙菲呂拉且強暴她生下了半人半馬的凱龍，他一出生就因為長相醜陋遭受到母親的遺棄，後來被阿波羅收養，學會了戰術、醫療、音樂與預言。由於他半人馬的形象在天界與人間都顯得格格不入，所以他選擇與其他半人馬居住在一起，希臘的國王們景仰凱龍的智慧、武

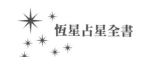
藝與醫術，將子弟們送入他的門下學習。他的學生包括知名的阿基里斯、海克力士（武仙座）、波休斯（英仙座）、阿斯克樂比厄斯（蛇夫座）等知名的希臘英雄。

　　台灣的平埔族稱半人馬的兩顆星為夫妻星，帥哥獵人 Yasu 因為曬黑變醜了，妻子認不出他於是離開了，他對村內的女孩說，誰能幫他把帥臉變回來就娶她做新的妻子，村裡一個又瘸又醜的女子 Amakumel 拿了水給 Yasu 洗臉，恢復了往日的光彩，但 Yasu 卻不願意娶她而且逃跑了，Amakumel 追了上去，從此一直在天上追逐彼此。

　　曼尼留斯認為受到半人馬座影響的人，有能力在戰場上控制馬匹，了解治療動物（或人類）的技巧，並可減輕他們的疼痛，他們在人們因為疼痛哭喊之前，就有能力辨識他人尚未意識到的疾病。托勒密則認為半人馬的人類身體的部分象徵著水星與金星的本質，而在馬的部分，則是金星與木星的特質。羅伯森認為帶來專心、強烈熱情、充滿活力的本性，可能與毒藥或復仇有關。

中國三垣二十八宿：

　　在中國的星官系統中，半人馬座屬於南門、庫樓、馬腹等幾個星官，由於在天空的南方，所以被稱為南方的城門，同時庫樓象徵著城門旁邊的武器庫。《晉書·天文志》記載著：「庫樓十星，六大星為庫，南四星為樓，在角南。一曰天庫。」

半人馬座的恆星

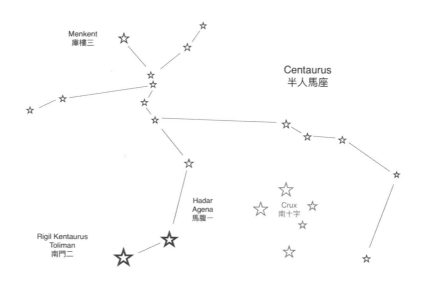

★ 馬腹一（Agena）

恆星名	Agena / β Centaurus / 馬腹一 / Hadar
亮度	0.61
回歸黃道位置	2020 天蠍座 24 度 04 分 2000 天蠍座 23 度 48 分 1980 天蠍座 23 度 31 分 1960 天蠍座 23 度 15 分
恆星位置	半人馬的膝蓋。
恆星特質	堅強、與傷痛共存的勇氣、支持與療癒。

恆星詮釋

2016 年的國際天文學聯合會正式將這個恆星定名爲 Hadar，意思是「存在的、適合居住的」，而馬腹一的其中一個名稱 Agena，來自於拉丁文的 gena，有膝蓋的意思，象徵著半人馬凱龍的膝蓋。托勒密認爲半人馬座的上半身具有金星與水星的性質，而馬的部分則是金星與木星的性質；羅伯森認爲馬腹一帶來了地位、友誼、精緻的、健康與榮譽。

馬腹一與我們即將介紹此星座的另一個恆星 —— 南門二，都象徵著凱龍的腳，受傷的腳，也因此強烈暗示著凱龍所承受的傷痛。無論造成傷痛的是來自於家庭、私生活，或是由社會文化所造成的傷痛，這個傷痛每一天都存在著，透過傷痛，才能了解人們每日生活中可能有的痛楚與痛苦。這也與每天生活中重複的事物有關，不過我們也必須知道，在神話中，凱龍不僅僅是傷痛的代表，他同時也是智者與療癒者，所以象徵著透過生活的傷痛體驗而獲得智慧，甚至有能力幫助自己與他人。

偕日升星：了解生命的意義，並成爲使命，了解人們每日生活的需求，從生活中的痛楚獲得智慧。

偕日降星：透過生命的起起伏伏，最終學會了與生命的痛楚和解共存，才能夠繼續朝著目標前進。

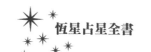

對準上升、下降、天頂、天底的黃道度數（或位在實際星空的軸點）：儘管最基本的原則可能帶來困境，或與社會潮流不符，但仍堅持做人的道理去做該做的事情，並透過生活中的傷痛而獲得智慧。

與行星共軸或對準（合相）：

日：個人的成就過程，與孤獨、傷痛、關照自身與他人的傷痛有關。

月：無法融入周圍的情緒感受，傷痛的來源與女性關係、童年有關，需要仔細照護。

水：傷痛與言語、交通有著密切的關連，可透過言語療癒。

金：在情感、社交人際或是價值觀上，可能與周遭不協調，或許可透過藝術療癒。

火：暗示著行動不便所帶來的痛楚，或與男子氣概有關的傷痛，也可能暗示著受到戰火與暴力的傷害。

木：傷痛的議題與信任有關，也可能遭受到主流、宗教的迫害。

土：遭受政權、體制、權威的傷害，與政權或領導者格格不入。

天：必須關注因為時代的改變而產生的傷痛。

海：因為夢想與實際的差異，無法辨清方向或者劃分界線而得到傷害。

冥：因為恐懼、無法抗拒的巨大變遷而受傷，亦會照料那些受殘酷命運折磨的人。

凱龍：強調傷痛與療癒在生命中的重要性。

月交：被周遭人認為是活在生命傷痛中，或者是療癒者的代表。

★ 南門二（Toliman）

恆星名	α Centauri / 半人馬座 α / Toliman / Bungula / Rigil Kentaurus / 南門二
亮度	-0.01
回歸黃道位置	2020 天蠍座 29 度 54 分 2000 天蠍座 29 度 29 分 1980 天蠍座 29 度 13 分 1960 天蠍座 28 度 57 分
恆星位置	凱龍的右腳。
恆星特質	傷痛、療癒、教育。

恆星詮釋

　　南門二是天空中亮度第三的恆星，由三個恆星所組成的，但我們的肉眼無法分辨，其組合亮度事實上比大角還要明亮，因而排行第三。在過去，這個恆星有許多不同的名稱，包括了 Toliman、Bungula、Rigil Kentaurus。由於這個恆星實際上是由三個恆星組成的，於是在 2016 年與 2018 年國際天文學聯合會的討論之下，將半人馬座 α 星 A 定名 Rigil Kentaurus，將半人馬座 α 星 B 定名為 Toliman，半人馬座 α 星 C 定名為 Proxima Centauri。因為半人馬座 α 星 C 距離太陽只有 4.24 光年，在許多星際科幻電影與影集中，南門二（或半人馬座 α 星）經常被當作是未來人類移民居住的星系。

　　在占星學上，習慣稱呼南門二為 Bungula，可能是從「蹄」這個字的拉丁文 ungula 延伸過來的。南門二有時也被稱為 Toliman，這個名稱可能是從阿拉伯文的 Al-Thalimain（意為鴕鳥）演變而來；Rigil Kentaurus 則是從阿拉伯文 Rijl al Kentaurus 演變而來，意思就是「半人馬的腳」。托勒密賦予半人馬下半身的恆星金星與木星的特質，羅伯森認為這個恆星帶來了仁慈、友誼與榮譽；艾伯丁則認為這個恆星與騷動、暴風雨有關，且會破壞情感。

　　我認為當我們在詮釋這個恆星時，可以用半人馬凱龍的故事為主軸，這是一位重要的教育者、預言者與治療師，這顆恆星與馬腹一同樣象徵受傷的凱龍，也因此，傷痛與療癒的意涵可以在詮釋的時候被考慮進來。

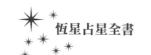

偕日升星：對自然有著敏銳的觀察力，學習認識自然界的變化之事，對於人生傷痛有著深刻的體會，並由此得到智慧。

偕日降星：人生的傷痛是一個必須面對的課題，面對傷痛才能展開療癒，將有助於人生的發展。

對準上升、下降、天頂、天底的黃道度數（或位在實際星空的軸點）：在人生歷程中，傷痛療癒的主題相當重要，顯著的身體傷痛帶來智慧與成長，也帶來幫助別人的力量。

與行星共軸或對準（合相）：

日：關於自己的身分與自我的認同存在著一種傷痛，需要去理解。

月：透過每日生活中小小的事物，展開療癒與獲得智慧。

水：傷痛可能與言語或兄弟姊妹有關，透過言語展開人生的療癒之旅。

金：人際關係上的痛楚可幫助我們成長且獲得智慧。

火：無名的怒火或者無法對人生氣的主題，需要進一步去了解。

木：傷痛帶來智慧，教育的主題在人生中相當的重要。

土：與權威之間的關係可能帶來傷痛，透過對自然的觀察取得智慧。

天：因為分離所帶來的傷痛，可引導我們走向成長的道路。

海：強烈的孤獨傷痛，可以透過藝術與精神成長獲得療癒。

冥：當你有勇氣直接面對過去傷痛的那一刻，人生開始轉變。

凱龍：強烈的傷痛與療癒主題，可能讓你成為專業的助人者。

月交：在人生路上學習接受傷痛與療癒的智慧。

孔雀座

星座詮釋

　　孔雀座是位於南半球的一個星座，人們用拉丁語的「孔雀」（Pavo）為這個星座命名。在西元 1595 年至 1597 年間，荷蘭人彼得・狄克森・凱斯（Pieter Dirkszoon Keyser）與費德烈克・胡曼（Frederick de Houtman）在前往印尼的新航線中對南方天空進行觀測，而天文學家彼得勒斯・普朗修斯（Petrus Plancius）之後根據凱斯和胡曼的觀測資料，構想出包括孔雀座在內的南方十二個星座。孔雀座最早出現在一個西元 1598 年出版的天球儀中，與鳳凰座、天鶴座、杜鵑座共同稱為南方的鳥類。

　　在神話故事中，孔雀因為華麗的羽毛而有著許多不同的傳說，在希臘，孔雀是天后希拉的聖物，孔雀負責駕駛著希拉的座車。

孔雀座的恆星

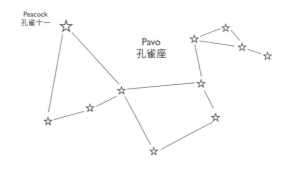

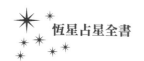

✲ 孔雀十一（Peacock）

恆星名	α Pavonis / 孔雀十一 / Peacock
亮度	1.94
回歸黃道位置	2020 摩羯座 24 度 06 分 2000 摩羯座 23 度 49 分 1980 摩羯座 23 度 33 分 1960 摩羯座 23 度 16 分
恆星位置	孔雀的頭冠。
恆星特質	觀察、責任。

恆星詮釋

　　孔雀十一的英文名字是直接以英文字的孔雀（Peacock）來命名的，羅伯森認為孔雀十一暗示著虛榮心和熱愛展示的機會，而且壽命長，有時帶來成名的機會。羅伯森給予這個恆星的定義或許是根據人們對於孔雀美麗的既定印象。

　　偕日升星：具有非常棒的觀察能力，有強烈的責任感，容易引人注意，有著愛恨分明的天性。

　　偕日降星：想要獲得成就，必須學會明辨是非，清楚的觀察那些被隱藏或粉飾的真相。

　　對準上升、下降、天頂、天底的黃道度數（或位在實際星空的軸點）：觀察能力非常的細微，很有責任感，強烈的個性引人注目，有著鮮明的個人觀點。

　　與行星共軸或對準（合相）：

　　日：以審慎細微的觀察獲得成就，但也將付出代價。

　　月：生活周遭中發生的大小事都逃不過你的觀察。

　　水：心思相當的細密，對於時事的變化相當敏感。

　　金：對人的觀察相當仔細，對與人互動有幫助。

火：爲了盡責任而付出重大的代價。

木：冒險與旅遊帶來寬廣的視野，隨時注意世事的變化。

土：身負重任，且可能爲了盡責而付出代價。

天：可利用科技從四面八方取得你所要的資訊。

海：絢爛的藝術作品來自於細密的觀察能力。

冥：懂得隱身幕後，擁有非常棒的搜集資訊的技巧。

凱龍：療癒那些因爲責任所帶來的傷痛。

月交：在人生的旅程中，因爲人際互動而搜集到許多有用的資訊。

波江座

星座詮釋

自古至今，波江座與河流的連結密切，它象徵著羅馬的波河與埃及的尼羅河。波江座象徵著一條在南方天空的河流，這條河從獵戶座腳下展開，向南方的天空流過，一直延伸到鳳凰座附近。據說天上有塊大石頭，因爲掉落在此而造成地軸傾斜，使得天上的水往南邊流動。

在希臘神話中，波江座被視爲與太陽神之子菲頓有關，菲頓爲了要證實自己是太陽神的兒子，要求太陽神讓他駕駛一天的日車，但他因爲沒有力量駕馭馬車而造成許多毀滅性的災難。他燒焦了天空與大地，受苦的人們與眾神們向宙斯求助，宙斯爲了阻止災難繼續發生，便用雷電擊落菲頓與日車，菲頓因而從天空中落下，墜入羅馬的波河之中。波江座是菲頓從天界掉落人間的途徑，而河水的盡頭指向他的葬身之所。菲頓的好友齊克努斯知道之後，來到波河悼念朋友不肯離去，於是神將他變成一隻天鵝。

托勒密認爲除了水委一之外，波江座的恆星有土星特質，羅伯森認爲此星座帶來在知識與科學方面的熱愛與權威的地位，但也會帶來意外，特別是溺水。波江座的英文名稱爲 Eridanus，被認爲是巴比倫星曆表上的埃里都之星（Mul Nun

ki），有人認爲這與巴比倫南部大城埃里都（Eridu）有關，埃里都位於沼澤區域，祭祀著水神恩奇。由於是南方的星空，在過去中國的星空圖中描述不多，水委星官的名稱也是在明朝時根據傳教士傳入的當代南極星座表而增加的星官。

波江座的恆星

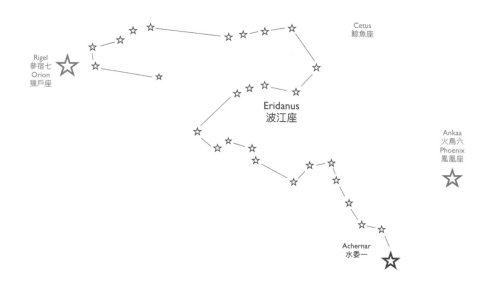

☆ 水委一（Achernar）

恆星名	α Eridani / 波江座 α / Achernar / 水委一
亮度	0.46
回歸黃道位置	2020 雙魚座 15 度 35 分 2000 雙魚座 15 度 18 分 1980 雙魚座 15 度 01 分 1960 雙魚座 14 度 44 分
恆星位置	波江座在南方天空的盡頭。
恆星特質	波動、巨變。

恆星詮釋

　　水委一是全天空中第九明亮的恆星，Achernar 來自阿拉伯語 Al Ahir al Nahr，意味「河流的盡頭」，描述著這個恆星在此星座中的正確位置，這是在阿

拉伯天文學家所知中，波江座最南方的恆星。

托勒密說波江座最後的明亮恆星——水委一具有木星的特質，羅伯森認爲象徵著天使與寶劍，帶來仁慈、宗教與公職上的成就，艾伯丁也認爲當這個恆星位於好的位置時會帶來幸福與成就，好的道德觀，遵守自己的哲學觀或宗教觀點。

我認爲水委一除了從希臘神話的連結中，有著象徵劇烈的變化之外，此星與波江的其他恆星也可以引用河水的象徵。河水是許多文明的基礎，許多古老的城市都在河岸邊發展，但人與河水氾濫之間的關係是複雜的，河水定期與不定期的氾濫會帶來騷動、傷亡，氾濫後的土又可帶來滋養。

偕日升星：暗示著此人的背景，可能有家庭或環境劇變帶來的影響，能夠適應生活環境的變動。

偕日降星：當它是偕日降星時，此人必須在人生路上學會處理危機的技巧，學會如何面對生命的劇烈波動，才能達成人生的目標。

對準上升、下降、天頂、天底的黃道度數（或位在實際星空的軸點）：此人有著強烈的波動特質，很可能將這樣的巨變特質用來投入冒險。

與行星共軸或對準（合相）：

日：面對危機時勇於接受挑戰，訓練自己的危機處理與領導能力。

月：生活可能是一連串的變化與挑戰，卻能帶來心靈上的滋養。

水：透過生活中的劇烈變化，得到思想、言語與智慧的養分。

金：對於情感與友誼，充分展現忠誠態度，即使在變動中也能相互扶持。

火：在劇烈的變化中，需要培養自己迅速的反應能力。

木：深刻思考人生哲理或受到宗教的薰陶，即使處於亂世也能安穩度日。

土：需要以實際的角度來適應生活中的不斷變動。

天：被動的接受改變，到主動的領導改變，這是你自己的選擇。

海：生活的劇烈變化，將引導你走向精神成長的道路。

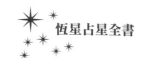

冥：深刻知道世事的無情與殘酷，但仍有勇氣去面對。

凱龍：學習療癒變化所帶來的傷痛。

月交：人生的旅程是由一連串的波動組成的，並從中獲得成長的經驗。

鳳凰座

星座詮釋

鳳凰座是南方星空的星座，在十六世紀時首次被繪製在當時的天球儀中。這也是近代命名的南方星空的鳥類星座，包括了鳳凰、天鴿、杜鵑（巨嘴鳥）、鶴（火鶴）、孔雀等。

無論是埃及的幻獸鳳凰，或是中國的朱雀，都有火與南方的意涵。在過去，因為這個星座的位置太過南邊，所以並沒有列在托勒密的名單上。但是居住在較南方的阿拉伯人認為，這個星座是在河流上（波江座）的一只小船，或是稱呼這個星座為年輕的駝鳥（Al Ri'āl），這個字詞也被視為「新到的人」或「新到的老鷹」。有學者認為，十六世紀的紀錄並非發現，而是參考了阿拉伯人對這一帶天空的觀察。在中國，火鳥星官的命名一樣是在明朝李之藻和利瑪竇合作的《經天該》當中出現，可以視為是受到大航海時代，西方人對南極附近星空觀察的影響而加入的星官。

鳳凰座的恆星

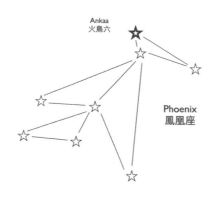

☆ 火鳥六（Ankaa）

恆星名	α Phoenicis / 火鳥六 / Ankaa / Nair al Zaurak / Cymbae / Lucida Cymbae
亮度	2.39
回歸黃道位置	2020 雙魚座 15 度 46 分 2000 雙魚座 15 度 29 分 1980 雙魚座 15 度 12 分 1960 雙魚座 14 度 56 分
恆星位置	鳳凰的頭。
恆星特質	重生、力量。

恆星詮釋

火鳥六的英文名稱 Ankaa，來自於 Al-'Anqa，是阿拉伯文鳳凰的意思，如果這個星座一直到十六世紀末期才以火鳥的型態被記錄的話，那麼這個名字應該是後來才追加上的。

星座的英文名字 Phoinos 來自於希臘文，意即紅色，或者是紅色的血。埃及人稱之為鳳凰（Bennu），象徵著每天新生的太陽，也是不死或重生的象徵。在西方神話中也有鳳凰出現，極為美麗，聰明才智無與倫比，堪稱一種典型、典範的象徵，與太陽還有火都有關。

這個恆星透過鳳凰與火鳥的傳說，象徵著透過生死循環的成長，有再生、浴火重生的特質。它也可能暗示著個案遭遇困境打擊之後，透過接受、覺醒、臣服，重新站起來，更加強大。羅伯森認為這個恆星帶來一種先鋒的態度，野心與力量，同時帶來了長壽與長久的熱情火焰。

偕日升星：在了解宇宙自然運行的道理之後，無所畏懼，因而獲得力量與智慧，生活中也可能有著不斷超越自我極限的想法與理念。

偕日降星：擁有不斷超越自我的能力，即使面對失敗也要再站起來。

對準上升、下降、天頂、天底的黃道度數（或位在實際星空的軸點）：在遇

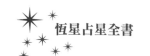

到困境與挑戰、陷入絕境的時刻，很可能也是重生契機的開始。

與行星共軸或對準（合相）：

日：不怕失敗，不斷超越自身的限制而獲得榮耀。

月：在生活中展現不滅的熱情以及對生命的熱愛與關懷。

水：以言語、文字、溝通帶來希望，展現強大的生命力。

金：人際關係與情感可帶來重新出發的力量。

火：熊熊的生命火焰不斷燃燒，不害怕失敗，勇敢的接受挑戰。

木：心中懷抱著永不熄滅的希望之火。

土：即使面對失敗也不要放棄，展現堅強的意志力。

天：徹底的轉變與重生的態度讓人感到驚訝。

海：強烈的精神成長力量與對藝術的熱愛，可帶來生生不息的生命力。

冥：堅強的意志力與絕不放棄的態度，是你最強大的力量。

凱龍：療癒的力量來自於對生命的熱情。

月交：在人生之旅上，學會就算遭遇挫折也不會放棄的態度。

案例：如同浴火重生的鳳凰——芙烈達・卡蘿

　　或許你對這個名字感到陌生，但是當你看到芙烈達・卡蘿的畫作時，你的靈魂絕對會被深刻的震撼，她的畫風如此激烈鮮明，赤裸裸的呈現出她所經歷的一切。

　　芙烈達・卡蘿出生於墨西哥，她的畫作強烈受到大地與當地文化的影響，且具有強烈的超現實風格，對於人與土地、女性的地位、身體受到創傷的強烈痛楚，都有著清晰的呈現。太陽在巨蟹座的芙烈達・卡蘿，太陽與木星、海王緊密的合相，太陽更是她的上升守護，象徵著她自由與超越肉體限制的渴求。除了海王星所象徵的藝術與個人追求的太陽合相之外，冥王星與金星合相，暗示著在藝術、情感當中呈現擔憂、恐懼與危機，這兩個行星都與土星四分相，土星帶來了這個危機的具體呈現。

她在六歲時得到小兒麻痺症，並在十八歲的時候遭遇嚴重的車禍，造成下半身行動不便，此後她一共經歷三十五次的手術來處理車禍的後遺症，在此期間她開始接觸繪畫，透過創作來轉移身體的痛楚，而在她的畫作中，經常展現著支離破碎的身體。

　　車禍沒有殺死她，卻帶給她強烈的身心痛楚，並在她的畫作中充分展現。她的畫作引起了畫家迪亞哥‧里維拉的注意，並且相戀結婚，但這又是另一個心靈痛楚的開始，風流的迪亞哥雖然愛著芙烈達‧卡蘿，卻從未停止招蜂引蝶，甚至也與芙烈達的妹妹發生了關係，這讓芙烈達感到痛苦不堪。他們分居，然後離婚，但離婚並沒有讓他們真的不相往來，他們的戀情從相識、結婚到離婚，一直糾纏到芙烈達死去的時刻。金星與冥王星的合相四分土星，土星同時作為七宮守護，的確符合這麼激烈的愛恨情仇糾結到死的特色。

　　芙烈達‧卡蘿的太陽與三個恆星產生共軸，最具代表性的應該就是鳳凰座的火鳥一（Ankaa）。芙烈達誕生那天，當太陽在東方地平線上升起時，火鳥一正攀升到上中天最高處的位置。如同這個星座的名字，火鳥一象徵著浴火重生的鳳凰，太陽是生命力，是驕傲，同時也是個人的身分認同，這些特質因為與火鳥一共軸的關係，都需要經過熊熊大火的試煉。對於芙烈達來說，或許是那一場嚴重的車禍，或許是她與迪亞哥的關係。太陽同時也與波江座的水委一（Achernar）共軸，這個恆星總與生命或時代的劇烈轉變、騷亂、騷動有著關係。而另一個與她的太陽共軸的恆星，則是天鷹座的河鼓二，這個具有自由積極、不怕挫折、強烈火星和木星特質的恆星，也同時暗示著某種激烈的爭取、攻擊與保護的特質。在巴比倫的神話中，這隻老鷹甚至兼具有處罰亡靈的任務。這三個恆星與她的太陽（同時也是命主星）共軸，的確呼應著她遇到挫折不被擊倒的特質。

　　她的金星是她天頂的守護，也象徵著她的藝術風格，金星與冥王、土星的相位，描繪著鮮豔風格中帶有破碎的肢體帶來的痛苦。她的金星與獅子座背上的西上相（Zosma）共軸，獅子座的背部象徵著人們無法承擔的極限壓力，多半也與受害者的痛苦掙扎的生命歷程有關。但她的金星也同時與南魚座知名的恆星北落師門（Fomalhaut）共軸，這個恆星是波斯人冬季的定位星，象徵著擷取自然的智慧，也與鶴立雞群的突出與孤獨有關。此恆星與金星共軸，正如同她的畫作所表達的自然風格與強烈的孤獨，芙烈達的畫作中有許多是她的自畫像，芙烈達說：「我畫自畫像，因為我常獨處，也因為我是我自己最了解的主題。」

　　從恆星的黃道度數投影來看，芙烈達的太陽與海王星都對準知名的天狼星，這是天空中最閃耀的恆星。這個恆星在埃及與魔法女神伊西斯連結，她是天神奧西里斯的妻子，並且是在奧西里斯被殺害之後，用盡一切辦法使丈夫復活的女神。在巴比倫神話中，這是女神伊娜娜（或戰神尼努塔）的弓箭，有著戰爭與勝利的意味。無獨有偶的，在中國古代，天狼星也象徵箭頭的意涵，但卻是「主侵略之兆」。屈原在《九歌‧東君》中寫到：「舉長矢兮射天狼」，從這個角度來看，她旺盛的創作力與不斷和身體生存戰鬥的人生的確相似。

Chapter 7

實際案例說明──本命盤應用

　　在占星學中，恆星可以從許多不同的角度出發，前面我們介紹了傳統的黃道投影方式與巴比倫的共軸觀點，我不認爲只能選用其中一種方式，在我的研究過程中，我認爲用兩種方式來探討恆星更能夠與星盤產生共鳴，這兩種方式都能很好的詮釋星盤。因此，接下來我將用這兩種不同的方式來說明，同時因爲巴比倫的共軸技巧可以應用在沒有準確出生時間（需要準確的地點）的星盤上，所以我將用瑞典環保少女桑伯格（Greta Thunberg）的星盤來做示範。

黃道投影技巧應用

　　強尼戴普一直是我相當喜歡的演員，不只是他精湛的演技，還有他年輕時的帥氣，我認爲他是一個相當有個性的演員，因爲他十分清楚自己所追求的是什麼。在早年的演藝生涯中，他以帥氣的偶像角色在電視劇中出現，但是很快的他意識到這不是他所追求的人生。在相當長的一段時間中我們很少看到他的作品，然而就在這一段很少出現在電視與商業電影的時間中，他開始接觸一些具有藝術性質的電影，並且不在意破壞偶像的包袱，以古怪恐怖的角色出現，而也正因爲這些角色，讓人們重新認識他。

　　在他的出生圖中，金星在金牛座 25 度，水星在金牛座 26 度，都對準（合相）了相當有名的恆星大陵五（Algol），許多人都知道這個恆星以邪惡著稱，威廉禮尼在他的《基督教占星學》當中特別重視這個邪惡的恆星，而羅伯森認爲這個恆星帶來不幸、吊死、電擊、暴力、離奇的死亡，也是最邪惡的恆星。

　　果眞受到這個恆星影響的人都是不幸的嗎？我不敢這麼斷定，無論是否帶來不幸，我卻都觀察到受到這個恆星影響的人，往往十分的積極強勢，象徵著強烈

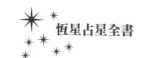
且旺盛的創造力，也都很有自我的風格。這樣的風格或許與周圍格格不入，甚至招人議論，但卻是最適合當事人的。強尼戴普的金星位在第十宮，也是他天頂的守護星，因此金星的狀態相當值得討論。當金星對準（合相）大陵五，我們可以說他在職業上有受人敬重的創造力與演技，但他不滿足於當前的限制，他想要不斷的突破，去嘗試不同的角色。然而更有趣的是，那些受到稱讚的角色多半帶有邪惡或恐怖的氣質，這些角色不就是令人恐懼的大陵五的最佳呈現？這也應證了許多占星師認同的一個概念：我們可以積極的去發揮星盤上的特質，而不是忽略他們。就算是邪惡或是破壞，也都應該有他們可以發揮的地方。再回到星盤，我們可以發現強尼戴普的金星不只與水星合相，也與星盤中的土星還有天王星產生相位，這提醒我們，這些相位與大陵五的怪異、令人恐懼的特質相互呼應。

其次，大陵五的影響在他身上如此顯著的原因，還包括了這是他星盤上的天頂守護星，與他的職業和公眾形象有關，也因此我們可以如此清晰的觀察到此恆星的影響。特別要提醒的是，儘管本書的案例是強調恆星的影響，但身為占星師，在與個案面對面時，我們必須學會將恆星整合進星盤中做討論，而不是只因為某個行星對準某個位置，就不考慮其他的星盤條件與因素。

除了金星對準大陵五之外，他的月亮在摩羯座 13 度，對準了天琴座的織女星。這個恆星具有金星與水星的特質，羅伯森認為織女星帶來了吉利的影響，仁慈、具有理想化且充滿希望，讓人莊重、清醒，但也可能帶來自大外向的態度。這是一個相當重要的恆星，也多半被視為具有創造力的吉星，與音樂藝術有關。許多人不知道強尼戴普除了演戲之外也喜歡彈吉他，也會在許多重要的場合中演出。別忘了，神話故事中的天琴座具有著強烈說服力的意涵。

另外，他的木星在 13 度牡羊座，對準了仙女座的恆星壁宿二。儘管這個恆星被視為仙女座的頭，但是確也是飛馬身體的一部分，象徵著一種思想上的不受約束、徹底改變的觀念，或是行動上的不受約束。木星本身就有著自由的主題，而與壁宿二對準時，自由無拘無束的主題更被強調。

恆星共軸應用

在 2019 年底，獲得時代雜誌獲選為年度人物的環保少女葛雷塔・桑伯格（Greta Thunberg），的確是近年來的媒體寵兒。我在網路上看到許多人對她的

質疑，懷疑她是爲了出名而抗爭，嘲笑她只是個不讀書不會控制情緒的屁孩，但在我的認知中，她的行動的確符合我所認知的千禧世代。近年在占星學界也有許多對於千禧世代（1980 後出生的人）的深入研究，這一代的人面對著前所未有的挑戰，他們面對資源枯竭的未來，而政治經濟大權卻又掌握在緬懷過去的嬰兒潮時代的爺爺奶奶手上。我自己也認爲 1980 年的確是一個世局變化的關鍵時間，因爲這是每兩百四十年木土更換元素的大轉變（Great Mutation）起點，這一年木土合相落在天秤座，開始揭露了未來兩百四十年木土風元素的特色。此後出生的人的確會對於上一個世代對於物質的眷戀有著不同的看法。

雖然我們沒有桑伯格的正確出生時間，但是我們有日期與地點，共軸恆星的觀察是透過一整天行星與恆星的共軸互動，帶給我們一些不同層次的描述，這也是我在處理沒有生日的星盤時的輔助工具。

在使用共軸技巧時，我們首先會觀察出生在這一天、這個地區的偕日升星與偕日降星，這兩個位置說明著人生的主題以及如何去實踐。

桑伯格出生這一天，射手座的 M22 星雲（Facies）是偕日升星，目前的黃道位置在摩羯座 8 度，這個位於黃道上最明亮的球狀星團，象徵著弓箭手的眼睛，羅伯森賦予它火星與太陽的特質，認爲帶來眼盲。這個恆星既然是弓箭手的眼睛，自然帶來了緊盯目標、不放過敵人與獵物的意涵。若你有行星落在摩羯座 8 度上，或者與 M22 星雲產生共軸，那麼你可能成爲弓箭兩端的角色，獵人或獵物。但現代的占星觀點認爲，即使你在未察覺的情況下處於獵物的角色，在察覺之後你仍可以根據自身的豐富經驗，將自己轉變成獵人，一個緊盯目標的角色。

而桑伯格的偕日降星則是金牛座牛角的五車五（El Nath），今天的位置在雙子 22 度，牛角是牛的防禦與攻擊的武器，這顆恆星有著強烈的攻擊與保護的特質，特別與衝撞、頂撞的行動有關，阿拉伯文的 Al Natih，意思就是頂撞者。更特殊的是，若我們觀察星空圖，桑伯格的土星也非常緊密的靠近另一隻牛角。現在不用我多說，你們就知道桑伯格爲什麼敢在許多世界領袖的會議上，憤怒地頂撞這些權威：「你們好大膽！」（How dare you！）之後，她對川普怒目以視的那張照片，完全呈現她對這位環保毫無作爲的世界領袖的鄙視。

如果偕日升星是目標或特質，偕日降星則說明著透過人生成長歷程，去學習如何採取行動來實踐升星所象徵的目標。五車五的偕日降星說明在成長過程中，

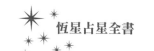

逐漸學會如何正確的衝撞來實現目標，而她的升星要她「對準目標緊盯獵物」，她的降星則告訴她必須透過不斷的橫衝直撞，才能明白誰才是真正的敵人。

在共軸技巧上，我們可以依照不同的行星來解讀恆星的共軸，通常我們會討論那些星盤上佔據重要位置的恆星，像是日月或上升守護星的共軸，如果有正確的出生時間，我們會觀察合軸星的恆星共軸，有時我們也會注意那些星盤中特別顯眼的行星的共軸，例如 T 字三角的端點，或是擁有許多相位的行星。

由於不知道出生時間，所以我們不知道桑伯格月亮的精確度數以及相位，但仍應該在摩羯座。我們可以確定的是，在她出生這一天，在斯德哥爾摩緯度中的行星與哪些恆星產生共軸關係。月亮唯一共軸的恆星是金牛座 α 星畢宿五（Aldebaran），現今位置在雙子 10 度，這個知名的恆星象徵著金牛的眼睛，再一次重複專注目標的特質。這是巴比倫人眼中春分的定位星，從巴比倫、阿拉伯到中國的占星師，都認為這個恆星與氣候的變遷、雨季是否來臨的判斷有關，波斯人更相信它象徵著榮耀、誠實、正直的去獲得成就的天神阿胡拉·馬茲達（Ahura Mazda）。或許這個如此重要的恆星可以幫助我們了解她怎麼會對這些不誠實的大人感到憤怒。

由於沒有出生時間，我們可能無法判斷哪一個行星在出生時落在軸點上，但我們可以注意那些比較多相位的行星，並觀察這個行星會跟哪些恆星產生共軸。桑伯格令人注意的是星盤上的火星，位在天蠍座 21 度，是強勢的火星，並與金星合相，也與天王星三分，與木星四分。她的火星與氐宿四（Zuben Eschamali）共軸，從星空圖來看，這個火星正位於黃道上天秤座的兩個秤砣附近，北邊的秤砣是氐宿四（Zuben Eschamali），位於天蠍 19 度，南邊的則是氐宿一（Zuben Elgenubi），位於天蠍 15 度。這兩顆恆星有著些許的差異，比魯尼說天秤的這兩個恆星象徵推擠，巴比倫人認為是司法與公義的象徵，天秤的兩個秤砣在早年也被視為是天蠍的爪子，象徵著危險的生死關卡，以及大地對驕傲自大人類的反擊。桑伯格的火星在這裡意識到了她們這一代的生存（火星）正處於關鍵危機，但當權者卻毫無作為，無視環境的破壞與生物的滅絕而感到憤怒。

在這個章節中我們完整的透過黃道投影與共軸的技巧，了解恆星可以在星盤判斷的過程中產生什麼樣的影響，恆星甚至可以應用在運勢推測技巧上，無論是傳統占星所用的主限法，或是近代較受歡迎的二次推運太陽回歸，我們都可以根據行星與恆星之間的關係做更深入的描述。

Chapter 8

恆星在世俗占星學上的應用

　　在這個章節中，我將示範如何藉由春分圖、入境圖、日食圖、新月滿月圖的分析，來預測當年、當季、甚至當月份的社會氛圍。同時將恆星的對準與共軸都納入分析考量，藉此完整的呈現出占星師的預測方式，以及恆星在這個過程中的重要性。

　　從巴比倫的考古文獻中，我們知道占星學最早期的功用在於預測政治經濟的變化，而不是個人的星盤，而這一門技巧稱為「世俗占星學」，經過數千年的發展，占星師們加入了許多不同的技巧，包括利用春分（太陽進入牡羊座）時刻作為重要的年度發展判斷，也可以用夏至、秋分、冬至來預測不同季節的政治、經濟與自然災害的事件。同時在世俗占星中另一個常用的技巧，則是對於特殊天象的解讀，包括了對日食、月食、彗星隕石的解讀。

　　在此我要以 2018 年發生在法國的「黃背心運動」作為案例，這個社會運動最主要是法國民眾對於政府的一連串新制改革不滿，包括原先法國政府的經濟改革明顯偏向對大企業有利的方向，承諾對有錢人所課徵的奢侈物業稅也取消了，最後在法國政府調高汽車燃油稅之後，激怒了大多數的民眾，並在 2018 年 11 月展開與政府對抗的行動。起初他們是透過阻礙交通的方式，而成員則是穿上容易辨識的黃背心，這是法國政府規定每輛車中都需要放上一件的背心，好在意外發生時使用。

　　在傳統占星學中，每年的春分都被視為一年的開始，所有該年度的重要事件都可能在春分盤中凸顯，但是在當代占星學中，則認為每一個季節都可以使用當季的星盤作為解讀。不過在此要特別提醒的是，儘管本書以恆星為主題，但是在真正的分析中，我們必須將恆星視為考量的一部分，而不是獨立出來只看恆星。

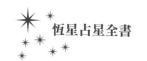

2018 年春分星盤

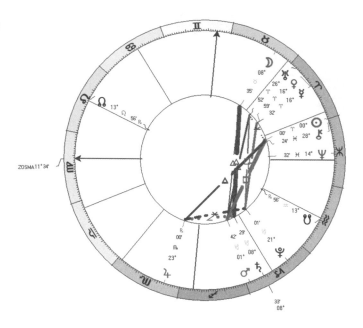

Aries Ingress of The Sun
Solar Return
20 Mar 2018, Tue (±0 secs)
17:15:28 CET - 1:00
Paris, France
48°N52' 002°E20'
Geocentric
Tropical
Placidus
True Node

圖說：2018 年春分星盤。

　　在 2018 年巴黎的春分盤上，我們可以看到上升在處女座 11 度，海王星在雙魚座 14 度，靠近下降點的位置，合軸星是星盤上相當值得注意的行星。更特殊的是，這個海王星處於無相位的狀態，它暗示著對於法國來說，關於雙魚座與海王星所暗示的污染、環保、海洋、石化工業、化學、病毒等議題相當值得注意。而在當年秋冬，法國的空氣污染相當嚴重，政府甚至開放免費公共交通服務，促使人們減少開車以減低空污的影響。而我們也需要注意到，儘管黃背心運動被描述為對法國政府整體不滿的抗議活動，但直接的導火線是法國政府以補貼環保政策支出而調高燃油稅，無論是環保或燃油，都與海王星雙魚座有著密切的關聯。

　　同時，這一天的土星在摩羯座 8 度，對準了象徵射手座眼睛的 M22 星團，這個恆星有著緊盯攻擊目標的特質，上升在 11 度處女座，則對準了獅子座的恆星西上相，象徵著承受重大壓力的意涵。許多法國民眾表示物價上漲而購買力卻沒有相對提升，是黃背心運動受到支持的主要原因。而西上相這個恆星也在當天的星盤上與天王星共軸，替這個年度的劇烈改革帶來的壓力，寫下重要的註解。

日食星盤

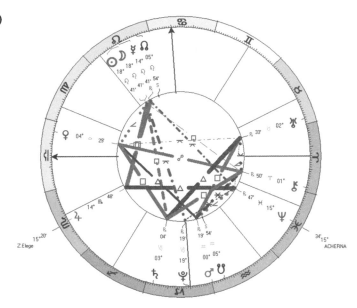

圖說：2018 年日食星盤。

　　在 2018 年 8 月的日食星盤中，冥王星是第二宮的共同守護星，且合相天底，成為這張星盤中重要的合軸星。它也和太陽月亮產生 150 度的相位，象徵著痛苦的適應與調整。木星在 15 度天蠍座，位在象徵財務的第二宮，這個位置是天空中的氐宿四，這個恆星在星空中不但象徵著天秤的秤砣，在占星學中也與社會改革有著密切的關聯。而海王星在此時也對準了波江座象徵著劇烈變動的恆星水委一。這些行星與恆星的配置都預告了劇烈變動的來臨，而且可能與財務上的議題有關。

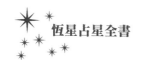

2018 年秋分星盤

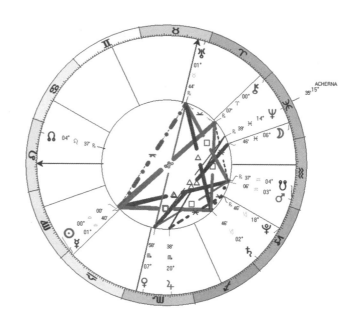

Libra Ingress of The Sun
Solar Return
23 Sep 2018, Sun (±0 secs)
03:54:06 CEDT -2:00
Paris, France
48°N52' 002°E20'
Geocentric
Tropical
Placidus
True Node

ACHERNA
35°15'

圖說：2018 年秋分星盤。

　　當我們觀察距離該事件最接近的秋分星盤時，我們都會關注到位在天頂與天底對分相的天王星與金星，天王星不僅象徵著劇烈變動，也象徵著反叛與革命，出現在法國的秋分星盤時，描述著這個秋天即將出現的劇烈暴動。同時火星與南交的緊密合相在第六宮，也透露了人民因為日常生活的不便而引發的憤怒。此時海王星仍然緊密地對準著波江座恆星水委一，由於海王星緩慢的移動，所以將會在這裡影響全球的局勢一陣子。而在秋分時刻，牡羊座象徵著衝撞的恆星婁宿三，正高掛在巴黎的天空當中，並佔據著重要的位置，它還與象徵人民的月亮，以及象徵交通的水星都產生共軸，暗示著政府即將受到的衝擊，而衝擊的主題與人民、交通、民生生活有關。

新月圖與滿月圖

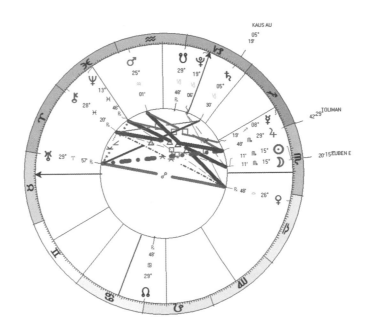

圖說：2018 年 11 月 7 日新月圖。

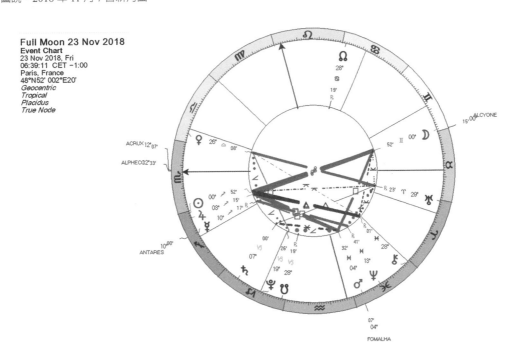

圖說：2018 年 11 月 23 日滿月圖。

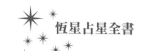
新月與滿月都是占星師們預測近期事件的重要工具，整個活動在 11 月 17 日展開，並在 11 月 24 日引爆成為劇烈衝突，示威民眾攻擊軍警，並且破壞許多重要設施。我們首先關注 11 月 7 日的新月圖，冥王星緊密的掛在天頂，與日月六分相，木星與火星四分相象徵著衝突的擴大。金星與天王星對分在上升軸線附近，在在凸顯了這個月份的緊張氣氛。而這時日月位在天蠍座 15 度，我們剛剛提到過，這是 8 月的日食星盤中木星的位置，在天空當中屬於天秤座，而象徵著社會改革的恆星氐宿四，就位在黃道上的天蠍座 15 度，也是少數能夠與行星產生真正合相的重要恆星之一。在 23 日的滿月圖中，月亮位在 0 度雙子座，對準著象徵著悲傷憤怒的昴宿星團，水星則對準了天蠍座心臟的心宿二，就在隔天全法國都爆發了激烈的衝突。

11 月 17 日事件當日的星盤

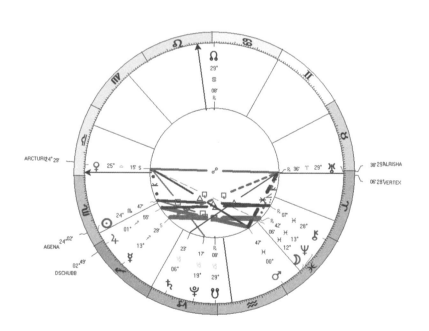

圖說：2018 年 11 月 17 日上午 5:57 的星盤。

Natal Chart (Data Sheets)
for Yellow Vests movement, 17 Nov. 2018

Heliacal stars and parans according to Bernadette Brady
Star list: B.Brady (64 stars); Orb for parans: 0°30' in RA; for position at axis: 1°00' in RA
Method: Real parans between two sunrises

Your heliacal rising star: Spica (28 days earlier)
Your heliacal setting star: Mirach (3 days earlier)

Stars at Natal Horizon or Meridian
<u>Vega (Rise, 0°08')</u>, <u>Alpheratz (Set, 0°35')</u>, <u>Phact (Set, 0°45')</u>

Stars Rising ("Stars of Your Youth")
♂ Mars　　Regulus (Set-Rise, 0°06')

Stars in Culmination ("Stars of Your Prime")
♄ Saturn　　Moon (Set-Cul, 0°05'), Arcturus (Rise-Cul, 0°20')

Stars Setting ("Stars of Your Latter Years")
☽ Moon　　Saturn (Cul-Set, 0°04')
☿ Mercury　　Aculeus (Set-Set, 0°05')
♃ Jupiter　　Sirius (Rise-Set, 0°11'), Alnilam (Rise-Set, 0°17')

Stars in Lower Culmination ("The Hearthstone of Your Life")
☉ Sun　　Fomalhaut (Rise-LCul, 0°19')
♂ Mars　　Zuben Eschamali (Set-LCul, 0°23')

Definitions according to B.Brady:
- "Your heliacal rising star": Using Brady's star list, this is the star (or stars) which last ended its (or their) "alh" phase (explained below). This star may have actually risen with the Sun at sunrise a number of days before, but no other stars have completed this phase since it did. Equally although it has risen before the Sun, the star may not yet be visible in the predawn glow.
- "Your heliacal setting star": This is the star (or stars) which last ended its (or their) "cp" phase (explained below). This star may have actually set at sunrise a number of days before, but no other stars have completed this phase since it did.
Calculation method: Parans are calculated for the times at which the stars and planets really rise, set, or culminate on the day of birth. The day of birth is considered to start at the preceding sunrise and end at the following sunrise.
Underlined objects were at one of the four main axes at the time of birth. In parentheses, the following information is given:
- The axis at which an object is positioned when forming the paran.
- Precision in degrees (RA), applying (a) or separating (s)
- Phase in the year cycle:
"cp": The star is in a period where it is above the horizon the whole night through, i.e. it rises before sunset and sets only after sunrise. (Ptolemy's "curtailed passage")
"alh": The star is in a period where it is above the horizon only during the daylight hours. (Ptolemy's "arising but lying hidden")
For astrologers wishing to know the meanings of these fixed stars in their natal chart more information can be gained from www.zyntara.com or from B. Brady's book "Star and Planet Combinations", 2008, Bournemouth, UK: Wessex Astrologer.

圖說：2018 年 11 月 17 日恆星表。

　　眞正的占星預測是不會用到事件當時的星盤的，事件當時的星盤只能被用作事件發生之後的解讀，所以對於眞的從事預測的占星師來說，當時的星盤無法達到預測的功能。但我們如果綜合春分、當季的太陽入境圖與最近一次的日食和新月滿月圖，我們就能夠看到與這次抗爭有關的行星符號不斷的重複出現。

　　11 月 17 日參與抗議的民眾以中斷交通作爲抗爭的手法，根據網路報導，首先完成集結的是位在法國西部的南特，當天上午 5 點 57 分完成了阻礙交通的集結，所以我以這個時間與地點，作爲這個抗議事件的星盤。

　　當天的星盤上升在天秤座 28 度，天王星當時在牡羊座 29 度，緊密的合相下

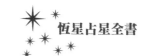

降點，許多人不知道的是，牡羊座 29 度對準了相當有名的仙女座星雲，帶有強烈的波動與理想特質。而當天的太陽在天蠍 24 度，對準了半人馬座的恆星馬腹一，儘管羅伯森認為馬腹一帶來了地位、友誼、精緻的、健康與榮譽，但是這個恆星位在半人馬座，與凱龍的傷痛有關，更仔細的描述，則象徵著在日常生活的繁瑣事務中所承受的痛苦。而這個描述也與黃背心的抗議主題有關，再一次證明當我們詮釋恆星時，不能忽略恆星與其星座背後的神話意涵。

在南特展開行動的星盤中，當時織女星正在東方地平線上升起，象徵著不受約束的仙女座壁宿二與天鴿座的丈人一則在西方地平線上，這三者之間都有一種強調自由、不受約束，以及高度理想的精神。有趣的是，如果我們觀察當天的共軸，象徵交通的水星與天蠍座象徵攻擊的蝴蝶星團共軸，象徵著人們會以道路、車子有關的事物作為攻擊的象徵，而星盤上象徵攻擊的火星，則正與皇家之星軒轅十四、象徵社會正義的氐宿四共軸。

附錄一
恆星查詢表／英文字母排列

英文名	中文名	星座	2020 年黃道度數	托勒密行星性質分配
Achernar	水委一	波江座	15 雙魚 35	土
Acrux	十字架二	十字架座	12 天蠍 09	無
Acubens	柳宿增三	巨蟹座	13 獅子 55	土、水
Aculeus	M6 星團、蝴蝶星團	天蠍座	26 射手 01	月、火
Acumen	M7 星團、托勒密星團	天蠍座	29 射手 00	月、火
Agena	馬腹一	半人馬座	24 天蠍 04	金、木
Al Rescha	外屏七	雙魚座	29 牡羊 39	土、水
Albireo	輦道增七	天鵝座	01 水瓶 31	金、水
Alcyone	昴宿六、昴星團	金牛座	00 雙子 16	火、月
Aldebaran	畢宿五	金牛座	10 雙子 04	火
Alderamin	天鉤五	仙王座	13 牡羊 02	木、土
Algedi	牛宿二	摩羯座	04 水瓶 08	金、火
Algenib	壁宿一	飛馬座	09 牡羊 26	火、水
Algol	大陵五	英仙座	26 金牛 26	木、土
Alhena	井宿三	雙子座	09 巨蟹 23	水、金
Alioth	玉衡	大熊座	09 處女 13	火
Alkaid、Benetnash	瑤光	大熊座	27 處女 13	火
Alkes	翼宿一	巨爵座	23 處女 58	金、水
Alnilam	參宿二	獵戶座	23 雙子 44	木、土
Alphard	星宿一	長蛇座	27 獅子 34	土、金
Alphecca	貫索四	北冕座	12 天蠍 35	金、水
Alpheratz	壁宿二	仙女座	14 牡羊 35	木、金
Altair	河鼓二、牛郎	天鷹座	02 水瓶 03	火、木
Ankaa	火鳥六	鳳凰座	15 雙魚 46	無
Antares	心宿二	天蠍座	10 射手 02	火、木
Arcturus	大角	牧夫座	24 天秤 31	火、木
Bellatrix	參宿五	獵戶座	21 雙子 13	火、水
Betelgeuse	參宿四	獵戶座	29 雙子 02	火、水
Canopus	老人星	船底座	15 巨蟹 14	土、木
Capella	五車二	御夫座	22 雙子 08	火、水

英文名	中文名	星座	2020 年黃道度數	托勒密行星性質分配
Capulus	NGC869 星雲	英仙座	24 金牛 28	火、水
Castor	北河二	雙子座	20 巨蟹 31	水
Deneb Adige	天津四	天鵝座	05 雙魚 36	金、水
Deneb Algedi	壘壁障四	摩羯座	23 水瓶 49	土、木
Deneb Kaitos (Difda)	土司空	鯨魚座	02 牡羊 51	土
Denebola	五帝座一	獅子座	21 處女 54	土、金
Diadem	太微左垣五、東上將	后髮座	09 天秤 14	無
Dschuba / Isidis	房宿三	天蠍座	02 射手 51	火、土
DUBHE	北斗一、天樞	大熊座	15 獅子 29	火
El Nath	五車五	金牛座	22 雙子 51	火
El-Scheratain	婁宿一	牡羊座	04 金牛 15	火、土
Ettanin	天棓四	天龍座	28 射手 15	土、火
Facies	M22 星團	射手座	08 摩羯 36	日、火
Fomalhaut	北落師門	南魚座	04 雙魚 08	金、水
Gienah	軫宿一	烏鴉座	11 天秤 00	火、土
Graffias	房宿四	天蠍座	03 射手 28	火、土
Hamal	婁宿三	牡羊座	07 金牛 56	火、土
Kaus Australis	箕宿二	射手座	05 摩羯 21	木、火
Kaus Borealis	斗宿二	射手座	06 摩羯 36	木、火
M44 Praesaepe	鬼宿星團	巨蟹座	07 獅子 38	火、月
Markab	室宿一	飛馬座	23 雙魚 45	火、水
Megrez	天權	大熊座	01 處女 21	火
Menkar	天囷一	鯨魚座	14 金牛 36	土
Merak	天璇	大熊座	19 獅子 43	火
Mirach	奎宿九	仙女座	00 金牛 41	金
Mirfak	天船三	英仙座	02 雙子 21	木、土
Mizar	開陽	大熊座	16 處女 00	火
Murzims	軍市一	大犬座	07 巨蟹 28	金
Nunki	斗宿四	射手座	12 摩羯 40	木、水
Peacock	孔雀十一	孔雀座	24 摩羯 06	無
Phact	丈人一	天鴿座	22 雙子 27	金、水
Phecda	天璣	大熊座	00 處女 46	火
Polaris	北極星	小熊座	28 雙子 51	土、金
Pollux	北河三	雙子座	23 巨蟹 30	火
Procyon	南河三	小犬座	26 巨蟹 04	水、火

英文名	中文名	星座	2020 年 黃道度數	托勒密行星 性質分配
Ras Algethi	帝座	武仙座	16 射手 26	水
Ras Alhague	侯	蛇夫座	22 射手 44	土、金
Rastaban	天棓三	天龍座	12 射手 15	土、火
Regulus	軒轅十四	獅子座	00 處女 07	火、木
Revati	外屏三	雙魚座	20 牡羊 09	土、水
Rigel	參宿七	獵戶座	17 雙子 06	木、土
Rukbat	天淵三	射手座	16 摩羯 55	木、土
Sabik	天市左垣十一、宋	蛇夫座	18 射手 15	土、金
Sadalmelek	危宿一	水瓶座	03 雙魚 37	土、水
Sadalsuud	虛宿一	水瓶座	23 水瓶 40	土、水
Scheat	室宿二	飛馬座	29 雙魚 39	火、水
Schedar	王良四	仙后座	08 金牛 03	土、金
Seginus	招搖	牧夫座	17 天秤 57	水、土
Sirius	天狼星	大犬座	14 巨蟹 21	木、火
Skat	羽林軍二十六	水瓶座	09 雙魚 09	水、土
Spica	角宿一	處女座	24 天秤 07	金、火
Sualocin	瓠瓜一	海豚座	17 水瓶 39	土、火
Thuban	紫微右垣一	天龍座	07 處女 45	土、火
Toliman	南門二	半人馬座	29 天蠍 45	金、木
Unukalhai	天市右垣七	巨蛇座	22 天蠍 22	土、火
Vega	織女	天琴座	15 摩羯 35	金、水
Vindemiatrix	太微左垣四、東次將	處女座	10 天秤 13	土、水
Zavijava	太微右垣一、右執法	處女座	27 處女 27	水、金
Zosma	太微右垣五、西上相	獅子座	11 處女 36	土、金
Zuben Elgenubi	氐宿一	天秤座	15 天蠍 22	土、火
Zuben Eschamali	氐宿四	天秤座	19 天蠍 39	木、水

附錄二
恆星查詢表／黃道度數排列

英文名	中文名	星座	2020 年黃道度數	托勒密行星性質分配
牡羊座				
Deneb Kaitos (Difda)	土司空	鯨魚座	02 牡羊 51	土
Algenib	壁宿一	飛馬座	09 牡羊 26	火、水
Alderamin	天鉤五	仙王座	13 牡羊 02	木、土
Alpheratz	壁宿二	仙女座	14 牡羊 35	木、金
Revati	外屏三	雙魚座	20 牡羊 09	土、水
Al Rescha	外屏七	雙魚座	29 牡羊 39	土、水
金牛座				
Mirach	奎宿九	仙女座	00 金牛 41	金
El-Scheratain	婁宿一	牡羊座	04 金牛 15	火、土
Hamal	婁宿三	牡羊座	07 金牛 56	火、土
Schedar	王良四	仙后座	08 金牛 03	土、金
Menkar	天囷一	鯨魚座	14 金牛 36	土
Capulus	NGC869 星雲	英仙座	24 金牛 28	火、水
Algol	大陵五	英仙座	26 金牛 26	木、土
雙子座				
Alcyone	昴宿六、昴星團	金牛座	00 雙子 16	火、月
Mirfak	天船三	英仙座	02 雙子 21	木、土
Aldebaran	畢宿五	金牛座	10 雙子 04	火
Rigel	參宿七	獵戶座	17 雙子 06	木、土
Bellatrix	參宿五	獵戶座	21 雙子 13	火、水
Capella	五車二	御夫座	22 雙子 08	火、水
Phact	丈人一	天鴿座	22 雙子 27	金、水
El Nath	五車五	金牛座	22 雙子 51	火
Alnilam	參宿二	獵戶座	23 雙子 44	木、土
Polaris	北極星	小熊座	28 雙子 51	土、金
Betelgeuse	參宿四	獵戶座	29 雙子 02	火、水
巨蟹座				
Murzims	軍市一	大犬座	07 巨蟹 28	金
Alhena	井宿三	雙子座	09 巨蟹 23	水、金

Sirius	天狼星	大犬座	14 巨蟹 21	木、火
Canopus	老人星	船底座	15 巨蟹 14	土、木
Castor	北河二	雙子座	20 巨蟹 31	水
Pollux	北河三	雙子座	23 巨蟹 30	火
Procyon	南河三	小犬座	26 巨蟹 04	水、火
獅子座				
M44 Praesaepe	鬼宿星團	巨蟹座	07 獅子 38	火、月
Acubens	柳宿增三	巨蟹座	13 獅子 55	土、水
DUBHE	北斗一、天樞	大熊座	15 獅子 29	火
Merak	天璇	大熊座	19 獅子 43	火
Alphard	星宿一	長蛇座	27 獅子 34	土、金
處女座				
Regulus	軒轅十四	獅子座	00 處女 07	火、木
Phecda	天機	大熊座	00 處女 46	火
Megrez	天權	大熊座	01 處女 21	火
Thuban	紫微右垣一	天龍座	07 處女 45	土、火
Alioth	玉衡	大熊座	09 處女 13	火
Zosma	太微右垣五、西上相	獅子座	11 處女 36	土、金
Mizar	開陽	大熊座	16 處女 00	火
Denebola	五帝座一	獅子座	21 處女 54	土、金
Alkes	翼宿一	巨爵座	23 處女 58	金、水
Alkaid、Benetnash	瑤光	大熊座	27 處女 13	火
Zavijava	太微右垣一、右執法	處女座	27 處女 27	水、金
天秤座				
Diadem	太微左垣五、東上將	后髮座	09 天秤 14	無
Vindemiatrix	太微左垣四、東次將	處女座	10 天秤 13	土、水
Gienah	軫宿一	烏鴉座	11 天秤 00	火、土
Seginus	招搖	牧夫座	17 天秤 57	水、土
Spica	角宿一	處女座	24 天秤 07	金、火
Arcturus	大角	牧夫座	24 天秤 31	火、木
天蠍座				
Acrux	十字架二	十字架座	12 天蠍 09	無
Alphecca	貫索四	北冕座	12 天蠍 35	金、水
Zuben Elgenubi	氐宿一	天秤座	15 天蠍 22	土、火
Zuben Eschamali	氐宿四	天秤座	19 天蠍 39	木、水
Unukalhai	天市右垣七	巨蛇座	22 天蠍 22	土、火
Agena	馬腹一	半人馬座	24 天蠍 04	金、木

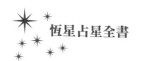
Toliman	南門二	半人馬座	29 天蠍 45	金、木
射手座				
Dschuba/ Isidis	房宿三	天蠍座	02 射手 51	火、土
Graffias	房宿四	天蠍座	03 射手 28	火、土
Antares	心宿二	天蠍座	10 射手 02	火、木
Rastaban	天棓三	天龍座	12 射手 15	土、火
Ras Algethi	帝座	武仙座	16 射手 26	水
Sabik	天市左垣十一、宋	蛇夫座	18 射手 15	土、金
Ras Alhague	侯	蛇夫座	22 射手 44	土、金
Aculeus	M6 星團、蝴蝶星團	天蠍座	26 射手 01	月、火
Ettanin	天棓四	天龍座	28 射手 15	土、火
Acumen	M7 星團、托勒密星團	天蠍座	29 射手 00	月、火
摩羯座				
Kaus Australis	箕宿二	射手座	05 摩羯 21	木、火
Kaus Borealis	斗宿二	射手座	06 摩羯 36	木、火
Facies	M22 星團	射手座	08 摩羯 36	日、火
Nunki	斗宿四	射手座	12 摩羯 40	木、水
Vega	織女	天琴座	15 摩羯 35	金、水
Rukbat	天淵三	射手座	16 摩羯 55	木、土
Peacock	孔雀十一	孔雀座	24 摩羯 06	無
水瓶座				
Albireo	輦道增七	天鵝座	01 水瓶 31	金、水
Altair	河鼓二、牛郎	天鷹座	02 水瓶 03	火、木
Algedi	牛宿二	摩羯座	04 水瓶 08	金、火
Sualocin	瓠瓜一	海豚座	17 水瓶 39	土、火
Sadalsuud	虛宿一	水瓶座	23 水瓶 40	土、水
Deneb Algedi	壘壁障四	摩羯座	23 水瓶 49	土、木
雙魚座				
Sadalmelek	危宿一	水瓶座	03 雙魚 37	土、水
Fomalhaut	北落師門	南魚座	04 雙魚 08	金、水
Deneb Adige	天津四	天鵝座	05 雙魚 36	金、水
Skat	羽林軍二十六	水瓶座	09 雙魚 09	水、土
Achernar	水委一	波江座	15 雙魚 35	土
Ankaa	火鳥六	鳳凰座	15 雙魚 46	無
Markab	室宿一	飛馬座	23 雙魚 45	火、水
Scheat	室宿二	飛馬座	29 雙魚 39	火、水

國家圖書館出版品預行編目資料

恆星占星全書：探尋人生的主題與靈魂的目的／魯道夫
著. -- 初版 .-- 臺北市：春光出版，城邦文化事業股份
有限公司：英屬蓋曼群島商家庭傳媒股份有限公司城
邦分公司發行, 民110.07
　　面；　公分（命理開運）

ISBN 978-986-5543-43-3（平裝）
1. 占星術

292.22　　　　　　　　　　　　　110009828

恆星占星全書
——探尋人生的主題與靈魂的目的

作　　　　者／魯道夫
企劃選書人／劉毓玫
責 任 編 輯／何寧
特 約 編 輯／劉毓玫

版權行政暨數位業務專員／陳玉鈴
資深版權專員／許儀盈
行 銷 企 劃／陳姿億
行銷業務經理／李振東
總 編 輯／王雪莉
發 行 人／何飛鵬
法 律 顧 問／元禾法律事務所　王子文律師
出　　　版／春光出版
　　　　　　台北市104中山區民生東路二段 141 號 8 樓
　　　　　　電話：(02) 2500-7008　傳真：(02) 2502-7676
　　　　　　部落格：http://stareast.pixnet.net/blog
　　　　　　E-mail：stareast_service@cite.com.tw
發　　　行／英屬蓋曼群島商家庭傳媒股份有限公司城邦分公司
　　　　　　台北市中山區民生東路二段 141 號11 樓
　　　　　　書虫客服服務專線：(02) 2500-7718 / (02) 2500-7719
　　　　　　24小時傳真服務：(02) 2500-1990 / (02) 2500-1991
　　　　　　讀者服務信箱E-mail: service@readingclub.com.tw
　　　　　　服務時間：週一至週五上午9:30～12:00，下午13:30～17:00
　　　　　　劃撥帳號：19863813　戶名：書虫股份有限公司
　　　　　　城邦讀書花園網址：www.cite.com.tw
香港發行所／城邦（香港）出版集團有限公司
　　　　　　香港灣仔駱克道 193 號東超商業中心 1 樓
　　　　　　電話：(852) 2508-6231　傳真：(852) 2578-9337
　　　　　　E-mail：hkcite@biznetvigator.com
馬新發行所／城邦（馬新）出版集團　Cité (M) Sdn. Bhd.
　　　　　　41, Jalan Radin Anum, Bandar Baru Sri Petaling,
　　　　　　57000 Kuala Lumpur, Malaysia.
　　　　　　電話：(603) 90578822　傳真：(603)90576622
　　　　　　E-mail：cite@cite.com.my.

封 面 設 計／萬勝安
內 頁 排 版／游淑萍
印　　　刷／高典印刷有限公司

■ 2021 年（民 110）7 月 29 日初版　　　　　　　　Printed in Taiwan
■ 2023 年（民 112）12 月 28 日初版1.7刷

售價／650元

城邦讀書花園
www.cite.com.tw

版權所有 · 翻印必究
ISBN　978-986-5543-43-3